1789

L'ANNÉE SANS PAREILLE

L'ANNÉE SANS PAREILLE

DU MÊME AUTEUR

Histoire politique de la revue « Esprit », 1930-1950
(Le Seuil, 1975)
La République se meurt. Chronique 1956-1958
(Le Seuil, 1978, rééd. Gallimard, coll. « Folio Histoire », 1985)
« La gauche depuis 1968 » in Jean Touchard, *La Gauche en France depuis 1900*
(Le Seuil, 1981)
Mémoires d'un communard, Jean Allemane présentation, notes et postface
(Maspero, 1981)
Édouard Drumont et Cie Antisémitisme et fascisme en France
(Le Seuil, 1982)
La fièvre hexagonale, les grandes crises politiques de 1871 à 1968,
(Calmann-Lévy, 1986, rééd. Le Seuil, coll. « Points-Histoire », 1987)
Chronique des années soixante
(Le Seuil, 1987)

EN COLLABORATION AVEC J.-P. AZÉMA

Les Communards
(Le Seuil, 1964, éd. revue et complétée en 1971)
Naissance et Mort de la IIIe République
(Calmann-Lévy; 1970; éd. revue et complétée en 1976 rééd. sous le titre *La Troisième République.*
Le Livre de poche, coll. « Pluriel », 1978; rééd. 1986)

OUVRAGE COLLECTIF

Pour la Pologne
(Le Seuil, 1982)

Michel WINOCK

1789
L'ANNÉE SANS PAREILLE

Chronique

Olivier Orban

Claude Sales et Daniel Vernet, rédacteurs en chef du *Monde*, sont à l'origine de ce livre, qui fut d'abord un feuilleton en quarante épisodes, publiés du 11 juillet au 2 septembre 1988. Je les remercie de la confiance qu'ils m'ont témoignée une nouvelle fois.

M. W.

Ouvrage publié
Sous la direction de
Anthony Rowley

ISBN 2.85565.431.9

I

LA JOURNÉE DES TUILES (7 JUIN 1788)

Il n'est pas interdit de se demander, quitte à passer pour naïf, *où* et *quand* la Révolution a commencé. On sait bien qu'un bouleversement de tous les ordres de la société et de l'État tel que la France en offre l'exemple pendant les douze années qui achèvent le XVIIIe siècle n'est pas déclenché par un événement, si explosif soit-il, qui lâcherait les assiégeants du vieux monde comme le pistolet du *starter* libère les athlètes sur la piste. Du moins est-il permis, fût-ce à titre symbolique, de retenir une de ces journées chaudes qui résonne, en raison de son éclat, comme un des trois coups qui annoncent le drame, juste avant la levée du rideau.

Nous voici donc à Grenoble, le 7 juin 1788. Dans la *Vie de Henry Brulard,* Stendhal a évoqué cette date – la «journée des Tuiles» – comme l'un des souvenirs vivaces dont l'histoire a marqué son enfance. Le futur écrivain n'est encore qu'Henri Beyle. Il a cinq ans, il commence ses leçons de choses chez son grand-père. «Ce jour-là, écrit-il, je vis couler le premier sang répandu par la Révolution française.»

A vrai dire, le mot de «révolution» ne s'appliquait pas encore au mouvement surgi des profondeurs et qui allait renverser le régime en place; il désignait au contraire les dernières réformes décidées par le gouvernement royal, sous le nom d'Édits de Mai, et qui jetaient le pays dans l'émoi. En tout cas, la capitale du Dauphiné, pendant quelques jours, allait se trouver au sommet d'une protestation générale et devenir le champ d'une bataille mouvementée entre les représentants du gouvernement et une population unanime derrière – et bientôt devant – son Parlement menacé.

Depuis le XIVe siècle, le Parlement (c'est-à-dire l'ensemble des parlements, celui de Paris et ceux des provinces) avait eu à enregistrer les lettres et ordonnances du roi et à les notifier aux juridictions inférieures. En bonne logique, les parlementaires avaient pris l'habitude, dès le siècle suivant, de discuter les ordonnances royales, voire d'en refuser la transcription. Les parlementaires n'étaient donc plus une simple cour supérieure de justice; le droit de remontrance dont ils s'étaient emparés leur donnait un pouvoir politique. Entre le gouvernement royal et la noblesse de robe chargée d'entériner les lois, des siècles de conflit allaient s'ensuivre.

Face à ces juges, arguant des anciens textes, appuyés sur des privilèges confirmés, faisant sentir leur propre autorité, le développement de l'absolutisme rencontrait ses limites. Qui plus est, les États généraux ayant cessé d'être convoqués depuis 1614, les parlementaires se flattaient de faire entendre par leur bouche la voix du peuple. En principe, ils dépendaient du souverain; en fait, ils étaient inamovibles, en tant que propriétaires de leurs charges. Car, tirant toujours le diable par la queue, la monarchie française avait pris l'habitude d'en faire le commerce. Sous certaines conditions, on pouvait devenir conseiller ou président, comme on devenait notaire ou percepteur. Mieux encore: ces offices, moyennant une taxe, étaient devenus héréditaires. Certes, le roi aurait pu les racheter mais il n'en faisait rien, vu le délabrement de ses finances.

Voilà donc des magistrats de père en fils, bien en vue, bien en place, personnages considérables à Paris, fortement enracinés dans leurs provinces, dotés d'une puissance patrimoniale dans l'État, qui disputent finalement au roi le pouvoir législatif. Que le souverain soit fort, glorieux, populaire, et le bras de fer entre lui et les gens de robe tourne à son avantage. Mais qu'il ne soit encore qu'un enfant, ballotté entre un régent avide, une reine-mère jalouse, des conspirateurs dans tous les couloirs, et alors le Parlement se requinque! Voyez le régent après la mort de Louis XIV: pour casser le testament du roi défunt, à quelle autorité, sinon le Parlement, pouvait-il en appeler? Dare-dare, le Parlement casse... En échange, les juges ne seront plus des potiches cuisant sous les rayons du Roi-Soleil : ils se réapproprient leur droit d'objection.

En bons démocrates, nous pourrions battre des mains. N'est-ce pas là l'ébauche d'un régime libéral, le cas souhaité où « le pouvoir arrête le pouvoir », selon la formule de Montesquieu? Oui, mais ces juges qui s'arrogent la représentation du peuple se recrutent sur une base des plus réduite, vénale par définition ; ils ont des intérêts de caste à défendre; ils ne sont pas forcément enclins aux réformes auxquelles le pays aspire. En particulier on peut imaginer que les parlementaires, tous nobles, ne souhaitent guère la fin de l'inégalité fiscale dont souffrent les roturiers. Alors, qu'on s'imagine un gouvernement décidé à faire un peu cracher les riches au bassinet, à remettre en question quelques avantages trop voyants, à créer des impôts sur une nouvelle assiette, qui va-t-il trouver sur sa route? Messieurs du Parlement! Voudrait-il réformer l'administration judiciaire pour leur damer le pion? Le projet enflamme les gens de robe, qui ont beau jeu de crier au despotisme.

Tantôt, le gouvernement brave les juges : armé de lettres de cachet, on peut toujours exiler des présidents trop butés, des conseillers rétifs; on peut suspendre, déplacer, faire donner la troupe. Voici Maupeou, en 1770. Un chancelier qui ne badine pas. Il organise la refonte de l'administration judiciaire, en se débarrassant à peu près du Parlement. Une audace qui fait long feu : quatre ans plus tard, Louis XVI, trop faible, cède aux pressions qui l'accablent et rétablit le *statu quo ante*. Répétition du scénario : dès qu'un gouvernement est convaincu de s'attaquer au terrible problème financier, d'où la Révolution va sortir, il voit les plans de réforme fiscale se heurter aux parlementaires. En 1787, le ministre Calonne, voulant créer de nouveaux impôts qui atteindraient les privilégiés, a essayé de forcer leur opposition en convoquant une assemblée de notables; en vain, et Calonne a dû partir. Excessive dans ses dépenses, insuffisante dans ses recettes, acculée à la banqueroute, la monarchie ne peut plus éluder la réforme. Que faire devant un parlement de Paris et des parlements provinciaux qui refusent toujours, par exemple, d'enregistrer le projet de subvention territoriale qui atteindrait les productions de toutes les terres, y compris celles du clergé et de la noblesse? En août 1787, nouvelles escarmouches : le parlement de Paris est exilé à Troyes; celui de Bordeaux, à Libourne. L'idée se développe alors de réunir les États généraux, les parlementaires la reprennent à leur compte. Le conflit d'autorité entre eux et le pouvoir central s'exacerbe. Prévoyant le pire, le parlement de Paris rend publique, le 3 mai 1788, une déclaration des « lois fondamentales du royaume ». Il réaffirme que le vote des subsides appartient aux États généraux; il proteste contre les arrestations et les détentions arbitraires; il soutient l'inamovibilité des juges et l'inviolabilité des coutumes et privilèges des provinces.

Ouvertement contesté dans son pouvoir absolu, décidé à dénouer la crise, le roi, conseillé par Loménie de Brienne, ne recule pas devant ce qu'on appellera un « coup d'État » : liquider le contre-pouvoir parlementaire par une vaste réorganisation de la Justice. Brienne, Premier ministre, en a persuadé son garde des Sceaux Lamoignon : point de règlement de la question financière sans réforme fiscale, point de réforme sans réduction du Parlement. Louis XVI le mou se laisse gagner par cette logique de la fermeté. Gare! l'engrenage révolutionnaire, sans que personne l'ait voulu, va se mettre en marche.

Au début de mai, on apprend à Grenoble que le parlement du Dauphiné aura à enregistrer, comme les autres, un certain nombre d'édits royaux, dont on ne connaît pas la teneur. Ici, deux hommes représentent le pouvoir central : le lieutenant général Clermont-Tonnerre et l'intendant Caze de la Bove. Ce sont eux qui ont mission de communiquer au premier président Bérulle les textes des édits à enregistrer, avec ordre impératif d'interdire toute délibération. Dans leur émotion, des cours souveraines ont signé un arrêt de protestation, à l'exemple du parlement de Paris, qui doit payer sur-le-champ sa contestation d'une mise « en vacances ». Alors, le 9 mai, à la veille de l'enregistrement prévu, la cour de Grenoble, à son tour, déclare d'avance nulles des lois qui pourraient être imposées « contre les formes reçues ».

Le lendemain, séance solennelle à la Grande-Chambre du Parlement, en présence du duc de Clermont-Tonnerre, de l'intendant Caze de la Bove et des trente-six magistrats, présidents et conseillers, sous la présidence de M. de Bérulle.

Les commissaires du roi réitèrent l'interdiction de délibérer. Les magistrats se dressent sur leurs ergots. Qu'ils se rassoient! Malgré l'injonction, ils se retirent, à défaut d'Aventin, dans une pièce voisine, où ils attendent la fin de la longue procédure de transcription et de publication. A cinq heures du matin, tout est terminé, et le concierge qui reçoit les clés des mains du lieutenant général est prié de tenir fermées les portes du palais.

Que visaient ces édits? Principalement la neutralisation du pouvoir parlementaire. D'abord, par une réorganisation judiciaire qui affaiblissait le rôle des justices seigneuriales et réduisait sensiblement les fonctions des parlements, lesquels se voyaient doublés par de nouveaux tribunaux : la diminution des causes qu'ils auraient à traiter abaissait la valeur des charges à pourvoir. Autant de carrières menacées, autant de profits perdus. Ensuite, et surtout, le gouvernement ôtait au Parlement son droit de contestation. En attendant les États généraux, qu'on promettait pour 1792, une « cour plénière » était instituée; formée de « membres choisis dans les premiers ordres de l'État », elle monopoliserait le droit de vérification, de remontrance et d'enregistrement.

Dès la publication de ces édits, colère! Outre leurs intérêts propres, les présidents et conseillers faisaient vivre un nombreux personnel de justice – procureurs, avocats, huissiers... –, et autour du palais une bonne partie des activités professionnelles : « tout ce qui soutient la population à Grenoble, disait une *Supplique au Roi,* tout ce qui fournit aux artisans, aux marchands, les moyens de subsister, c'est la consommation que font les gens d'affaires nombreux, les magistrats qui y sont fixés, les étrangers qui y sont conduits de toutes les parties du Dauphiné, souvent même des autres provinces, par les procès dont la connaissance appartient au Parlement. Voilà l'unique principe qui anime, qui vivifie cette ville... ». Du point de vue économique, le coup porté au Parlement atteignait par ricochet tous les rangs de la société grenobloise. D'autre part, le Parlement se sentait tenu de faire respecter les usages de la province. Dès lors que la nouvelle cour plénière avait seule le droit d'enregistrement, les lois générales du royaume risquaient de devenir incompatibles avec les coutumes dauphinoises. Faisant sa part à la démagogie, les parlementaires dénonçaient aussi l'absence du Tiers État dans la nouvelle cour plénière. Bref, le Parlement réussit à mobiliser autour de lui et autour de ses intérêts propres l'émotion d'une ville et d'une région, qui se sentent lésées par le pouvoir central. Fort de l'estime publique, le 20 mai, par un arrêté de protestation, il refusait de ployer les genoux sous « un despotisme odieux ». Il y allait de l'avenir de Grenoble, de son existence même, de sa survie.

De proche en proche, cette conviction gagne toutes les couches sociales. Clermont-Tonnerre, craignant l'insurrection, demande des ordres à Paris. Réponse sans ambages : il faut frapper les insoumis! Des lettres de cachet sont confiées aux soins du commandant de la place pour exiler les membres du Parlement. Le matin du 7 juin, ces lettres sont distribuées à leurs destinataires. A onze heures, la nouvelle a fait le tour des places. Procureurs, avocats et autres corps se pressent chez le premier président. Les magasins ferment leurs portes, on commence à s'assembler dans les rues, des émissaires parcourent les faubourgs. C'est samedi, jour de marché. De nombreux habitants des villages voisins sont dans Grenoble. Artisans, crocheteurs, domestiques, vagabonds, tout un petit monde, excité par les clercs de la basoche, jure de défendre ses « défenseurs ». Les viragos de la place aux Herbes, marchandes de légumes crues et harengères salées, poussent des cris de Mélusine devant leur clientèle. De la fenêtre d'une chambre donnant sur la grande rue, Stendhal a vu « une vieille femme qui, tenant à la main ses vieux souliers, criait de toutes forces : "Je me révorte! Je me révorte!" »

A midi, ces dames ont escaladé les clochers de la ville, pour sonner le tocsin. Le mot d'ordre est clair : il faut empêcher le départ des juges! Vite, aux entrées de la ville, pour les barricader! A la porte Très-Cloître, un détachement de soldats s'interpose, on s'empoigne, un homme a la mâchoire fracassée. Cependant, des femmes occupant de force la cour du premier président dételent les chevaux, déchargent les malles, interdisent la sortie de sa voiture, bientôt rejointe par celles des autres magistrats, sous la vigilance des Grenobloises. Aux prises avec la révolte, le duc de Clermont-Tonnerre, fort de deux régiments – Austrasie et Royal-Marine –, fait battre la générale. Mais ordre est donné aux troupes de ne pas faire feu : le commandant est un homme de la province, de tempérament circonspect; il cherche à éviter l'irréparable : même sous la menace physique, il ne se départira pas de son sang-froid. Il n'en dispose pas moins deux compagnies devant son hôtel. Or, au début de l'après-midi, les manifestants échauffés s'enhardissent à jeter des pierres aux soldats, ce qui déclenche en retour des charges à la baïonnette. C'est à ce moment que le jeune Henri Beyle est ému par le sang qui coule, celui d'un ouvrier chapelier : « Je le vois encore, la blessure d'où le sang sortait abondamment était au bas du dos... » Une nouvelle brûle bientôt le pavé : dans un autre quartier un détachement du Royal-Marine a, malgré les ordres, fait feu sur la foule qui l'enserrait; un homme est mort. Les émeutiers, poursuivis par les soldats, montent alors sur les toits et, complétant leurs munitions de pierres, font flèche des tuiles qu'ils arrachent. La troupe, sous la grêle rouge, expérimentait à ses dépens ce qu'était de « faire à quelqu'un une conduite de Grenoble ».

La ville risquait le bain de sang. Des paysans, armés de haches, de faux, de bâtons, de pioches, de fusils même, avaient pu entrer dans la cité à travers les fortifications. Un vieillard et un enfant de douze ans sont tués dans le combat. Un des cadavres, hissé à bout de bras, est promené dans les rues. Vers quatre heures de l'après-midi, le duc de Clermont-Tonnerre se résigne à la capitulation. Il demande à M. de Bérulle de surseoir, ainsi que ses collègues, à leur départ. Lorsque les premiers consuls de l'hôtel de ville, avertis, arrivent chez lui, dans leur costume officiel, robe et chaperon écarlates, le portail de son hôtel a été forcé, et la cour envahie. Le duc est épargné de justesse mais on a vidé ses caves et la révolte tourne en bacchanale furieuse.

Les magistrats de Grenoble observent non sans inquiétude qu'ils pourraient bien se roussir l'hermine au feu qu'ils ont allumé. Ils ont abandonné l'initiative au peuple, qui, une fois lancé, ne ménage rien. C'est un vrai retour en majesté des magistrats au palais – avec cortège et tintamarre – qu'exigent les émeutiers. Jaloux de sa dignité, M. de Bérulle décline l'honneur douteux d'une couronne de roses et de lauriers dont on veut lui ceindre la tête, et aussi de prendre place dans sa voiture tirée à bras d'hommes, où il laisse s'entasser des crocheteurs hilares. Ces Messieurs de Grenoble, avec leurs longues robes et leurs bonnets carrés, ont joué les apprentis sorciers. Les voici en procession, vainqueurs penauds serrés de près par une foule en délire, triomphateurs riant jaune sous la pluie de fleurs qui tombent des fenêtres, tandis que tous les clochers carillonnent à la ronde.

La soirée se termine dans la fête autour de grands feux de joie. Dans la nuit, redevenue calme, la police s'emploie à ramasser les paquets d'un pamphlet, fraîchement imprimé, qui a pour titre : *l'Esprit des édits.* L'auteur en était un jeune avocat grenoblois : Barnave. On n'avait pas fini d'en entendre parler.

II

L'ESPRIT DE VIZILLE (21 JUILLET 1788)

« Ouvre enfin les yeux, roi sensible et bon, disait le libelle de Barnave, vois l'abîme profond où d'indignes serviteurs ont précipité ton empire, vois les funestes effets de l'autorité aveugle et illégitime qu'ils ont voulu s'attribuer sous ton nom. » Respect du roi; dénonciation des ministres : leitmotiv du discours prérévolutionnaire! Ruse ou conviction, on ne va cesser d'opposer le bon souverain à un gouvernement despotique. Mais si l'on ménage le roi, quoi qu'on pense de sa personnalité, c'est qu'on est toujours monarchique; pas un réformateur alors qui prône la République. Le monarque est visé dans son absolutisme, mais par ministres interposés.

Barnave (et ceux dont il est le porte-parole) est-il pour autant assuré des droits du Parlement? De sa prétention à représenter le peuple? Non. Ce pétulant orateur du barreau, pétri d'idées « anglaises », connaît trop bien la morgue de ces Messieurs, leur esprit de caste, et il les verrait bien volontiers réduits « aux fonctions de juges », comme le voulaient les Édits de Mai. Seulement, dans l'heure présente, le Parlement reste la seule autorité autonome qui puisse entraver l'arbitraire royal. Il veut, lui, Barnave, tout comme son ami Mounier, son maître ès sciences politiques, la convocation des États généraux et, au-delà, si possible, une constitution pour le pays. « Les États généraux sont le seul remède, tout autre n'est qu'un palliatif qui aggrave le mal en le voilant. »

Justement, les parlementaires, face aux décisions royales, en ont appelé aux États généraux. Sur ce point, les réformateurs comme Barnave se trouvent alliés avec la noblesse de robe, du moins pour le moment. Mais le pamphlet de l'avocat s'élève très au-dessus de la défense conservatrice des privilèges provinciaux. Pour lui, les États généraux seront le fruit d'un accord entre toutes les provinces, la victoire d'un esprit *national* : « Je regarde comme un grand mal les préjugés qui nous divisent et je crois que la patrie d'un Français doit être dans toute la France. » L'idée n'en est pas encore très répandue; elle ne fait pas voler d'enthousiasme les robes du palais mais elle a de l'avenir.

L'initiative échappe, du reste, à la Compagnie, dont les membres sont bien aises d'obtempérer à l'ordre d'exil sur leurs terres, qui avait fait monter Grenoble sur les toits. Le 12 juin, avec l'accord du lieutenant-général, les voici quittant leur bonne ville en catimini. Le 13, le Conseil général – c'est-à-dire la municipalité – de la capitale du Dauphiné décide pour le lendemain une assemblée de notables à l'hôtel de ville. La résistance continue. Un homme va en être l'inspirateur, le régulateur et l'interprète : Jean-Joseph Mounier.

Ce Grenoblois de trente ans, fils d'un marchand drapier, avait acheté, après une rapide carrière d'avocat, un office de juge royal, fonction de première instance, ne siégeant qu'une année sur deux, ce qui lui laissait le loisir d'étudier, et notamment le droit public anglais, dont il s'est fait un modèle. Réunissant autour de lui un cercle de jeunes gens, dont le plus ardent était Antoine Barnave, il avait conquis une autorité qui va trouver son emploi au cours des événements. L'homme ne payait pas de mine. Bien qu'il fût l'ami de sa famille, Stendhal ne paraît guère le priser : « Le portrait raide et mal peint que l'on voit dans une chambre attenant à la bibliothèque publique de Grenoble, et qui représente M. Mounier en habit de préfet, si je ne me trompe est ressemblant. Figure de fermeté mais tête étroite. » L'air souffreteux, le ton cassant, un clignement perpétuel des yeux, il est froid et n'a rien de l'éloquence exaltée de son cadet Barnave. Mais Mounier a beaucoup lu; il a l'esprit clair; ne se perd jamais dans les nuées métaphysiques (au collège, il avait écrit sur la couverture de son cahier de métaphysique : « *Nugae sublimes*, ce qui lui avait valu une exclusion temporaire! »); personne ne peut lui disputer la clarté d'esprit avec laquelle il sait rédiger une motion, un procès-verbal, une supplique. « Il est précis comme un professeur de mathématiques et énergique comme un censeur qui parle par sentences. » C'est lui qui va donner tout son sens à la réunion du 14 juin.

Sous la présidence des trois premiers consuls et en présence du Conseil général, une centaine de « notables » issus des trois ordres de la société – ecclésiastiques, nobles et roturiers – délibèrent sur un texte à adresser à Versailles. Rappeler et réintégrer les magistrats exilés, puisque tout est parti de là. Mais aussi : « permettre la convocation des états particuliers de la province », moyennant cette clause d'appeler les « membres du Tiers État, en nombre égal à celui des membres du clergé et de la noblesse ». Et encore et surtout : appeler les États généraux du royaume « à l'effet de remédier aux maux de la nation ». Les délibérants ajoutent à leur vœu l'ouverture d'une souscription en faveur des indigents que la dureté des temps a multipliés. Et enfin ils prévoient la tenue d'une réunion générale des représentants des trois ordres de la province, à une date qui serait ultérieurement fixée. Ainsi, de Grenoble, l'insoumission était en passe de gagner tout le Dauphiné, invité à joindre ses plaintes et ses vœux à ceux des notables de la capitale.

Les ordres du gouvernement alerté arrivent sans tarder aux commissaires du roi : empêcher coûte que coûte de pareilles manifestations. L'intendant et le lieutenant général y vont de leur plus belle plume : aux officiers municipaux, aux évêques et à l'archevêque, ils lancent des mises en garde; aux maires et aux échevins, ils interdisent de convoquer ou de présider des assemblées. La guerre de propagande est déclarée. Les animateurs du mouvement ne sont pas de reste. Le maire de Romans, Dedelay d'Agier, participant à la réunion du 14 à Grenoble, appelle, de retour chez lui, à une réunion extraordinaire de cent vingt notables. Partout, on discute, on s'écrit, on s'exalte. Le curé de La Mure tonne en chaire contre « cette cour plénière (prévue par les Édits de Mai), aussi injurieuse à la gloire du monarque que contraire aux droits de la nation », contre « l'exil de nos magistrats », contre « la création de nouveaux impôts ». Les tracts et les brochures passent de main en main, Barnave rédige un nouveau libelle en style campagnard, disant de la cour plénière: «Ça n'est fait que pour nous mettre des impôts.»

Les représentants du pouvoir central ne peuvent laisser l'agitation s'étendre de foyer en foyer. Après les tentatives d'apaisement, la force est appelée à la rescousse. Le 28 juin, le régiment de cavalerie des chasseurs de Bretagne entre dans Grenoble. Le soir, le duc de Clermont-Tonnerre assigne les deux premiers consuls, coupables d'avoir présidé l'assemblée du 14 juin: des lettres de cachet les somment de se présenter à Versailles. Le 30, ordre est donné aux deux autres consuls et au procureur du roi de ne laisser se concrétiser aucune suite aux journées de juin. L'épreuve de force semble imminente, car les membres des trois ordres ont décidé de se retrouver le 2 juillet à l'hôtel de ville, pour fixer les termes d'une lettre à adresser au roi. Les y voici. Le commandant militaire ferme les yeux. Ils en profitent pour arrêter la date de l'«assemblée générale des municipalités»: ce sera le 21 juillet.

En attendant, mesures d'intimidation et concessions venant de Versailles vont alterner, afin d'empêcher l'assemblée des trois ordres. L'arrêt du Conseil des ministres du 5 juillet est bientôt connu, qui annonce l'ouverture des États généraux. Mais aucune date n'est donnée, on en conclut à la vigilance: un piège reste possible. A la noblesse militaire, qui y tient, on promet le rétablissement des états provinciaux. Aux caresses on joint les gifles: arrestation et expédition du maire de Romans au fort de Briscou, au large d'Agde; remplacement du brave Clermont-Tonnerre au commandement supérieur de la province par une main de fer, le maréchal de Vaux, qui est précédé par une réputation à faire trembler. Le 14 juillet, des renforts arrivent à Grenoble, peu avant l'entrée du maréchal, en grande pompe, escorté par un régiment de dragons, entre la double haie des soldats d'infanterie.

En fait, tout cet apparat militaire ne faisait peur qu'aux amateurs de frisson. Le maréchal de Vaux n'était plus qu'un vieillard décrépit; subissant l'outrage de ses quatre-vingt-cinq ans, il n'avait plus que quelques semaines avant de souffler sa chandelle. Les troupes, quant à elles, n'étaient guère animées du zèle dont on massacre les insurgés. Gentilshommes du lieu et chefs militaires étaient de la même caste. Au fond, le nouveau commandant fermerait les yeux sur l'assemblée annoncée, dont les organisateurs ne voulaient pas démordre, pourvu qu'elle se tînt à quelques lieues de la ville. Le message fut entendu.

L'assemblée des trois ordres eut donc lieu finalement, le 21 juillet comme prévu. Ce fut au château de Vizille, dont les portes étaient ouvertes par Claude Périer, qui avait prodigué une sympathie active au mouvement. Il dirigeait une manufacture de papiers peints, dans le vieux manoir des dauphins que le connétable Lesdiguières avait fait reconstruire en 1620. Lieux calmes, ombragés, apaisants, sur les bords de la Romanche : tout se prêtait aux charmes d'une garden-party, en ce beau dimanche d'été. De grande heure, la route bordée de noyers qui conduit de Grenoble à Vizille par Eybens est parcourue par des députés des trois ordres entourés d'amis et de curieux. Le lieutenant général avait dépêché quelques régiments d'infanterie et de dragons, mais ceux-ci formaient plutôt une garde d'honneur à la souveraineté provinciale renaissante. Lorsque l'on commença à s'installer dans l'ancienne salle du Jeu de Paume du château, les présents se comptèrent environ cinq cents. La veille, les députés de la noblesse avaient élu le comte de Morgues pour le proposer comme président; les deux autres ordres ratifièrent ce choix. On prit comme secrétaire un député du Tiers, qui n'était autre que Mounier.

Toute la province n'était pas représentée, loin s'en faut. Moins de deux cents paroisses avaient leurs députés, sur les mille deux cent douze du Dauphiné. Outre l'indifférence des couches populaires, les multiples rivalités qui opposent les villes aux villes, les campagnes aux bourgades, et les villages aux villages, avaient interdit l'unisson. Par exemple, tout le monde ne trouvait pas son compte à la défense du Parlement. Une ville comme Valence ne pouvait que tirer profit des malheurs qui frappaient sa rivale Grenoble : le grand bailliage promis dans le partage des attributions judiciaires était pour elle une aubaine. Déséquilibre flagrant : le Grésivaudan et le Briançonnais étaient sur-représentés. N'importe : la tenue même de l'assemblée de Vizille, malgré la menace des foudres royales, était en soi un succès.

Après une courte allocution d'ouverture prononcée par le président et une rapide vérification des pouvoirs des délibérants, on passa à l'ordre du jour. Il s'agissait de s'entendre sur deux textes : un arrêté qui reprendrait les revendications de la province et une lettre qui les exposerait au roi. Parmi les projets avancés, l'assemblée retint celui de Mounier : il serait la base de la discussion. Une commission fut chargée de l'étudier, de l'amender et de l'exposer en séance plénière. Là-dessus, il était déjà trois heures de l'après-midi. Claude Périer, dans sa munificence, convia ses hôtes à apaiser leur faim et leur soif autour de grandes tables installées dans le parc. Plus tard, les satires gouvernementales feront des gorges chaudes des petits pâtés et des saucissons dont les graves mandataires avaient été régalés. Le repas fut suivi par des promenades, des conversations en petits groupes, sous les branches et dans les salles du château. A la nuit venue, tandis que les habitants de Vizille entouraient les lieux, des torches à la main, la séance reprit, afin de mettre au point définitivement le texte concocté par la commission.

Ce ne fut pas un simple et aimable exercice de politesse. Il y eut de rudes échanges, où l'on reconnut encore le tempérament à vif de Barnave, qui avançait l'idée d'une grève de l'impôt. Mounier et les mandataires de la noblesse imposèrent la modération. Sur le fond, on se trouvait d'accord. La défense du Parlement impliquait, il fallait qu'il s'y résolût, la fin de son rôle politique : « Les parlements, dit le texte final, revenus d'une longue erreur, déclarèrent qu'ils n'étaient pas les représentants de la nation... Ils demandèrent la convocation des États généraux, qui, seuls, avaient la force nécessaire pour lutter contre le despotisme des ministres et mettre un terme aux déprédations des finances. » Les états provinciaux, suspendus depuis 1628, devaient être rétablis sur la base de la double représentation du Tiers, et sur le principe de l'élection à toutes les places. L'esprit de particularisme était dépassé. Dans l'appel à l'union et des trois ordres et de toutes les provinces, on retrouvait l'empreinte de l'esprit national, dont Mounier était le penseur. « Les trois ordres du Dauphiné ne sépareront jamais leur cause de celle des autres provinces et (...) en soutenant leurs droits particuliers, ils n'abandonneront pas ceux de la nation.» Ainsi, il était formellement dit que les impôts dépendaient des États généraux du royaume en premier ressort, et non des trois ordres de la province. Enfin, on ne se quittait pas sans avoir décidé de se réunir périodiquement, tant que les Édits de Mai ne seraient pas annulés et les tribunaux rétablis dans leurs fonctions.

L'unanimité n'était sans doute qu'un faux-semblant, du moins fait-elle l'originalité de l'esprit de Vizille. Là, des membres du clergé, des nobles et des bourgeois avaient fait front contre l'arbitraire royal. Ils avaient rappelé que les pressions fiscales ne pouvaient s'exercer sans l'assentiment des porte-parole du peuple. Ils avaient tenu pour illégitime la cour plénière substituée au Parlement et opposé aux menaces de la force armée la ferme résolution de gens convaincus. «Je me rappelle encore avec la plus vive émotion, écrira Mounier, cette assemblée de Vizille du mois de juillet, ce concours de Dauphinois qui s'avançaient, avec un courage intrépide, vers une sage liberté, mais sans armes, sans violence, par une résistance passive, ne parlant à la populace que de la nécessité de l'ordre et de la paix, s'exposant à devenir et non pas à faire des victimes.»

Au lendemain de Vizille, les folliculaires gouvernementaux se livrèrent au procès de cette assemblée, dont ils contestèrent la représentativité, mirent en évidence les contradictions refoulées, et s'efforcèrent de montrer aux députés du Tiers que l'intérêt de celui-ci ne passait pas par la défense des nantis les plus rassis. Mais le pouvoir central avait été plus impressionné qu'il n'y parut. Le 8 août, fut publié un arrêt du Conseil qui fixait à Romans la réunion d'une assemblée régulière des trois ordres du Dauphiné, pour formuler des vœux quant à la nouvelle constitution donnée aux états provinciaux du Dauphiné restaurés. C'était une victoire, mais les députés de Vizille avaient déjà fixé leur réunion au 1er septembre. Malgré les pressions exercées sur eux, et l'interdiction lancée contre cette nouvelle assemblée, celle-ci eut pour cadre l'église du prieuré de Saint-Robert, à la date fixée. Ce ne fut qu'une formalité: l'assemblée officielle de Romans était acceptée; du moins les députés avaient-ils préservé un droit à la discussion, qui ne pouvait plus être remis en question. En octobre 1788, Grenoble accueillit triomphalement le retour du premier président, puis, quelques jours plus tard, se donna une fête pour le rétablissement du Parlement. Les états provinciaux, acceptés, élus, siégèrent du 1er décembre 1788 au 16 janvier 1789. Entre-temps, Loménie de Brienne avait démissionné et, surtout, Louis XVI s'était résigné à convoquer pour mai 1789 les États généraux.

L'esprit de Vizille avait soufflé sur la France.

III

LA CHUTE DE LOMÉNIE DE BRIENNE (25 AOUT 1788)

Les événements du Dauphiné avaient ouvert une brèche. Là, contrairement à ce qui se passait dans le reste de la France, la révolte des notables avait été relayée par les entreprises du Tiers État, auxquelles Jean-Joseph Mounier avait prêté ses idées et Antoine Barnave l'éloquence de sa plume. L'assemblée de Vizille eut un immense écho à travers le pays. Il devenait évident que la résistance des parlements était une phase dépassée dans le conflit qui opposait le pouvoir central aux sujets de Sa Majesté : le roi risquait de se heurter non plus à la coalition des privilégiés mais à un soulèvement national. « Tandis que partout ailleurs, écrira Barnave, l'aristocratie était seule encore en insurrection contre le trône, la province de Dauphiné réclamait les droits du troisième ordre et, mettant en avant les grandes questions du doublement du Tiers et de la délibération par tête, posait les premières bases d'une révolution démocratique. » La convocation des États généraux, promise dans un avenir incertain, allait cristalliser tous les espoirs.

Par un étrange aveuglement, tout le monde en effet, y compris ceux qui n'y avaient nul intérêt, finit par les vouloir, ou feindre de les vouloir. Tel était le cas notamment du principal ministre, Loménie de Brienne. Ce grand personnage, descendant d'une non moins grande famille, qui avait les faveurs de la reine, symbolise assez bien les contradictions des couches dirigeantes à la veille de la Révolution. Par ambition, il avait choisi la carrière ecclésiastique, cela en dépit de son droit d'aînesse qu'il abandonna à son frère, et de ses sympathies philosophiques qui faisaient de lui un archevêque de Toulouse pas très catholique. Malgré le relâchement de ses mœurs, il passait pour excellent administrateur ecclésiastique. Il fut retenu loin des conseils par Louis XVI, qui n'appréciait pas son impiété, mais il avait su gagner l'estime de Marie-Antoinette, dont l'entremise zélée fatigua les résistances de Louis; en mai 1787, il devenait chef du Conseil des finances.

Ce choix n'était pas arbitraire. Face à Calonne, il avait fait figure de chef de l'opposition. Calonne remercié, il était logique qu'on l'appelât. Devenu principal ministre, ayant le sens de la famille, il fit son frère, le comte de Brienne, ministre de la Guerre. Entre-temps, il avait rompu des lances avec le parlement de Paris, émis des emprunts pour renflouer un Trésor déliquescent, tout en se faisant attribuer l'avantageux archevêché de Sens. Au passage, pour désarmer l'antipathie des parlementaires, il avait rendu aux protestants leurs droits civiques et politiques. Très vite cependant, la nécessité d'une réforme fiscale en profondeur s'imposa à lui comme à son prédécesseur, d'où résultèrent, comme on l'a vu, le conflit ouvert avec les magistrats, les Édits de Mai, et tout le bruit qui s'ensuivit.

Pour calmer ses adversaires, Brienne, en juillet, avait promis la réunion des États généraux. A vrai dire, il s'en défiait, sachant trop le risque que l'exhumation de cette vieille coutume faisait courir au pouvoir royal, et donc à celui des ministres. Dans une lettre adressée à M. de Marbeuf, archevêque de Lyon, il écrivait: «J'ai souvent dit au roi: Ne paraissez pas éloigné de convoquer vos sujets, mais retardez cette convocation le plus que vous pourrez: votre autorité ne peut qu'y perdre, et votre royaume qu'y gagner fort peu...»

Cependant, cette petite leçon de machiavélisme ordinaire, il devenait chaque jour plus difficile de la suivre à la lettre, tant l'espoir placé dans les futurs États se transformait en exigence universelle. Que cette réunion dût avantager le Tiers État, nous le savons aujourd'hui, et peut-être ne fallait-il pas être grand clerc pour le pressentir. Justement, les grands clercs n'en eurent pas plus l'intuition que les grands noms de la noblesse, et Brienne, loin de pouvoir s'assurer de leur appui, fut contraint bientôt par leur rébellion de ne plus reporter la convocation des États généraux aux calendes.

Même le clergé, qu'il croyait contrôler, lui fit faux bond. Réunis dans une assemblée extraordinaire, au lendemain des Édits de Mai, ses représentants avaient à délibérer sur une provision de 8 millions de livres, demandée par le roi, en attendant l'estimation de ses biens. Remontrances du clergé publiées le 15 juin : ses biens sont consacrés à Dieu et aux pauvres; le clergé seul peut estimer la quotité des dons à consentir à l'État. Pour l'heure, vu la difficulté des temps, il ne pouvait verser les 8 millions demandés; le roi devait se contenter de 1 800 000 livres. Pis : le clergé prenait parti en faveur des parlements abaissés et contre la cour plénière instaurée : « Notre silence serait un de ces crimes dont la nation et la postérité ne voudraient jamais nous absoudre. » Abbés, évêques et chanoines savaient, comme d'autres, couvrir leur intérêt particulier de l'intérêt général.

Quant au deuxième ordre, la noblesse, il était directement visé par la réforme judiciaire : non seulement, la noblesse locale fournissait la majeure partie du personnel des cours souveraines, mais les justices seigneuriales étaient elles-mêmes menacées par l'espèce de professionnalisation de la justice criminelle qu'impliquaient les édits. En Bretagne, la solidarité de la noblesse avec le Parlement fut particulièrement active. Chateaubriand nous raconte dans les *Mémoires d'outre-tombe* comment, à cette occasion, il fit son apprentissage politique. Une assemblée houleuse à Rennes : « On montait sur les tables et sur les fauteuils; on gesticulait, on parlait tous à la fois. » Une déclaration solennelle contre la cour plénière; douze gentilshommes dépêchés à Paris pour la donner au roi : « À leur arrivée à Paris, on les coffra à la Bastille, d'où ils sortirent bientôt en façon de héros; ils furent reçus à leur retour avec des branches de lauriers. » Toute cette agitation, soutenue par des écrits moqueurs, vengeurs, sulfureux, conçus, comme l'observe dans ses *Souvenirs* le marquis de Bouillé, « dans le sein même de la cour et de la plus haute société », eût pu encore être maîtrisée, n'eût été la situation effrayante du Trésor. Faute du soutien des puissants, la menace de banqueroute allait contraindre Brienne, quoi qu'il en eût, à recourir aux États généraux.

Défendant la pureté de ses intentions, il avait dicté au roi sa réponse au clergé du 6 juillet : « Je n'ai point entendu substituer à la nation une cour, dont les membres tiendraient de moi leurs pouvoirs et leurs fonctions. Nulle cour ne peut représenter la nation qui ne peut l'être que par les États généraux. » A cet effet, Loménie de Brienne demandait aux états provinciaux et aux assemblées provinciales de faire savoir leur avis sur les modalités de la convocation. De date, il n'était pas encore question. La manœuvre restait dilatoire. Mais la crise du Trésor, au début d'août, était trop avancée pour qu'il pût s'imaginer calmer les esprits avec de l'eau bénite.

Pour maintenir le budget de 1788 en équilibre, Brienne n'avait plus à sa portée que des expédients, emprunts à court terme et autres tours de passe-passe. L'équilibre n'était que dans les livres; dans les faits, la recette était purement abstraite, et, au début d'août, le premier commis des finances Gojard révélait au ministre principal que la caisse était vide. Pour le plus pressé, Brienne alla jusqu'à utiliser les épargnes de la caisse des invalides, et à détourner le produit d'une loterie qu'on venait d'ouvrir en faveur des victimes de la grêle... Pour rassurer les détenteurs de capitaux, il fallait créer un choc psychologique. Le 8 août, un arrêt du Conseil fixa la convocation des États généraux au 1er mai 1789, et suspendit l'établissement de la cour plénière. Mais l'heureux effet de cette décision fut contrarié par l'urgence : Brienne dut recourir à l'emprunt forcé. Une bonne partie des paiements de l'État se ferait jusqu'au 31 décembre 1788 en billets du Trésor royal portant intérêt à 5 %. L'arrêt du Conseil qui en décide date du 16 août; il déclenche un accès de fièvre publique.

La reine, protectrice de Brienne, pense alors lui adjoindre Necker, dont la popularité reste grande dans l'opinion, depuis son passage aux affaires sept ans plus tôt. Elle charge son confident le comte de Mercy de la négociation. Celle-ci était malaisée : Brienne se sentait désavoué; Necker redoutait d'être associé à l'impopularité de l'archevêque; le roi ne prisait guère le banquier parpaillot dont il s'était débarrassé en 1781, et qu'il avait exilé par lettre de cachet l'année précédente, pour avoir écrit un mémoire accusateur contre son ministre Calonne... « Je crains, écrit Marie-Antoinette à Mercy, le 19 août, que l'archevêque ne soit obligé de partir tout à fait, et alors quel homme prendre pour mettre à la tête de tout, car il en faut un, surtout avec M. Necker? Il lui faut un frein.» Et la reine de commenter: «Le personnage au-dessus de moi n'en est pas en état, et moi, quelque chose qu'on dise et qui arrive, je ne suis jamais qu'en second; et malgré la confiance du premier, il me le fait sentir souvent.» Brienne propose donc à Necker le contrôle général des Finances, mais celui-ci, quitte à revenir aux affaires, n'entend pas hypothéquer sa liberté d'action.

Loménie de Brienne doit se faire une raison: seule sa démission donnera un peu d'air au gouvernement. La reine, elle-même poussée par la coterie des Polignac autour du comte d'Artois, l'a convaincu de cette nécessité, tout en lui gardant sa confiance. Il tire donc sa révérence, non sans empocher pour cause de licenciement une confortable prime d'indemnité, évaluée à huit cent mille francs de revenus en pensions ou bénéfices. En plus, il se fait promettre le chapeau de cardinal, et, népotisme oblige, obtient que le jeune abbé de Brienne serait son coadjuteur à l'archevêché de Sens tandis que sa nièce, Mme de Canisi, aurait une place de dame d'honneur à la cour. L'académicien qui chez lui sait toujours manier la plume envoie à la reine cette jolie lettre pour prendre congé: «Les troubles du moment nécessitent ma retraite. Je le sens comme Sa Majesté. J'ai cherché, dans tout ce que j'ai fait, les intérêts du roi; voilà ma justification. J'ai trouvé des opposants: voilà ma peine. J'emporte l'estime de Vos Majestés, et ma retraite n'est pas une disgrâce; voilà ma gloire et ma consolation.» Marie-Antoinette le rassure tout à fait sur ses sentiments: «C'est toujours avec plaisir que la reine saisira l'occasion de témoigner ses bontés à M. l'archevêque.»

Rideau.

Dès que la nouvelle du départ de Loménie de Brienne est connue, la joie fait sortir les Parisiens de chez eux; ils brûlent son effigie sous la statue d'Henri IV. La place Dauphine devient pour quelque temps le rendez-vous d'une jeunesse railleuse, bruyante et démonstrative. La chanson populaire ne fait pas défaut:

Pour gouverner la France
Point ne faut de prélat,

Cette maudite engeance
Abatterait l'État (bis)
Richelieu, Mazarin,
Ne valaient tous deux rien :
En malice profonde,
Brienne encore abonde,
Sa face rubiconde
Est face de fripon,
Fripon, fripon,
Et aussi (bis) *Lamoignon.*

Le 27 août, une gravure circule, qui représente la France sous les traits d'une femme dont le sein est poignardé par un prêtre; le sang qui gicle retombe en lui formant un chapeau de cardinal. Le lendemain, les premiers heurts violents ont lieu avec les soldats du guet. Le 29, une foule menaçante se dirige vers l'hôtel du comte de Brienne, frère de l'archevêque et toujours ministre de la Guerre, et tente d'y mettre le feu. Les forces de l'ordre doivent tirer. Le 30, gardes françaises et gardes suisses, sous le commandement du maréchal de Biron, doivent user de leurs armes, pour rétablir l'ordre.

Le 26 août, Jacques Necker était entré au Conseil muni du titre de directeur général des Finances. Le 27, il était fait ministre d'État. Dans la liesse populaire, le soulagement provoqué par le départ de Brienne se confondit avec le bonheur de voir revenir l'ancien ministre. Sa popularité était due à sa gestion lors de son passage au pouvoir, mais aussi à son talent de publiciste habile à défendre sa réputation, dénoncer les abus de l'État, et prêt à s'attendrir sur le sort des indigents. Sa retraite avait été accompagnée des hommages venus de tous côtés. Le peu de cas qu'on fit de ses successeurs, Joly de Fleury, d'Ormesson, Calonne, ajouta encore à sa gloire. Il était devenu l'homme providentiel. Louis de Bouillé, qui ne l'aime pas, écrit : « Tous les vœux et toutes les espérances se tournaient en ce moment vers M. Necker, de même que, dans les maladies compliquées et invétérées, on a recours aux empiriques. »

De fait, la maladie était grave : les caisses sonnaient creux, le crédit était nul, la disette entretenait un état de misère qui risquait d'attiser la révolte... On pouvait, certes, rêver mieux pour un retour en grâce! Mais le nom seul de Necker provoque un subit regain de confiance, – mot clé de toutes les conjonctures financières! Sa rentrée fit remonter en vingt-quatre heures les effets publics de 30 %. D'esprit généreux, convaincu de son utilité à la cause de l'État, il puisa deux millions dans sa propre fortune pour les prêter au gouvernement. L'exemple fut suivi; les notaires de Paris, notamment, firent une avance de six millions au Trésor. Vaille que vaille, il allait maintenir la monarchie à flot jusqu'à la réunion des États généraux. Il pouvait donner carrière à toutes ses ressources de banquier qui avait su faire fortune, non pas comme les fermiers généraux en se payant sur le dos des contribuables – la ferme étant la source habituelle des grandes fortunes – mais dans des grandes spéculations commerciales, où il avait gardé une réputation intacte d'honnêteté. Sa maison, depuis son mariage en 1764, était ouverte aux plus brillants esprits de son temps. La philanthropie ambiante, sa religion protestante, le commerce qu'il entretenait avec les Lumières lui avaient inculqué le goût du bien public. Mais Necker, ministre désintéressé et homme de finances averti, n'était peut-être pas exactement de l'étoffe des grands chefs d'État. Un caractère indécis, un désir de plaire à tous, peut-être une estime excessive en ses propres dons vont-ils le prédisposer à un optimisme naïf. Des futurs États généraux, il croit devoir être le tuteur accepté. En fait, un engrenage implacable est en place, qu'au moment venu il ne saura maîtriser.

A la fin d'août 1788, l'absolutisme paraît avoir perdu une bataille décisive. Les notables ont été à l'origine de son ébranlement. Depuis le XVIe siècle, clergé, noblesse d'épée, noblesse de robe, ont dû subir la montée irrépressible du pouvoir monarchique, qui a su jouer contre eux de tous les moyens : les sinécures versaillaises aussi bien que les embastillements. Ils ne sont pas fâchés de la faiblesse nouvelle du pouvoir royal, à la faveur de laquelle ils espèrent recouvrer leurs anciennes prérogatives. Mais le problème financier qui ronge la monarchie a contraint celle-ci à la réforme. Or, dans un sursaut équivoque, les parlements, le clergé, la noblesse se sont dressés contre les ministres du roi. Dans ce conflit, où les uns et les autres alternent dans le succès, un mot d'ordre s'est imposé : les États généraux. Évocation rusée. Personne, ni du roi, ni des parlements qui les premiers en parlent, ne désire réellement la convocation des représentants des trois ordres. Mais l'enchaînement des événements y oblige la royauté, aux applaudissements candides des aristocrates. Chateaubriand résume d'une formule ce que les notables avaient déclenché, sans le vouloir : « Nous triomphions de la cour dont tout le monde triomphait, et nous tombions avec elle dans le même abîme. »

IV

LA SOCIÉTÉ DES TRENTE ET L'OPINION PUBLIQUE (AUTOMNE 1788)

A l'automne 1788, une première scission dans la Révolution qui ne dit pas encore son nom va être consommée. Les meneurs de l'offensive dirigée contre le « despotisme ministériel », les parlementaires et la noblesse, n'ont remporté qu'une victoire à la Pyrrhus. La décision prise par le roi de convoquer les États généraux devait mettre à nu les contradictions, jusque-là déguisées, entre les tenants des hiérarchies traditionnelles et les partisans d'une société politique égalitaire. En quelques mois, pour reprendre une image courante dans une société pétrie de culture classique, les privilégiés restaurés au Capitole sont poussés vers la roche Tarpéienne. La fronde de robe et d'épée n'a sapé l'autorité royale que pour mourir plus vite. Une nouvelle force est en train de s'imposer, à la fois contre l'absolutisme et contre les notables. Elle a plusieurs visages; elle porte aussi des masques. Elle se nomme d'abord : opinion publique.

A l'ancienne France, divisée en ordres, structurée en corps, en communautés, en corporations, composant une société « verticale », se substitue dans la seconde moitié du XVIIIe siècle (et l'évolution se précipite à partir de l'été 1788) une société « horizontale », dont l'idée maîtresse est celle de la souveraineté du peuple, la fin de l'inégalité civile, ce qu'on appelle alors le patriotisme. Le Tiers État, qui n'était rien, doit devenir tout. Avant que Sieyès n'en formule la revendication dans une brochure célèbre, dès novembre 1788, Volney l'affirme : « Le Tiers État n'est point un ordre, il est la nation... » Cette conviction, qui gagne le pays, les journaux en sont l'instrument le plus visible.

Dans l'arrêt du Conseil d'État du 5 juillet, par lequel le roi annonçait la réunion des États généraux, la liberté de la presse avait été implicitement formulée. « Sa Majesté », encore incertaine sur les formes à donner à ces États, laissés en vacance depuis cent soixante-quinze ans, « invitait » toutes les personnes instruites à l'éclairer de leurs avis. Rien n'interdisait d'imprimer ceux-ci; on pouvait donc se passer d'autorisation préalable. Certes, on n'avait pas attendu cet arrêt pour multiplier brochures et libelles depuis 1787, mais les saisies restaient fréquentes; le Parlement condamnait encore au feu certaines publications. Après le 5 juillet , on assiste à une efflorescence d'imprimés : plus de trois cents pamphlets pour les mois de juillet, août et septembre 1788. Cette moyenne d'une centaine mensuelle sera maintenue – et améliorée – jusqu'en mai 1789, avant que la liberté de la presse ne soit inscrite à l'article XI de la Déclaration des droits de l'homme et du citoyen.

Dans leur écrasante majorité, ces publications plus ou moins régulières défendent l'idéologie égalitaire contre l'Église et la noblesse, tout en remettant en cause de manière radicale l'absolutisme. De ce mouvement d'opinion, qui prend la tête? Le plus visible, ce sont les individus : un Mounier, un Barnave, comme on l'a vu à Grenoble; un Mirabeau à Paris... Dans les périodes de troubles, les talents inusités trouvent leur emploi : les orateurs, les publicistes, les stratèges donnent libre cours à leurs ambitions. Mais, pour aller plus loin, pour développer un véritable courant d'opinion, les individualités ne suffisent pas. En dehors des cadres anciens, et qu'on saura bientôt condamnés, de la société, de nouvelles formes de sociabilité se sont répandues depuis 1750 : le cercle, le café, le cabinet de lecture, l'académie locale, la loge maçonnique, bref la société de pensée sous toutes ses formes; un nouveau réseau de relations a été tissé au sein de la société civile.

Ainsi Augustin Cochin, cherchant à saisir la cohésion des événements de 1788-1789, à travers l'exemple de la Bourgogne puis de la Bretagne, nous révèle l'action déterminante des « sociétés de pensée » dans l'accouchement de la Révolution. Celle-ci, à ses yeux, n'a pas été l'œuvre délibérée d'une puissance occulte, tenue en main par des conjurés connaissant parfaitement leurs buts, mais le résultat d'un mécanisme anonyme : la diffusion d'une idéologie (la « libre pensée ou la « philosophie ») et d'une pratique (l'association des individus sur cette base idéologique) dans la société globale, par le truchement de ces microsociétés, disséminées à travers tout le territoire, et dont la franc-maçonnerie a été le type le plus accompli. Dans le vide créé par l'effondrement des anciennes hiérarchies, et pour réaliser concrètement l'avènement de la souveraineté populaire, une Machine, comme dit Cochin, s'est mise en place, que personne ne dirige, dont le moteur ou la vapeur ne sont pas des « initiés conscients » mais l'énergie des « lois sociales ».

L'existence de ces multiples cellules, qui vont devenir les sociétés populaires : chambres de lecture, académies, loges, associations d'étudiants... permet de comprendre mieux la porosité du tissu social à la veille de la Révolution et la défaite des privilégiés. De comprendre mieux aussi le rôle et l'influence de l'oligarchie politique qui s'est mise en place, particulièrement active dans la société des Trente, dont les membres vont exercer une sorte de direction intellectuelle et parfois politique sur le cours des événements, en cet automne 1788.

Donnons-lui un premier visage : Adrien Duport. C'est chez lui, dans son hôtel de la rue du Grand-Chantier (on ne saurait imaginer meilleur « lieu-dit »!), que se réunissent, les dimanche, mardi et vendredi de chaque semaine, de dix-sept heures à vingt-deux heures, nos sociétaires cooptés. A moins de trente ans, le maître de maison fait partie de ces jeunes conseillers du parlement de Paris qui ont poussé leurs collègues à la résistance. Fils d'une riche famille de l'aristocratie parlementaire, il est pénétré des idées philosophiques : Montesquieu, Rousseau, Beccaria, les physiocrates. Il se distingue de la plupart des autres magistrats par le mépris qu'il affiche pour l'esprit de corps. Animé d'une grande ambition, il a en tête la réforme de la justice sur le modèle anglais, et de fait il sera le promoteur et le fondateur du jury en France. Admirateur de la révolution américaine, il s'est rapproché de La Fayette, dont il est devenu l'ami intime. Tout naturellement, ces jeunes nobles libéraux vont chercher à se réunir avec d'autres hommes qui partagent leurs convictions, sans souci des rangs et des origines.

Déjà, Duport avait une expérience associative : celle du

mesmérisme. Rappelons que Mesmer, médecin allemand installé en France, avait lancé sous la forme d'un manifeste la théorie du magnétisme animal, découverte d'une panacée qui avait fait de nombreux disciples. Duport, de santé fragile (il mourra de tuberculose à trente-neuf ans), avait d'abord cherché dans le fluide mesmérien une thérapie; il y trouva ensuite la base d'une philosophie et d'une morale. Il y adhéra avec enthousiasme, en compagnie de La Fayette, d'Éprémesnil, de Cabanis, du duc d'Orléans, et de bien d'autres. En 1783, un autre partisan du grand homme, Nicolas Bergasse, avait fondé une société en vue de défendre son œuvre et de subvenir à ses besoins. Le banquier Kornmann en fut le mécène généreux. Au vrai, les réformes politiques étaient passées au premier plan de leurs préoccupations.

La société mesmérienne de l'*Harmonie universelle* eut, sur le modèle de la franc-maçonnerie, des sociétés affiliées en province. Selon son biographe, Georges Michon, il semble bien que Duport ait pris là l'idée d'une organisation en réseau, qu'il devait adapter à la société des Trente, avant qu'elle ne soit le principe des Jacobins. Comme l'ont montré certains érudits (par exemple Henri Labroue pour Bergerac), les sociétés mesmériennes ont été souvent à l'origine des sociétés populaires de la Révolution. En même temps, Duport était franc-maçon, membre de la loge des *Amis réunis*. Ainsi, avant même qu'il apparaisse sur la scène politique au moment de la révolte parlementaire, Duport appartient à cette contre-société dont les canaux favorisent la circulation des idées nouvelles.

Membre du Parlement, Duport s'en détache sans hésitation du moment qu'il le voit faire machine arrière devant les revendications du Tiers État. Dans ce renversement de front, la société qui se forme chez Duport va prendre une part agissante. S'y rassemblent des personnalités appelées à occuper bientôt le devant de la scène. Des parlementaires, comme Lepeletier de Saint-Fargeau, futur député de la noblesse et futur régicide; des aristocrates libéraux comme le duc d'Aumont, le duc de La Rochefoucauld ou le duc d'Aiguillon, lequel, avec le vicomte de Noailles – beau-frère de Duport –, donnera le signal de l'abandon des privilèges dans la nuit du 4 août; l'évêque d'Autun, Talleyrand-Périgord, qui proposera la Constitution civile du clergé; des officiers comme Latour-Maubourg ou les frères Lameth, qu'amène La Fayette; l'abbé Sieyès; l'économiste Dupont de Nemours; des banquiers comme Clavière; une des futures étoiles de 1789 : Mirabeau; le mathématicien et philosophe Condorcet; le célèbre avocat Target...

Les membres de la société des Trente appartiennent aux trois ordres. Les cloisonnements de l'ancienne France sont abattus, comme dans les sociétés de pensée plus modestes; le principe égalitaire préside; la communion dans les mêmes idées cimente le groupe. Le grand débat qui va agiter tous les esprits à la veille et au moment de la convocation des États généraux – doit-on délibérer et voter par ordre ou, au contraire, délibérer en assemblée nationale et voter par tête? – a déjà trouvé sa solution dans les esprits et dans la pratique de la société des Trente, véritable creuset de la Révolution de mai 1789. Mirabeau, qui avait fait entrer dans la petite compagnie l'avocat de Rennes Le Chapelier, écrivait le 10 novembre 1788 à Lauzun : « Vous n'aurez point de regrets de vous être rendu à nos vœux, car cette conspiration d'honnêtes gens ira plus loin qu'on ne pense, et aussi loin que le voudra l'intérêt public bien compris. »

En son sein, la revendication fondamentale du *doublement* de la représentation du Tiers aux États généraux fut élaborée, et à partir de chez Duport diffusée dans la presse, qu'inspirait directement ou indirectement la Société, et dans toutes les sections locales du « parti national ». Selon Rabaut Saint-Étienne, la Société « entretenait une correspondance active dans le royaume et contribuait en répandant la simultanéité des idées, à préparer la simultanéité des volontés et des forces ». Des membres même de la compagnie qui se retrouvait chez Duport appartenaient à ces instances à nouveau convoquées, l'assemblée des notables et le Parlement, où ils pouvaient soutenir le mot d'ordre en cours contre les préjugés de leurs collègues.

La société des Trente, comme on s'en doute, s'occupa des élections à l'heure venue, poussant partout ses candidats. Elle dicta la rédaction de nombreux cahiers de doléances. Selon Alexandre Lameth, qui savait de quoi il parlait, l'« association... répandit, peu de temps avant les élections, à un nombre immense d'exemplaires, un petit écrit qui renfermait tous les éléments des cahiers projetés dans les réunions d'Adrien Duport et de Target ».

Cependant, malgré le mot de Mirabeau, on aurait tort de croire à la « conspiration », c'est-à-dire à une intrigue savante, menée par un état-major qui tire toutes les ficelles. S'il est vrai que la société des Trente a réuni un moment quelques-unes des personnalités les plus en vue des débuts de la Révolution, il serait anachronique d'en faire le bureau politique d'un parti national centralisé. Elle reste une société de pensée, sans direction effective. Du reste, elle n'est pas seule à semer la nouvelle graine dans les corps constitués et dans l'opinion. Selon Sieyès, une société « plus nombreuse, plus répandue, plus active », se rassemble chez Masse, restaurateur du Palais-Royal, sous le nom de « club des Enragés »; Lameth, lui, nous parle d'une société plus secrète « de Viroflay »; on connaît aussi l'existence des *Amis des Noirs*, autre lieu de réunion, etc. Le parti national qui prend forme sur la base de l'équation : *Tiers = nation* est une convergence de multiples sections aux noms divers, aux activités variées, et non une structure pyramidale. Les alvéoles de cette ruche gigantesque ont une fonction médiatrice : à travers elles passent tous les écrits, les journaux, les idées reçues. Le miel qui s'y fabrique s'appelle consensus contre le despotisme et les privilèges : « Guerre aux privilégiés et aux privilèges, voilà ma devise, écrit Mirabeau. Les privilèges sont utiles contre les rois, mais ils sont détestables contre les nations et jamais la nôtre n'aura d'esprit public tant qu'elle n'en sera pas délivrée... » Et Target de reprendre en écho : « Provinces, villes, tribunaux, compagnies, ordres de l'État, opposez au roi vos privilèges; abaissez-les devant la France assemblée... »

La plupart des notables, devant l'abîme qu'ils ont ouvert, vont s'efforcer d'affermir le terrain sur lequel ils ont bâti leur puissance. Mais, de leur sein même, les membres les plus jeunes et les plus hardis de l'aristocratie libérale vont se porter à la tête du mouvement, revendiquer la fin des ordres, se fondre avec les réformateurs du Tiers État, soutenir de tout leur prestige social les principes du parti national, destinés aux fondations d'une communauté du même nom. Le dernier trimestre de 1788 va révéler la gravité de la scission.

V

LA DÉFAITE DES NOTABLES (27 DÉCEMBRE 1788)

Necker avait été rappelé par Louis XVI à contrecœur. Celui-ci, selon le conseiller Sallier, aurait dit : « On m'a fait rappeler Necker, je ne voulais pas, mais on ne sera pas longtemps à s'en repentir. Je ferai tout ce qu'il me dira et on verra ce qu'il en résultera. » Si l'on en croit Germaine de Staël, sa fille, Necker se serait écrié : « Ah! que ne m'a-t-on donné ces quinze mois de l'archevêque de Sens! à présent c'est trop tard! »

Il était trop tard, notamment, pour renoncer à convoquer les États généraux. Sans doute celui qui redevient ministre d'État le 27 août 1788 s'en serait bien passé, mais à trois reprises, par la bouche du garde des Sceaux Lamoignon en novembre 1787, par l'arrêt du Conseil du 5 juillet 1788, et par celui du 8 août de la même année qui fixait leur réunion au 1er mai 1789, le gouvernement en avait promis la tenue. Quelque défiance que ressentît à leur sujet le nouvel appelé aux responsabilités suprêmes, il ne pouvait guère aller à l'encontre d'un engagement qui soulevait les plus grandes espérances de la nation. Prenant le parti de l'inévitable, Necker plaça donc dans la convocation des États son désir d'une « régénération générale » du royaume, qu'il eût peut-être dirigée par d'autres voies s'il en avait eu la permission. Dès lors, il devenait vain de songer à réformer quoi que ce fût avant le rassemblement des représentants des trois ordres. Aussi bien la réforme judiciaire que la réforme administrative, décidées par son prédécesseur, furent différées. Même, impressionné par les troubles de la rue qui avaient fait écho à sa nomination, il résolut de hâter l'échéance et décida, dans un premier mouvement, la réunion desdits États en janvier 1789, en même temps qu'il rétablissait dans leurs fonctions les parlements.

En attendant, Necker parait au plus pressé : retrouver une certaine marge de manœuvre financière, dont il chercha la solution principale dans les emprunts consentis par la Caisse d'escompte; assurer le ravitaillement des villes, rendu aléatoire par les intempéries, en interdisant les exportations et en facilitant les entrées de grains. Sur cette base, il s'employa à préparer les États généraux du mieux qu'il put.

Cette convocation n'était pas simple. Depuis leur dernière réunion en 1614, le pays avait été profondément transformé. Il n'avait plus les mêmes configurations géographiques que sous la régence de Marie de Médicis. L'industrie et le commerce, d'autre part, avaient, par leur développement, renforcé de façon évidente l'importance des villes. On pouvait difficilement se contenter de reconduire les formes anciennes de l'institution. D'un autre côté, toute modification exigeait l'avis des intéressés, d'autant que Necker était étranger : ses choix, imposés de manière autoritaire, auraient été désavoués. Un minimum de concertation s'imposait donc.

Avant même que le nouveau ministre prît l'initiative en ce sens, le parlement de Paris restauré se prononça en faveur du *statu quo*. Ayant à enregistrer, le 25 septembre, la Déclaration de l'avant-veille qui annonçait l'assemblée de 1789, le Parlement émit le vœu que « les États généraux, indiqués pour le mois de janvier prochain, soient régulièrement convoqués et composés et ce suivant la forme observée en mil six cent quatorze ». On ne pouvait mieux dévoiler l'esprit de caste qui animait les privilégiés. Pour eux, le Tiers État qui regroupait plus de 98 % de la nation ne pouvait prétendre à plus de représentants que le clergé ou la noblesse. Autant la ferveur publique avait soutenu les magistrats lors de leur conflit avec le despotisme ministériel, autant ce combat d'arrière-garde pour des intérêts particuliers dissipa leur popularité.

En refusant le doublement du Tiers, qui était devenu le mot d'ordre du parti national, les parlementaires défendaient également le principe de la délibération séparée des trois ordres. Madame de Staël en résume le caractère devenu intolérable à l'opinion : « Cette séparation des trois ordres n'a donné lieu qu'aux réclamations constantes des nobles pour ne pas payer d'impôts, s'assurer de nouvelles prérogatives, et faire supporter au Tiers État toutes les humiliations que l'arrogance peut inventer. » La première grande bataille entre les privilégiés et les roturiers se fixa donc sur la question du doublement du Tiers. Necker, qui était convaincu de sa nécessité, voulut faire cautionner sa décision par les privilégiés eux-mêmes. C'est ainsi qu'il fit appeler, par un arrêt du Conseil du 5 octobre, l'assemblée des notables déjà réunie en 1787. Du même coup, la convocation des États ne pouvait plus avoir lieu en janvier; elle était remise de plusieurs mois.

Le 6 novembre, dans la salle des Menus Plaisirs à Versailles, se retrouvaient cent quarante-sept notables; quarante d'entre eux n'avaient pas participé aux travaux de 1787. Cette espèce de « commission des sages », comme nous dirions aujourd'hui, était choisie dans les rangs les plus huppés de la société. Elle avait à répondre à vingt-cinq questions, qui deviendront bientôt cinquante-quatre. En fait, le problème central à traiter était de définir le nombre des représentants de chaque ordre; une question concomitante était de savoir de quelle manière se dérouleraient les débats : si l'on maintenait ou non la séparation des ordres, moyennant quoi le premier choix était plus ou moins important. Multiplier par deux le nombre des députés ne servirait de rien si l'on maintenait la délibération séparée. Tout changeait en cas d'instance unique.

Les membres de l'assemblée des notables furent répartis en six bureaux. Chacun d'eux était pris en main par un membre du Conseil d'État, rapporteur expérimenté qui en imposait aux moins avertis. Ces professionnels formèrent un noyau dur de conservateurs avec onze prélats et trente-sept membres des cours souveraines, décidés à maintenir la tradition qui les favorisait au préjudice du Tiers. Celui-ci était plus ou moins bien représenté par une trentaine de participants, dont le plus grand nombre était composé d'anoblis. Les quelques roturiers authentiques de l'assemblée devaient compter plutôt sur les délégués de la noblesse libérale, dont La Rochefoucauld et La Fayette étaient les esprits les plus marquants. Au fond, l'énorme majorité entendait faire obstacle au mouvement général qui menaçait les positions acquises. Le maréchal de Beauvau résume ainsi la situation à l'un de ses correspondants, le 10 novembre : « Nous n'avons encore rien fait et je ne vois pas encore si nous ferons beaucoup ni bien : préjugés, prétentions, prévention, routine, tout cela me paraît tellement enraciné dans la plupart des têtes que je ne me flatte guère que la raison la plus évidente puisse s'y introduire. »

Quelques esprits plus avancés essayèrent de se battre. Mal en prit au duc d'Orléans, président du troisième bureau, qui renonça pratiquement à ses fonctions. Seul le comte de Provence, frère du roi, entraîna le premier bureau qu'il présidait sur des positions à même de satisfaire l'opinion. Il suscita, en effet, une courte majorité de treize voix contre douze, en faveur du doublement du Tiers. Mais, tout compte fait, il fallut se rendre à l'évidence : cent onze notables, contre trente-trois seulement, se prononcèrent contre la double représentation. Tous avaient pressenti qu'une autre décision entraînerait automatiquement la délibération générale et le vote par tête, au risque de renverser la hiérarchie traditionnelle des ordres. Pour justifier leur résolution, les majoritaires firent l'objection de leur sollicitude pour les campagnes : comme le Tiers était surtout représenté par des citadins, alors même que le gros de la population était rural, nul mieux, disait-il, que les hommes d'Église et les maîtres du château, était fondé à défendre les culs-terreux!

La pointe la plus avancée de cet esprit de corps se manifesta dans la protestation solennelle des princes du sang. Ceux-ci, réduits par l'abstention du comte de Provence au nombre de cinq – le comte d'Artois, le prince de Condé, le duc de Bourbon, le duc d'Enghien et le prince de Conti – remirent au roi un Mémoire qui patronnait les conclusions de la majorité : « Il a été exposé à V.M. combien il est important de conserver la seule forme de convocation des États généraux qui soit constitutionnelle, la forme consacrée par les lois et les usages, la distinction des ordres, le droit de délibérer séparément, l'égalité des voix, ces bases inaltérables de la monarchie française. »

Ainsi, après le Parlement, l'assemblée des notables avait opté, dans ses réponses données le 11 décembre, à la veille de sa séparation, en faveur des anciennes formes des États généraux, contre le sentiment intime de Necker. Cependant celui-ci put jouer de la fissure qui s'élargissait dans le front des privilégiés. En effet, au sein même du parlement de Paris, qui avait donné le signal de la résistance au Tiers, les jeunes conseillers acquis à l'esprit de réforme, contrits de l'impopularité dont le Parlement était devenu soudain l'objet, entamèrent une contre-offensive, qui porta ses fruits, puisque le 5 décembre 1788, appelés à commenter leur arrêt si mal reçu du 25 septembre, les parlementaires, aiguillonnés par la jeune classe qui s'agitait en leur sein, finirent par voter par quarante-cinq voix contre trente-neuf un arrêté qui était un désaveu dissimulé de leur position antérieure. Par ce texte, en effet, le Parlement ne faisait plus obstacle au doublement du Tiers; la cour s'en reportait, sur ce sujet, à « la sagesse du roi ». Du même coup, face à des avis qui n'étaient plus dans une coïncidence impérieuse, Necker allait pouvoir arbitrer.

Pendant toutes ces semaines, qui voient les derniers efforts des notables pour verrouiller les remparts de leurs prérogatives, l'opinion publique n'était pas restée indifférente. Comme nous l'avons dit, le parti national avait ses journaux, ses cercles, ses réseaux d'influence. Au début de novembre 1788, les clubs, qui avaient été fermés en août 1787, sont rouverts, avec l'accord tacite du gouvernement. Ceux du Palais-Royal, à Paris, résonnent de tous les commentaires, de toutes les revendications, de toutes les exaltations qui s'emparent des consciences, dans un moment où le sort de la nation semble se jouer. En province, les sociétés de pensée entretiennent la propagande en faveur des demandes du Tiers État. Celles-ci étaient au nombre de trois : 1. Le doublement de la représentation du Tiers État; 2. Le monopole de celle-ci réservé aux roturiers; 3. Le vote par tête et la décision en assemblée commune des représentants des trois ordres. Ainsi, à Romans, où se trouve réunie en novembre l'assemblée consultative destinée à mettre en place les nouveaux États du Dauphiné, Jean-Joseph Mounier avait entraîné la majorité à adresser au roi un manifeste, dont le retentissement fut universel : « Les communes comprennent la portion la plus nombreuse de vos sujets; celle qui paie le plus d'impôts, qui possède le plus de biens;

c'est sur elle que s'appesantit le fardeau de tous les abus (...). Si les ordres, si les provinces étaient séparés, ce seraient des corps divers, ce ne serait plus la nation même qui s'exprimerait par l'organe de ses députés.» Dans tout le pays, stimulé par les cellules vivantes du parti national, un cri irrésistible se répandait en faveur du Tiers État, ruant comme un pur-sang dans les vieux brancards de la société d'ordres.

A la revendication du Tiers État, un certain nombre de nobles «éclairés» avaient prêté leur voix. On a vu que l'ensemble venait de haut, puisque Monsieur, frère du roi, s'était prononcé en faveur du Tiers. De sa part, il y avait aussi, à coup sûr, l'agacement ressenti en face de la résistance des notables aux réformes du roi. Il envisageait avec intérêt l'alliance du souverain et du peuple contre une aristocratie, parfois obtuse et toujours rebelle. Mais, de plus en plus nombreux, des membres du clergé et de la noblesse, ne fût-ce que pour n'avoir pas à rougir de compromettre leur réputation «éclairée», s'accordaient à la reconnaissance des nouveaux droits du Tiers État. De sorte que Servan pouvait écrire: «Il existe maintenant, en France, une sédition d'environ vingt millions de sujets de tous les âges, de tous les sexes, qui ne demandent qu'à s'unir à leur roi contre deux ou trois cents magistrats, quelques centaines de grands seigneurs, la petite légion sacrée des évêques et autres consorts, lesquels, sous le nom de la convocation de 1614, veulent réduire les peuples à l'état le plus extrême qu'ils appellent, avec raison, *le dernier état des choses.*»

Necker avait à trancher. «Un résultat en majorité, dans une assemblée de cent cinquante personnes, devait-il écrire après coup, n'était visiblement d'aucun poids, mis en balance avec cette masse formidable d'opinions et de volontés qui prenait, chaque jour, un nouvel accroissement.» Qui, du reste, aurait pu, à ce moment-là, devant le soulèvement de l'opinion, rejeter la revendication fondamentale du Tiers État, si modeste, au fond: de voir simplement doubler sa députation, de compter un nombre de mandataires égal à l'addition des élus des deux autres ordres? Necker, dans son désir de lui donner satisfaction sur ce point, pouvait compter aussi bien sur l'agitation publique que sur le ressentiment de la famille royale contre la rébellion aristocratique qui avait tant fait pour abaisser son autorité.

Du 22 au 27 décembre 1788, le Conseil des dépêches, comprenant le garde des Sceaux Barentin, six ministres d'État, dont Necker, et deux secrétaires d'État, se réunit pour prendre une décision. Entre-temps, Necker et le roi s'étaient vus avec tel ou tel ministre en comités préparatoires. Le désaccord régnait; les forces respectives, en faveur ou non des formes de 1614, étaient égales en nombre. Finalement, l'avis de Necker fut prépondérant. Il triompha lors de la séance plénière du 27 décembre, à laquelle assista Marie-Antoinette. La reine, par son silence, signifia son approbation au roi, qui prit parti pour le doublement du Tiers.

Le *résultat du Conseil du 27 décembre* consommait la défaite des notables. Mais, s'il décevait la majorité de l'aristocratie, qui se trouvait ainsi désapprouvée, il ne donnait pas pleinement satisfaction aux porte-parole du parti national. En effet, la décision de la double représentation du Tiers n'était nullement assortie de la mesure qui semblait son corollaire : le vote par tête. Necker justifiait en effet le grand nombre des députés du troisième ordre par la nécessité de réunir le plus d'avis compétents possible, qui deviendraient autant d'interprètes et de garants des réformes décidées. D'autre part, contrairement à ce qu'on avait espéré, le roi refusait de réserver aux roturiers la représentation du Tiers État. Le Conseil du 27 décembre n'avait donc pris qu'une demi-mesure. Dans l'impossibilité de résister à la mobilisation de l'opinion publique, le roi avait accédé à la plus évidente de ses revendications, contre la majorité conservatrice du clergé et de la noblesse. Cependant, la séparation des trois ordres n'était nullement remise en cause; l'assemblée véritablement nationale que d'aucuns souhaitaient n'était pas encore au programme. Du moins, ceux qui avaient opposé les droits de la tradition aux droits du plus grand nombre avait-ils été désavoués.

En janvier 1789, Mallet du Pan, en tirait cette conclusion dans son journal : « Le débat public a changé de face. Il ne s'agit plus que très secondairement du roi, du despotisme, de la Constitution : c'est une guerre entre le Tiers État et les deux autres ordres... »

VI

« QU'EST-CE QUE LE TIERS ÉTAT? » (JANVIER 1789)

Le roi accordera la suppression des lettres de cachet, la liberté de la presse et la convocation régulière des États généraux pour délibérer sur les finances du pays, voilà ce qu'annonce le rapport joint au résultat du Conseil du 27 décembre. Au début de l'année 1789, la popularité du monarque, inspiré par Necker, est au plus haut. Monsieur – futur Louis XVIII – pourra dire à la municipalité de Paris : « Une grande révolution était prête; le roi, par ses intentions, ses vertus et son rang suprême, devait en être le chef. » L'alliance de la couronne et de la nation contre les privilégiés, telle est l'idée exaltante de l'heure qui gagne les rangs des privilégiés eux-mêmes, comme l'atteste le retournement du Parlement : « la mode était dans ce sens, dira Mme de Staël, c'était le résultat de tout le XVIIIe siècle, et les vieux préjugés qui combattaient encore pour les institutions, avaient beaucoup moins de force alors qu'ils n'en ont eu à aucune époque... ».

Cette alliance ne survivra pas à la réunion des États. Pour le moment, tous les esprits sont tendus vers cette échéance et se nourrissent de la littérature profuse qui attise, depuis quelques mois, les controverses. On ne comprendrait rien aux décisions des premières semaines de l'Assemblée de Versailles, en mai 1789, si l'on n'avait en mémoire les grandes idées constitutionnelles, qui ont été débattues dans les mois qui ont précédé. Un point de fuite fixe tous les regards : celui d'Assemblée nationale.

Ainsi Condorcet. Ce mathématicien philanthrope, adepte

de Rousseau, fils d'un noble sans fortune (lequel avait redoré son blason en épousant une bourgeoise bien dotée), est représentatif des intellectuels de l'époque (même si le mot n'existe pas encore). Il a participé aux travaux de l'*Encyclopédie*, fréquenté les salons, combattu auprès de Voltaire dans la célèbre affaire du Chevalier de la Barre (ce jeune homme condamné à mort pour son attitude blasphématoire envers l'Église), et mené campagne contre l'esclavage dans le club des Amis des Noirs. Convaincu du progrès humain par l'usage répandu de la raison, il ne brandit pas plus qu'un autre l'idée d'une rupture révolutionnaire. Il est ce que nous appellerions un réformiste. Or, au premier bruit d'une convocation des États généraux, que dit-il? Que c'est un piège, ou autant vaut.

Puisque deux ordres sur trois sont aux mains des privilégiés, il est absurde d'attendre d'une infime minorité censée représenter outrageusement les deux tiers de la nation les réformes attendues. Du reste, les plus chauds partisans des États, ceux qui dès le début les réclament, le Parlement, le clergé, les anciens états provinciaux, les assemblées de la noblesse, tous ces champions de la liberté, nous dit-il, n'entendent nullement céder sur les inégalités dont ils nourrissent leur domination. Il faut donc en finir avec les anciens États généraux, et procéder à l'élection d'une Assemblée nationale, tous ordres confondus, par l'intermédiaire d'assemblées provinciales préalablement et librement élues. Dans une *Requête au roi*, restée inédite, Condorcet affirme : « Nous savons, Sire, que cette forme n'est pas l'ancienne forme des États généraux, formés, du moins dans les derniers temps, par les députés des bailliages. Nous savons que chaque ordre avait des députés choisis par lui et siégeant dans des chambres séparées. Mais, Sire, cette ancienne forme établie par la volonté de vos prédécesseurs n'a jamais reçu de la part de la nation qu'une sanction tacite à laquelle le progrès des Lumières, le changement des usages, des mœurs et des lois, et une interruption de cent soixante-quatorze ans ont ôté une partie de sa force. L'histoire même de ce qui s'est passé en 1614 semble imposer à tous ceux qui aiment véritablement la patrie le devoir de solliciter un changement. »

Nous touchons là au conflit central qui, durant le

XIXe siècle et au-delà, met aux prises les partisans de la légitimité rationnelle, dont Condorcet est un des plus illustres porte-parole, aux défenseurs de la politique traditionnelle, dont les thèses vont nourrir la contre-révolution. Pour Condorcet, « une bonne loi doit être bonne pour tous les hommes, comme une proposition vraie est vraie pour tous ». D'où s'ensuivent l'idée d'égalité, le mépris des préjugés, la foi dans l'intelligence humaine – à cultiver par l'éducation –, la conviction d'une raison universelle. Le principe d'Assemblée nationale repose sur cette intuition égalitaire et aussi sur celle de volonté générale : un corps unique, représentant la nation, en doit être l'expression. Pour Condorcet et tous les esprits optimistes qu'il interprète, « l'espèce humaine est indéfiniment perfectible », à condition de transformer les mauvaises institutions qui l'ont maintenue dans les chaînes, et d'abord celles de l'ignorance.

Opposés à ceux qui veulent un ordre fondé en raison et dont le maître mot est constitution va monter un courant de pensée qui produira ses protestations, non pas au nom des intérêts particuliers, mais sur la foi pessimiste que le péché originel contredit au dogme de la bonté naturelle des hommes. Ceux-ci n'étant pas de purs esprits, mais des êtres de chair et de sang, impliqués dans des situations concrètes, insérés dans les mailles d'une société structurée par l'histoire, les mœurs et les coutumes, il est dangereux de les réduire à l'état d'individus, disposant chacun d'une prétendue raison et d'une voix volatile. Ainsi, Augustin Cochin oppose-t-il « les vieilles libertés françaises des États » à « la nouvelle liberté anglaise des communes et du Parlement » : « C'est bien à la nation entière que s'adresse le roi, mais à la nation telle qu'elle se trouve organisée, encadrée, avec ses hiérarchies diverses, ses divisions naturelles, ses chefs actuels, quelles que soient d'ailleurs la nature ou l'origine de leur autorité. » Au lieu de quoi, les idées nouvelles, « anglaises » selon lui, veulent substituer une « poussière d'atomes politiques », sans âme, sans direction et bientôt offerte aux professionnels de la brigue, aux agents électoraux, aux sociétés de pensée, seule armature de substitution aux cadres anciens.

Autrement dit, derrière la lutte sociale qui lance les non-privilégiés à l'assaut des privilégiés, on ne doit pas manquer d'observer un affrontement de principes qui ne saurait être rabaissé à une simple idéologie de classe. S'il va sans dire que des intérêts sont toujours enrobés dans la générosité des maximes, ou celles de la liberté individuelle ou celles des libertés corporatives, on ne doit pas ignorer cet autre enjeu du grand débat qui s'est ouvert en 1788 : sur quoi les hommes doivent-ils fonder leur société? D'un côté prêchent, au nom de la tradition historique, les champions du droit divin et de la société organique; de l'autre, au nom de l'initiative humaine, les défenseurs du droit naturel, épris de raison et de justice. Débat fondamental, qui préside à la convocation des États généraux.

Il faut observer, cependant, l'inégalité des deux camps. Germaine de Staël, citée plus haut, parlait de la « mode », et la mode intellectuelle, nous l'avons vu, portait nombre de tuteurs des « anciennes hiérarchies » à s'affranchir de leur rôle hérité et devenu obsolète sous les feux de la philosophie. Il faudra attendre les premiers actes de la Révolution pour entendre un autre son de cloche. Pour l'heure, le parti national domine l'opinion publique.

En janvier 1789, entre cent autres brochures, l'une fait fureur et devient bientôt une espèce de vulgate démocratique, dont on répète les aphorismes : *Qu'est-ce que le Tiers État?* Le nom de l'auteur n'est dévoilé qu'à la quatrième édition. Il s'agit de l'abbé Sieyès. Celui-ci était devenu prêtre sur la volonté de son père, bon catholique, contrôleur des actes à Fréjus : une carrière qui semblait bien faite pour un enfant qui avait plus de tête que de santé. Un peu trop même : le séminariste devint un adepte des philosophes. On répétera plus tard qu'il avait pris place au rang des figures les plus marquantes de la Révolution, pour avoir été arrêté dans ses ambitions par le verrouillage des meilleurs bénéfices auquel s'appliquait le clergé d'extraction nobiliaire. En somme, il serait devenu l'apôtre de la nation, faute d'avoir été le parvenu de l'Église. Vraie ou non, cette explication biographique est d'un médiocre intérêt. L'important est le retentissement de son libelle; c'est à sa clarté d'esprit, à sa rigueur logique, et à son sens de la formule incisive que notre abbé le doit.

Emmanuel Sieyès avait su ramasser en quelques phrases lapidaires l'essence de la revendication nationale :

« 1° Qu'est-ce que le Tiers État? Tout.

2° Qu'a-t-il été jusqu'à présent dans l'ordre politique? Rien.

3° Que demande-t-il? A y devenir quelque chose. »

Ces trois slogans, dont le succès allait être durable, Sieyès en faisait le plan de sa démonstration. A l'instar de Condorcet, il n'était pas un partisan des États généraux. Dans un des chapitres de son ouvrage, intitulé : « Ce qu'on aurait dû faire », il regrette qu'on n'ait pas commencé par le commencement, à savoir l'élection d'une Assemblée nationale constituante. Pour lui, la nation « existe avant tout », est « à l'origine de tout ». Elle seule a qualité pour fixer les lois fondamentales qui régleront l'organisation et les fonctions des différents pouvoirs. C'est dans cette volonté nationale que réside la légitimité du gouvernement. C'est elle, et elle seule, qui peut toujours remettre sur le chantier la Constitution. Quant aux États généraux, à supposer qu'ils doivent toujours se réunir, il ne leur est conféré qu'un pouvoir législatif. Ainsi Emmanuel Sieyès – ce « Descartes de la politique » comme disait Sainte-Beuve – distinguait avec force, ce qui n'était pas encore évident, le pouvoir constituant du pouvoir législatif. Ce pouvoir constituant ne pouvait appartenir qu'à la nation seule, sans distinction d'ordre, par l'intermédiaire de « représentants extraordinaires ». Mais puisque États généraux il devait y avoir, Sieyès, tout comme Condorcet, s'y résignait, moyennant leur transformation en Assemblée nationale. Et qui pouvait en assumer la charge, sinon le Tiers État?

Celui-ci, en effet, est une « nation complète », à vocation universelle, où coexistent tous les métiers et tous les talents. L'ordre privilégié qui l'opprime se place en dehors de la nation par sa « fainéantise » et son refus de la loi commune; c'est un État dans l'État. Or sur quoi se fonde cette inégalité entre citoyens? Sur les droits prétendus de la « naissance », qui n'ont plus aucune justification dans une société renouvelée par le commerce et l'industrie.

A ce sujet, Sieyès relance la querelle des germanistes et des romanistes sur les origines de la féodalité. Les premiers – un Saint-Simon, un Boulainvilliers, mais aussi un Montesquieu – voulaient que le roi fût l'élu des nobles, comme à l'origine dans les forêts de Germanie, avant la conquête de la Gaule. Les aristocrates, contestataires de la monarchie absolue, étaient les descendants des Francs; leur organisation en ordre privilégié avait donc une origine raciale. De là l'apostrophe de Sieyès, qui reprend l'idée à son compte, mais pour la renverser : pourquoi ne pas renvoyer « dans les forêts de la Franconie toutes ces familles qui conservent la folle prétention d'être issues de la race des conquérants et d'avoir succédé à leurs droits? ». Et d'affirmer l'honneur d'une naissance issue « des Gaulois et des Romains » qui, pour populaire qu'elle soit, « vaut au moins autant que celle qui viendrait des Sicambres, des Welches et autres sauvages sortis des bois et des étangs de l'ancienne Germanie? »

Cette noblesse d'origine, il est vrai, a été submergée par les anoblis. Or, précisément, ces nouveaux nobles, vrais privilégiés mais tenus en dédain par la noblesse ancienne, se trouvent repoussés vers le Tiers État, dont ils se font les représentants abusifs. Le libelliste est affirmatif : il ne faut pas mêler les torchons et les serviettes. Jusqu'à présent, le Tiers n'a pas eu de véritables mandataires, issus de son sein. Il lui faut donc de vrais députés, « tirés de son ordre ». Ceux-ci doivent avoir une influence « au moins égale à celle des privilégiés ». Et, ce qui va de soi, mais encore faut-il en défendre la logique qui semble échapper au gouvernement, ce doublement du Tiers ne peut être rendu actif que par l'instauration du vote par tête.

Sur tous ces points, un Condorcet n'est pas forcément d'accord. Dans ses *Lettres d'un gentilhomme,* il s'élève contre l'esprit sectaire et exclusif qui interdirait aux électeurs du Tiers de voter pour des nobles. Appartenant lui-même à la noblesse, il est trop pénétré de l'esprit philosophique pour s'estimer inéligible par le parti national. « Cherchez dans vos députés d'abord la probité, dit-il, puis le bon sens, ensuite les lumières et le courage, enfin le zèle. » Ce n'est pas la naissance mais l'esprit de corps qui entrave la liberté d'esprit et le dévouement à l'intérêt commun. Du reste, Condorcet préconise, sinon le mandat impératif, du moins des instructions formelles par lesquelles les mandants obligeront leurs mandataires. Condorcet poussera plus loin sa réflexion sur le droit de suffrage, en établissant sur le principe de l'universalité de multiples exceptions, visant les citoyens tributaires des riches : les domestiques, les pauvres, au fond tous ceux qui ne jouissent pas de l'indépendance économique. Le citoyen par excellence, à ses yeux, est le petit ou moyen propriétaire, échappant à toute dépendance, libre de son jugement, intéressé plus que tout autre à l'organisation équitable des pouvoirs publics.

On le voit, les grandes questions, et de principe et de pratique électorale, se trouvaient discutées en cette veille des élections. Dans le débat, les formules de Sieyès bouleversent la conscience sociale : le Tiers n'était plus le troisième ordre; fort de vingt-cinq millions de membres, il était la nation, qui ne pouvait plus rester bridée par trois cent mille privilégiés. Le programme était fixé. Le Tiers État est appelé à devenir l'Assemblée nationale. Pour que le clergé et la noblesse y fussent inclus, il leur fallait au préalable renoncer à leurs privilèges! Cependant, dans cette aube démocratique, si nous lisons volontiers la fin du vieux monde hiérarchique, dont l'inégalité a pour fondement la naissance – système d'exclusion qui nous est odieux –, nous ne pouvons nous empêcher de subodorer l'amorce d'une pensée « jacobine », dont la liberté individuelle n'est certainement pas la pierre de touche. Cette nation, qu'il glorifie comme le « tout » social, Sieyès ne le construit-il pas lui-même par l'*exclusion* qu'il dénonce, en frappant les nobles d'ostracisme? Dans son exigence d'un axiome politique, n'offre-t-il pas des armes à l'arbitraire? Sieyès, en effet, à propos de l'Assemblée nationale, reprend la terminologie rousseauiste de la *volonté générale;* une volonté qui doit être *une.* Notre auteur, certes, tient pour légitimes « les fins particulières »; il consacre encore un large espace au *privé.* L'unité de la nation, l'unité de pensée ne sont encore requises que pour « l'intérêt commun ». Mais la répugnance qu'il manifeste contre tout esprit de corps, toute alliance entre des particuliers, nous laisse pressentir, à nous qui savons la suite, la pente qui conduira, au nom d'une volonté générale exprimée par une minorité de citoyens plus citoyens que les autres, à consigner la liberté entre des parenthèses de fonte.

Dès ses premiers pas, comme l'atteste la brochure de Sieyès, la dualité de la Révolution est en filigrane : pour l'heure, la revendication libérale l'emporte; mais déjà l'hymne au « Peuple-Un » laisse entendre ses premières notes. Tout le problème politique est posé : la nature indivisible de la nation pouvait-elle rester compatible avec la liberté de chacun?

VII

L'ENTRÉE EN SCÈNE DES AFFAMÉS (FÉVRIER-MAI 1789)

Le grand débat qu'entretient l'expectative des États généraux s'est cantonné jusqu'à présent à ceux qui ont perruque et mains blanches. Barnave, on l'a vu, se félicitait lors des événements du Dauphiné que la « populace » fût restée en marge du mouvement. Certes, on a bien assisté à des manifestations de rue, où la « canaille » prenait sa part, mais elle n'y était qu'accessoire. Or, dans les premiers mois de 1789, un nouvel acteur collectif, cessant de jouer les comparses, s'avance au premier rang : « populace », « canaille », « tourbe », « vile multitude », « misérables », « lie », « ramassis », « gueux », « brigands », comme l'appellent les contemporains distingués ou les historiens conservateurs; « foule », « masse », « bras nus », « sans-culottes », selon la terminologie moins infamante des auteurs plus circonspects. Hippolyte Taine, obsédé par la défaite française devant la Prusse et la tragédie de la Commune de 1871, a cru trouver, cherchant les *Origines de la France contemporaine,* la formule de l'anarchie qui a été à l'œuvre tout au long de la Révolution : « Un mouvement de brute exaspérée par le besoin et affolée par le soupçon. »

Dans l'histoire de la pré-révolution, entamée en 1787, on a déjà observé deux fronts successifs. Le premier, symbolisé par « l'esprit de Vizille », au cours de l'été 1788, a réalisé l'union de tous contre le « despotisme ministériel ». Le second par un renversement des alliances, a vu le roi et Necker donner en partie leur soutien à la revendication du Tiers contre les privilégiés. Mais ce Tiers, que Sieyès veut confondre avec la nation, est lui-même profondément divisé : que peuvent avoir en commun un avocat à la cour, un artisan du faubourg Saint-Antoine, un manouvrier du Périgord et un riche laboureur de la Beauce? Encore tous ces gens disposent-ils d'un revenu. Mais les chômeurs, les mendiants, les va-nu-pieds? Sieyès, dans son libelle, n'était pas entré dans ces détails. Il avait parlé du Tiers comme d'un bloc hostile à l'infime minorité des privilégiés en place. Il avait mis en avant « les classes *disponibles* » du Tiers, autrement dit celles qui jouissaient d'un bien suffisant pour « s'intéresser aux affaires publiques ». Et même, explicitement, il écrivait : « Ces classes-là n'ont pas d'autre intérêt que celui du reste du peuple. » Or tout ne paraît pas aussi simple lorsque éclatent les émeutes de la faim, qui vont se succéder au long de cette année révolutionnaire. Un troisième front ne serait-il pas en train de s'ouvrir, mettant face à face les affamés et les nantis?

Dans cette société rurale, tout part de la terre, *ergo* tout vient du ciel. Que celui-ci gronde juste avant les moissons, comme c'est le cas le 13 juillet 1788, quand la grêle ravage les champs de l'Ile-de-France, de la Champagne et de la Normandie, et c'est déjà un début de catastrophe. Et que l'hiver suivant, au moment même où la crise politique donne en pâture à l'opinion une littérature de combat, soit le plus terrible que le pays ait connu depuis l'année 1709, de sinistre mémoire, et la révolte jette sur la place ceux qui n'avaient encore été que des spectateurs plus ou moins intéressés par les querelles des possédants.

Un indicateur, comme nous disons de nos jours, explique clairement la mobilisation populaire : le prix du pain. Taine écrivait : « L'homme du peuple, qui vit avec peine quand le pain est à bon marché, se sent mourir quand il est cher. Sous cette angoisse, l'instinct animal se révolte, et l'obéissance générale, qui fait la paix publique, dépend d'un degré ajouté ou ôté au sec ou à l'humide, au froid ou au chaud. » Les mauvaises récoltes provoquent la flambée des prix et celle-ci, de proche en proche, le chômage généralisé. Le pain quotidien est l'enjeu le plus clair de la guerre sociale pour les couches les plus nombreuses du pays. En juillet 1788, le pain de 4 livres coûte 9 sous; en novembre, 12 sous; en janvier, 14, et bientôt 15... Ce pain de 4 livres, c'est la consommation par jour d'une famille de quatre membres; il se vendra 3 francs à la veille de la Révolution : dans bien des cas, cela dépasse le salaire quotidien d'un ouvrier parisien, lequel, du reste, ne travaille pas tous les jours, et doit subvenir aux autres besoins : nourriture complémentaire, habillement, loyer, etc.

Il ne suffit pas que le pain soit cher; il faut aussi qu'il se cache. On fait la queue pendant des heures à la porte des boulangeries qui n'ont plus de farine. Alors, on cherche les coupables. Le gouvernement qui, depuis 1787, a autorisé la liberté du commerce des grains et laissé faire les exportations; les accapareurs, les spéculateurs, tous ceux qui, de près ou de loin, participent au cycle du blé, qui le stockent, qui le vendent, qui le moulent, qui en font du pain. Les affamés leur donnent l'assaut dans toutes les provinces. Les intempéries ont partout fait des ravages, atteignant ici les vignes ou les oliviers, là les châtaigniers. Par contrecoup, les artisanats et les industries sont touchés. Déjà le traité de commerce franco-anglais, mis en pratique deux ans plus tôt, a causé un chômage sévère en Normandie. Mais tour à tour, tous les métiers urbains sont frappés indirectement par la disette.

Les archives et les chroniques du temps nous révèlent l'universalité de la crise économique et la révolte consécutive à la crise des subsistances. A Bagnols, dans le Languedoc, on voit des ouvriers agricoles, armés de bâtons, forcer les consuls à décréter la baisse du prix du pain. A Nantes, on envahit l'hôtel de ville. A Amiens, on saisit de force le blé des Jacobins, bientôt vendu au peuple au tiers de sa valeur. A Sète, on dévaste les maisons des boulangers. A Saint-Léonard, on retient les grains qui partent pour Limoges. Ailleurs, on tend des embuscades aux convois. Des villes, des expéditions sont lancées contre des fermes et des greniers. Bientôt, on ne sait plus distinguer les travailleurs honnêtes qu'une perte d'emploi ou la cherté du pain a entraînés dans l'émeute des vagabonds et des bandits traditionnels. C'est le moment critique où la frontière des classes laborieuses et des classes dangereuses perd son étanchéité. L'exemple de Paris est particulièrement suggestif, puisque c'est dans la capitale qu'auront lieu la plupart des grandes « journées ».

En cette fin du XVIIIe siècle, la ville compte environ

700 000 habitants, gigantesque concentration dans un espace plus réduit qu'aujourd'hui, qu'enfle encore la crise économique : de partout les ventres creux viennent y tenter leur chance, ne serait-ce qu'en raison des institutions d'assistance qu'entretiennent l'État, l'Église et quelques riches particuliers. Dans cette Babylone moderne, ville-pandémonium flétrie par Rousseau et autres philosophes, une sous-humanité de mendiants, d'errants, de voleurs hante habituellement certains quartiers. Mais le chômage de Paris et des régions proches a grossi le monde des misérables, de gens sans aveu, sans contrôle, parfois sans foi ni loi. Les bureaux de charité ne suffisent plus à la tâche. Paris compte sans doute alors plus de 100 000 indigents. Le gouvernement a décidé de rouvrir pour eux des ateliers de charité, où l'on assure à une minorité une maigre pitance, pour des travaux plus ou moins utiles à la collectivité. Les hôpitaux, principalement les Enfants trouvés, l'Hôpital général et l'Hôtel-Dieu, accueillent dans une affreuse promiscuité pas loin de 30 000 miséreux. Mercier et Restif de la Bretonne nous ont dépeint cette face cachée d'une époque où « la douceur de vivre » n'était pas la chose le mieux partagée.

La misère de l'hiver 1788-1789 a accru la violence et la criminalité. Les contemporains ne font pas toujours la différence, tant l'insécurité et la peur suscitent la confusion entre les pauvres et les gueux. Il est vrai qu'en certaines circonstances, la revendication du pauvre peut entraîner l'acte criminel. La psychologie des foules, on le sait, porte les individus à des gestes qu'ils n'auraient jamais osés s'ils avaient agi seuls. Pendre en effigie un ministre, piller une maison, lapider un agent du fisc, on passe vite, dans l'exaltation des journées chaudes, de la simple protestation au délit puni par la loi. Taine, que l'obsession de l'anarchie pousse souvent à confondre le bon grain et l'ivraie, est fondé à écrire : « L'exemple est contagieux : on était parti pour avoir du pain, on finit par des meurtres et des incendies, et la sauvagerie qui se déchaîne ajoute ses violences à la révolte limitée du besoin. »

Les « émotions populaires » n'étaient certes pas nouvelles. Ni les crises de subsistance. Déjà, sous Louis XIV, pour s'en tenir à un règne réputé d'ordre, les violences – antifiscales notamment – avaient multiplié les victimes. La rage avec laquelle on pouvait alors écorcher un gabelou comme un cochon, lui tirer les tripes du ventre pour s'en faire un collier, et autres pratiques semblables, laisse apparaître la continuité de ladite sauvagerie fustigée par Taine. La violence n'était donc pas nouvelle au royaume du Roi Très-Chrétien. Lui-même, à l'occasion, donnait l'exemple, en ses campagnes militaires, au Palatinat ou ailleurs. La soldatesque commise à la conversion des protestants, le garde-chiourme des galériens, le bourreau qui se reprenait à dix fois pour trancher le cou du condamné à mort : la violence d'État rivalisait d'horreur avec la violence privée – celle du duelliste qui assassinait au nom de « l'honneur », celle de l'ivrogne qui tuait un compagnon de bouteille, ou celle de la mère qui laissait mourir l'enfant non désiré... La douceur des mœurs restait un programme. Néanmoins, la recrudescence de la violence, notable en cette période électorale du printemps 1789, présentait une nouveauté : elle n'était plus sans espérance politique.

Jusque-là les révoltes populaires surgissaient de manière plus locale. Elles soulevaient des villages, une ville, une région. Cette fois, tout le territoire français connaît les troubles, les émeutes, les refus d'impôts. Sur quoi s'est du reste appuyée la thèse du « complot » : pareille ubiquité ne laissait pas de surprendre; pour mettre le feu du Nord au Midi et de l'Est au Couchant, il fallait bien qu'il y eût un état-major clandestin de pyromanes. Montjoie, éditeur de *l'Ami du roi*, que cite si souvent Taine, explique volontiers les émeutes par la corruption : les intrigants achetaient les manifestants dans les ateliers et ailleurs. Mais Taine lui-même, qui admet que des mains ont soudoyé « la bête », ne tient pas l'explication pour décisive. A complot, complot et demi : l'imaginaire a de quoi s'épanouir dans les années qui viennent. Dans chaque camp, on pressentira un ennemi occulte, une organisation souterraine... Le fait est que le cri séculaire de l'affamé ne retombait pas dans le désert. L'agitation de la période électorale, l'espoir démesuré placé dans la réunion des États, l'effervescence journalistique récente (même si l'on ne savait pas lire, les cabarets et les places publiques colportaient les messages et les slogans des derniers pamphlets), bref tout le mouvement déclenché par les privilégiés, relayés par les têtes pensantes du Tiers, entraînait désormais un peuple des villes et des campagnes, dont les objectifs n'étaient probablement pas ceux ni de Barnave ni de l'abbé Sieyès.

Le menu peuple, à Paris surtout, fait alors un apprentissage politique accéléré. Sans doute n'a-t-il pas de direction, d'organisation, et dépend-il largement des « classes disponibles » du Tiers, mais on le voit dès ces semaines qui précèdent les États généraux donner au mouvement des finalités économiques, qui vont dans le sens de la réglementation, de l'intervention de l'État, à l'encontre des idées libérales dominantes. Pour lui, qui n'est pas sorti de l'état de nécessité, le *primum vivere* s'impose avant tous les grands principes. « Donnez-nous aujourd'hui notre pain quotidien » : ces mots du *Pater* résument son exigence incessante, car la faim n'est pas un dossier dont on peut remettre l'examen aux calendes. Du pain en abondance, et à un prix modéré, c'est le programme minimal, celui sur lequel il ne saurait transiger. Or cette demande si élémentaire pouvait être en contradiction avec les réformes voulues par les directeurs du Tiers État; elle pouvait menacer la sacro-sainte propriété, et du reste, au cours des émeutes, la menace devenait réalité; elle allait à l'encontre de la liberté économique voulue par tant d'esprits « éclairés ». Fruste, au niveau des besoins biologiques, mais préalable à tout autre progrès, la revendication populaire allait devenir une révolution dans la Révolution.

Ainsi, toute la société se trouve impliquée désormais, à des titres divers. D'abord, ce sont les nobles révoltés contre l'absolutisme qui entraînent derrière eux le *haut Tiers*. Puis, celui-ci élargit les objectifs du soulèvement et laisse en route la cause des parlements et lance un mouvement *national* visant à l'égalité juridique et fiscale de tous les Français. Personne n'a encore décrété la Révolution parce que les révolutions ne se décrètent pas. Mais voici, tombées du ciel, avec les grêles intempestives pour les moissonneurs, deux mauvaises récoltes de céréales coup sur coup et l'entrée brutale des derniers rangs du Tiers État dans la danse.

Tandis que l'ouvrier ou le manouvrier consacre habituellement déjà la moitié de son budget à l'achat du pain, le cataclysme naturel déclenchant l'envolée des prix fait exploser la crise sociale, d'autant que la crise industrielle a suivi la crise agricole. Mais, cette fois, l'émeute de subsistance s'inscrit dans le mouvement prérévolutionnaire. La rencontre de la crise politique et de la crise économique produit le mélange explosif de 1789.

VIII

LES ÉLECTIONS (MARS-AVRIL-MAI 1789)

Convoquer les États généraux n'était pas une mince affaire politique; cela pouvait être aussi un casse-tête sur le plan pratique. Quelles seraient les circonscriptions? Combien y aurait-il de députés? Le règlement serait-il unique pour le royaume ou devait-on respecter les prérogatives locales, les différences administratives entre généralités dites d'élections et pays d'États? A ces questions, le roi répondit par un règlement général le 24 janvier 1789.

Dans une lettre préambule, Louis XVI affirmait: « Nous avons besoin du concours de nos fidèles sujets pour Nous aider à surmonter toutes les difficultés où Nous Nous trouvons, relativement à l'état de nos finances, et pour établir, suivant nos vœux, un ordre constant et invariable dans toutes les parties du gouvernement qui intéressent le bonheur de nos sujets et la prospérité de notre royaume. » Ces mots et la suite furent lus, en guise d'homélie dominicale, dans toutes les églises de France au mois de février; les curés furent témoins que le message toucha leurs ouailles jusqu'aux larmes. Le ton paternel du souverain ajoutait encore à l'immense espérance qu'il avait soulevée.

Une cinquantaine d'articles définissaient la procédure, après que le lieu de l'assemblée – Versailles – et la date de l'ouverture – le lundi 27 avril – eurent été annoncés. (Selon certains, Versailles avait été préféré à tout autre lieu par le roi « pour ne pas déranger ses chasses et ses commodités. ») Tous les Français âgés de vingt-cinq ans, « domiciliés et compris au rôle des impositions », étaient priés de se réunir dans leurs paroisses, communautés, bourgs, villes ou corporations, à deux fins complémentaires : rédiger leurs cahiers de doléances et élire leurs députés.

L'élection, pour le Tiers État, se déroulait à plusieurs degrés. Au premier stade, des assemblées particulières (de paroisse, de communauté ou de corporation) s'entendaient sur un cahier et sur des représentants. Ceux-ci se retrouvaient dans les quatre cent quarante-cinq bailliages principaux ou sénéchaussées principales, vieilles subdivisions territoriales devenues circonscriptions judiciaires, où, dans une assemblée préliminaire, ils synthétisaient les différents cahiers en un seul et désignaient ce que nous appellerions de grands électeurs. Ces derniers, pour la phase suivante, se réunissaient en assemblée générale avec les membres du clergé et de la noblesse du bailliage principal. Cette assemblée générale avait deux buts : la rédaction d'un cahier général du bailliage (ou de la sénéchaussée) et la nomination des députés aux États généraux. Ce n'est là qu'un résumé schématique des opérations; elles pouvaient se compliquer, du fait de l'existence de bailliages secondaires, représentant un degré de plus; du fait aussi que certaines paroisses hésitaient entre deux bailliages : l'incertitude géographique de l'Ancien Régime était à la mesure du flou administratif.

Les membres des deux premiers ordres élisaient directement leurs députés, à moins qu'ils ne dépendissent, eux aussi, d'un bailliage secondaire, auquel cas l'élection à deux degrés s'imposait, tout privilégiés qu'ils étaient. En définitive, « grands électeurs » ou électeurs directs, les trois ordres se retrouvaient au siège du bailliage principal. Devaient-ils alors se réunir séparément? L'article 43 du règlement autorisait la délibération commune, moyennant un consentement des trois ordres discuté séparément.

Le vote aurait-il lieu à haute voix ou par écrit? Réponse : élection orale aux assemblées graduelles; utilisation du scrutin pour élire les députés aux États généraux ; on déposerait son « billet » dans un vase placé sur une table devant le secrétaire de l'assemblée. On prévoyait les cas de nullité; on définissait la « pluralité » (au premier tour, une seule voix au-dessus de la moitié des suffrages); on fixait à trois le maximum des tours de scrutin; on exigeait des procès-verbaux de séance... Comme on sait : il n'y a pas de démocratie sans les formes; on s'appliquait à les codifier. A ces dispositions générales, de nombreuses décisions ultérieures s'ajoutèrent, relatives au nombre des députés et aux différents cas d'espèce. Paris eut droit à un statut particulier, mais pas avant le 23 avril! Les pays d'États, du moins certains d'entre eux, réclamèrent le privilège de nommer leurs députés par les états provinciaux, comme cela avait été le cas du Languedoc et de la Bourgogne en 1614. Mais les protestations du Tiers amenèrent le gouvernement à plier ces provinces sous la règle commune, malgré la protestation des aristocrates qui contrôlaient leurs assemblées. Le règlement, en revanche, n'était pas applicable à l'Alsace, aux Trois-Évêchés, à la Lorraine, à la Provence, à la Bretagne, au Dauphiné et à la Corse, provinces pour lesquelles on improvisa des règles particulières.

Le nombre des députés fut établi sur deux principes contradictoires. Le premier prenait en compte l'importance de la population et des contributions; le second affirmait le respect des « anciens usages ». Il en résulta de flagrantes inégalités. Chaque bailliage ayant droit à un minimum de quatre députés (un pour le clergé, un pour la noblesse, deux pour le Tiers), les petites circonscriptions se trouvèrent surreprésentées, au détriment des très peuplées. Ces attributions, au demeurant, étaient incertaines, le pouvoir royal ignorant le chiffre exact de la population. Justement Necker voulut profiter des assemblées bailliagères pour en savoir plus, mais on lui résista comme aux enquêtes précédentes, de crainte de nouveaux impôts. Tout cela provoquait des querelles et rendait l'affaire infiniment complexe.

Autre facteur d'incohérence : la convocation était l'acte de l'administration judiciaire. Or c'était au nom des grands baillis ou sénéchaux d'épée (leur office n'exigeait aucun grade de faculté), que la justice était rendue. Entre ces personnages honorifiques, voire fantomatiques, et les lieutenants généraux, vrais représentants du roi, eux, dans le bailliage, la concorde ne fut pas la règle, du moment qu'ils furent face à face. Par exemple, à Mantes, où se présente Condorcet, on assiste à une guerre de préséances entre le comte d'Adhémar, grand bailli d'épée, et le lieutenant général Jean-Baptiste Meusnier-Dubreuil, qui, chacun de leur côté, se plaignent auprès du garde des Sceaux Barentin.

L'arbitrage de la chancellerie est digne de Salomon : « Le bailli est l'officier principal, mais il ne peut agir seul; c'est au lieutenant général à l'assister et à prononcer. »

Armand Brette, qui a publié les principaux documents relatifs à la convocation des États généraux, voilà une centaine d'années, a parlé aussi du mépris général dans lequel beaucoup tenaient ce droit nouveau de l'élection. Les puissants s'alarment de n'être pas membres de droit des futurs États généraux. Par exemple, le cardinal de Rohan fait déposer chez son notaire une protestation contre un règlement qui ne le désigne pas, lui, prince-évêque, comme « député nécessaire ». Inversement, les agents du pouvoir royal voudraient encore que celui-ci use de son droit d'exclusion contre certains députés indésirables. Ainsi, le sénéchal d'Angers, tout rechigné par l'élection de Volney, dont les écrits ont été brûlés sur ordre du Parlement.

En fait, une liberté fondamentale était vraiment en train de naître. Certains l'en ont blâmé, mais il faut plutôt louer ce pouvoir royal soucieux de ne point intervenir dans la désignation des députés. Au lieutenant général de Tartas, qui se flattait de faire nommer un bon candidat, Barentin réplique : « Vous ne devez point vous permettre de chercher à déterminer le choix des votants, ni de faire aucunes démarches tendant à gêner les suffrages; il faut laisser aux membres des assemblées la liberté de donner leur confiance à ceux qu'ils en jugeront le plus dignes... Cette conduite s'éloignerait d'ailleurs entièrement de l'impartialité que vous devez manifester. » Nous n'en sommes pas encore aux candidatures officielles et aux pressions préfectorales du bonapartisme : une innocence de bon aloi.

Reste à savoir si ces élections ont été parfaitement libres. Certes, le roi et Necker l'ont voulu : la commission de la Convocation, mise en place dès janvier, et les lettres du garde des Sceaux l'attestent. Cependant, les pressions n'étaient pas forcément absentes. Notons au passage cette anomalie à nos yeux de modernes : l'élection devait être une manifestation spontanée, sans candidats, et donc sans professions de foi. Dans des petites assemblées comme celles de la noblesse et du clergé, les membres d'un même bailliage, d'une même sénéchaussée se connaissaient. Ce n'était pas le cas dans les assemblées du Tiers. Là, diverses pressions pouvaient s'exercer. De la part des grands, des puissants, des riches, disposant d'une clientèle, de subsides, de moyens divers, surtout dans les campagnes. Les historiens marxistes ont insisté sur le contrôle exercé sur le Tiers par la bourgeoisie : comme le dit Georges Lefebvre, tout autre eût été la représentation nationale si l'on avait créé, comme certains cahiers le réclamaient, un ordre paysan!

Ce n'est pas sur ce terrain des classes que se situe un Augustin Cochin, dont nous avons déjà parlé, et qui a cru discerner dans les sociétés de pensée les véritables directrices de l'opinion. Pour lui, le choix des bailliages, « juridiction périmée », a eu le même effet que, plus tard, la création des départements : écarter les notabilités coutumières, naturelles, traditionnelles, pour laisser la place à un personnel complètement nouveau « de caractère politique ».

Comment, nous dit Cochin, ces assemblées de paysans, qui ne se connaissaient pas, ont-elles pu rédiger des cahiers communs et élire des représentants, dont on ne savait pas les noms? Réponse : à côté du « peuple réel » (et ignorant, et naïf), « il y en avait un autre qui parla et députa pour lui – le peuple peu nombreux sans doute, mais bien uni, et partout répandu des sociétés philosophiques ». Le réseau serré des cercles, des loges, des chambres littéraires, des sociétés patriotiques, diffusait un même esprit. De sorte que, selon notre auteur, toute assemblée a été préparée : « La volonté générale est libre, comme une locomotive sur ses rails. » Le groupe initié a précédé l'assemblée officielle; il a ses mots d'ordre, ses motions, sa liste de candidats. Dans le vide laissé par le règlement qui n'autorise aucune vraie confrontation d'idées, d'hommes, de programmes, le travail souterrain des sociétés prépare la voie. Paradoxe : le pouvoir royal voulait protéger les électeurs de toute contamination, de toute influence avouée, et, du même coup, il laisse le champ libre aux « influences secrètes ». Et Cochin de nous décrire le « plan » des avocats de Dijon, partis à la conquête de la Bourgogne. G. Lefebvre, de son côté, parle de « bourgeois entreprenants » qui se concertent pour « guider » les diverses assemblées, répandre des modèles de cahiers, « suggérer des candidatures »...

La reconstruction de Cochin n'est donc pas complètement imaginaire; elle pèche seulement par esprit de système. Lui-même avoue que ses sources, la série des procès-verbaux du Tiers, ne sont pas probantes; et son étude s'est fixée sur la Bourgogne et la Bretagne, qui ne sont pas toute la France. Son mérite est de nous montrer que l'opinion se gouverne, et que, quand le gouvernement officiel s'abstient, des contre-pouvoirs s'en emparent. Sa faiblesse reste la conception mécaniste qu'il se fait du phénomène. Il emploie lui-même, nous l'avons déjà dit, le terme de « machine » qui laisse supposer une formidable entreprise d'investissement de l'esprit public par les rouages des petits groupes unis dans une même pensée. En fait, quand on suit de près la procédure électorale dans diverses provinces, on tombe sur tous les cas possibles, les influences entrecroisées, le rôle des préjugés qui le dispute aux idées à la mode, la puissance souvent décisive du capital social.

A Arras, l'élection de Robespierre paraît à la fois confirmer et nuancer Cochin. Il est vrai que dans l'assemblée préliminaire du Tiers, on voit le rôle des avocats : cinq cent dix votants élisent huit avocats sur douze représentants à l'assemblée générale, tandis que, parallèlement, trente-neuf corporations choisissaient cinquante-trois députés. Le 30 mars, ce sont cinq cent cinquante députés, représentants deux cent quarante-cinq villes, bourgs et villages de la gouvernance ou bailliage qui se retrouvent. Quarante-neuf commissaires élus, dont Robespierre, font la synthèse des cahiers de doléances. Lui-même, Maximilien, a prêté sa plume à la corporation des savetiers pour la rédaction de son propre cahier. On voit donc bien la part d'influence qu'un avocat du parti patriote peut exercer. Il se fait connaître aussi par ses pamphlets, dans lesquels il maltraite les autorités municipales en se posant en champion de la cause populaire. Le 20 avril, les trois ordres se réunissent dans la cathédrale d'Arras. L'évêque y célèbre la messe du Saint-Esprit. Serment, discours du gouverneur, réponse de l'évêque d'Arras – fort patriotique, au demeurant, très favorable à l'égalité fiscale. Les ordres se réunissent séparés. La noblesse, défendant les prérogatives des États de l'Artois, vote la sécession, sauf le comte Alexandre Lameth (futur membre du triumvirat, avec Duport et Barnave), qui proteste contre le conservatisme de ses pairs. Le Tiers, réuni séparément selon sa volonté, après approbation du texte de son cahier, procède aux élections. Sur les huit députés à élire, Robespierre est le cinquième désigné.

Son succès (non triomphal), des témoins l'expliquent aussi par les efforts qu'il a déployés : auprès de ses parents de la campagne, auprès de l'électorat par ses discours et écrits, par des émissaires dévoués qui ont répandu son nom dans les auberges où étaient descendus les électeurs, etc. Bref, Maximilien employait toutes les ressources d'un candidat moderne à la députation, en un temps où les partis politiques n'existaient pas ni la déclaration des candidatures. L'abbé Proyart, qui le connaît bien, et qui nous le montre à l'œuvre sans indulgence, ne dénonce nullement, dans cette élection, le travail clandestin d'un groupe qui maîtriserait le terrain. Il n'empêche : celui qu'on appellera l'Incorruptible ne tient pas des propos très originaux; il reprend dans ses écrits et paroles publics une espèce de vulgate nationale.

Transportons-nous maintenant à Mantes. Condorcet, qui est propriétaire d'une maison de campagne dans la région, y brigue la députation de la noblesse. Une noblesse ici très libérale, qui accepte volontiers la réunion des trois ordres. Condorcet fait un beau discours dans ce sens : « Les députés ne porteraient aux États généraux que le vœu de leur ordre. Choisis par leur ordre seul, ils n'appartiennent qu'à lui. Au contraire, si les ordres se réunissent dans les bailliages, alors la décision des États sur la réunion ou la séparation des ordres devient celle du corps même de la nation... » Discours applaudi. Et pourtant, Condorcet éprouve le dépit de voir préférer à ses mérites ceux d'un pâle concurrent. Ayant sa résidence principale à Paris, à l'hôtel de la Monnaie, où la marquise de Condorcet, son épouse, tient un salon fréquenté, il est choisi par la noblesse du quartier du Luxembourg, mais pourtant, ne figurera pas au nombre des huit députés de la noblesse parisienne. Causes cumulées : trop de timidité, surface sociale insuffisante, utilisation du scrutin de liste qui le dessert. Le vote n'est pas idéologique, car La Rochefoucauld, bien élu, partage les idées de Condorcet : les considérations de naissance et de fortune ont primé. Repoussé par la noblesse, le Tiers lui offrira-t-il sa revanche – comme Mirabeau en Provence? Nullement, et cela malgré une « Liste des amis du peuple » qui circule, et où l'on trouve son nom à côté de ceux des Target, Brissot, Sieyès, Cérutti, Clavière...

Mille cent cinquante-quatre députés (deux cent quatre-vingt-onze du clergé, deux cent quatre-vingt-cinq de la noblesse et cinq cent soixante-dix-huit du Tiers) sortent des assemblées électorales. Énorme députation, qui a tout à apprendre du métier, et qui va faire la Révolution. De cette gigantesque consultation, on peut tout dire : les approximations, les inégalités, les influences plus ou moins avouées. Mais l'important est qu'elle a eu lieu et qu'elle porte les espérances de tout un peuple, en même temps que ses contradictions. Vaille que vaille, la France démocratique est en train de naître. La monarchie absolue n'a plus en face d'elle la fronde aristocratique, jalouse de ses privilèges; elle va devoir faire face à ces avocats, ces négociants, ces curés de village, ces nobles libéraux, qui s'affirment comme mandataires de la nation.

IX

LA VOIX DE NOS AÏEUX (MARS, AVRIL, MAI 1789)

En même temps que les Français se donnaient des députés, ils répondaient à la demande du roi en remplissant partout, ou presque partout, des cahiers de revendications dont la masse – on en compte environ quarante mille – représente une documentation d'une incomparable richesse sur l'état de la France à la veille de la Révolution. On en a parfois mis en doute l'authenticité. En particulier, le style souvent châtié des cahiers correspondait mal à ce qu'on savait de l'alphabétisation de telle ou telle communauté. Des considérations sur la Constitution, d'autre part, ont paru bien savantes quand elles émanaient d'assemblées rurales...

Il n'est pas douteux qu'en maintes occasions ce sont des notables, grands ou petits, qui ont pris la plume au nom de la collectivité. On le sait, un Robespierre, à Arras, a rédigé le cahier de la corporation des savetiers. Dans les paroisses de campagne, le curé a souvent été le rédacteur en chef, voire l'unique rédacteur, des vœux et plaintes de ses paroissiens. De même, il est avéré que certains modèles, venus de la capitale ou de grandes villes provinciales, ont été recopiés un peu partout. De sorte qu'on retrouverait encore dans cet épisode le rôle majeur des minorités actives et influentes, à moins que le délire d'interprétation n'attribue à la franc-maçonnerie la responsabilité du travail idéologique qui a permis un certain degré d'homogénéité dans les cahiers de chaque bailliage et sénéchaussée! En fait, tous ceux qui ont lu et étudié une partie de cette immense source d'histoire ont été frappés par la spontanéité des formules. Quand bien même on repère les vœux stéréotypés qui sont dans tous les cahiers du Tiers État, on peut lire, à leur suite, des doléances qui, par leur accent, leur précision locale, leur maladresse même, forcent la conviction. Selon Edme Champion, qui a publié en 1897 *la France d'après les Cahiers de 1789*, «à côté de pages emphatiques, banales, dénuées d'intérêt ou d'autorité, que de pages précieuses, quels accents sincères, quelle naïveté touchante! Nous entendons là vraiment la voix de nos aïeux». Du reste, les dissonances d'une assemblée à l'autre, d'une province à l'autre, sont assez nombreuses, pour qu'on en admette l'idée sans défiance. Un exemple entre mille: la question protestante. Jacques Godechot a publié les textes de deux cahiers en parfait désaccord sur ce point. Dans le cahier d'Uchau (sénéchaussée de Nîmes), on demande la fin des dernières exceptions qui frappent les Français réformés, tandis que dans celui de Peumérit-Cap (Quimper), on exige «de ne permettre l'exercice d'aucune religion étrangère dans l'État et duché de Bretagne».

Dans certaines paroisses, on a même vu chaque participant y aller de ses vœux personnels, inscrivant, quand il savait écrire, ce qui lui tenait le plus à cœur, humble souhait, modeste cri dans le concert général. Ailleurs, on peut constater les traces d'un débat, les restes d'un désaccord, les preuves d'une vraie discussion. Nul doute qu'en étudiant des séries, en procédant à des comparaisons, en confrontant les cahiers aux procès-verbaux des assemblées qui les ont adoptés, les historiens on pu se faire une idée de l'opinion publique dans les semaines qui précèdent la grande convocation.

Cela posé, quelles impressions générales dominent? Avec le recul, on peut se livrer à deux observations contraires, avec des arguments également forts. D'un côté, la lecture de Tocqueville; de l'autre, celle de l'historien contemporain Pierre Goubert. Le premier, aristocrate du XIXe siècle, acquis à l'idée que la démocratisation de la société est un phénomène irréversible entamé dès l'Ancien Régime, a mis en relief dans son célèbre ouvrage *l'Ancien Régime et la Révolution*, la précoce centralisation de la France: ce que ses contemporains attribuaient à la Révolution et à l'Empire, Tocqueville en montre les réalités conquérantes sous le règne de la monarchie absolue. Celle-ci, en arrachant à l'aristocratie ses pouvoirs séculaires, a détruit les corps intermédiaires et placé les sujets du royaume face à face avec le pouvoir central et ses agents. De sorte que la Francc serait déjà un tout, unifié par l'administration centrale. La Révolution n'aurait fait qu'accélérer le processus.

Dans *Les Français ont la parole*, Pierre Goubert insiste au contraire sur la diversité, la disparité, l'inachèvement de l'État. Il doute que les Français se sentent français; avant tout, ils appartiennent à un terroir, à une province. Au fond, ils sont fédéralistes sans le savoir: « la France n'est pas une nation... » et notre historien d'évoquer non seulement la variété des usages, mais l'incohérence du droit, la mosaïque des régimes fiscaux, l'absence de loi générale.

Ces deux façons de voir la France de « 89 » sont représentatives de deux écoles. L'une, illustrée avant tout par Tocqueville, minimise, relativise la coupure révolutionnaire. Ses auteurs nous disent: tout a commencé bien avant, les événements révolutionnaires ne sont qu'un emballement de la machine, la société française, *nolens volens*, évoluait vers une société de classes, où la fortune était appelée à se substituer à la naissance dans l'établissement des hiérarchies. Bref, il ne faut pas être aveuglé par l'événement, par ses fureurs et les discours des acteurs sur eux-mêmes. L'autre école, plus classique, qui recrute aussi bien chez les admirateurs de la Révolution que chez les animateurs de la contre-Révolution, met d'abord en évidence un *avant* et un *après*, une césure heureuse ou fatale, un grand coup de hache infligé au cours du temps. Néanmoins, Goubert est à l'unisson avec Tocqueville sur un fait, peut-être le plus important: la France n'est pas *une* société mais *deux* sociétés, farouchement opposées l'une à l'autre; deux « races », la noble et la roturière.

La lecture successive des cahiers du Tiers et des cahiers de la noblesse suggère très vite qu'une frontière – non seulement juridique, mais mentale – sépare la famille aristocratique des autres. Tocqueville, à ce sujet, compare la France et l'Angleterre. Dans ce dernier pays, en passe de devenir le premier du monde, on voit la fin de la « caste »: nobles et roturiers se retrouvent dans les mêmes affaires, dans les mêmes professions, et, finalement, dans les mêmes familles puisque les enfants des uns et les enfants des autres se marient entre eux. En France, on voit se dessiner un mouvement inverse: «Plus cette noblesse cesse d'être une aristocratie, écrit-il, plus elle semble devenir une caste.» La fermeture de celle-ci, on l'a vue notamment quand se sont réunies les assemblées par ordres. Très souvent, les ordres ont repoussé les anoblis: il ne leur suffit pas d'une décision royale pour ouvrir leur cercle étroit à qui font défaut les «quartiers» requis. La plupart défendent âprement leurs privilèges, dont la justification historique est devenue obsolète. Goubert, qui a le sens de la formule, résume cet affrontement: «Seul, le noble est véritablement "né". Les roturiers se contentent d'exister, comme une race un peu spéciale d'animaux, assez inférieure au cheval.»

De cette inégalité fondamentale, le système fiscal est le premier témoin. Or il était à l'origine de la crise: la menace de banqueroute était venue des rentrées insuffisantes, et celles-ci du paradoxe devenu insupportable, qui voulait qu'on dispensât largement les plus riches.

Si une commune révolte s'exprime dans les cahiers du Tiers, par ailleurs si respectueux de la personne royale, il s'agit bien de celle qui vise la taille et tous les autres impôts, directs et indirects, et leurs agents collecteurs, ces «sangsues de l'État», qui épuisent le pauvre peuple. Car non seulement l'impôt est lourd et inique, mais il faut encore qu'il soit, en certains cas, prélevé par des particuliers, fermiers généraux et satellites rapineurs, qui au passage s'en mettent plein les poches: une «vermine», une «peste», «troupes odieuses» au service d'un «abus outrageant», il n'est pas de mots assez durs pour désigner les percepteurs. La gabelle, impôt sur le sel, est particulièrement impopulaire. Le sel était de multiple usage: indispensable pour la soupe des hommes, il l'était aussi pour la salaison du cochon et des volailles, pour les fromages et le beurre; on lui prêtait aussi des vertus thérapeutiques dans les soins donnés aux animaux. L'impôt sur cette denrée de base paraît aussi intolérable aux gens que dommageable à l'agriculture, de sorte que l'«odieuse milice» des gabelous est mise en capilotade.

Non seulement, on doit subvenir aux frais de l'État, mais il faut aussi endurer les droits seigneuriaux et payer la dîme au clergé. «Esclavage injuste, esclavage honteux», comme on dit dans la sénéchaussée de Rennes contre tous ces droits humiliants et accablants : le champart, la corvée, le franc-fief, les banalités – ces monopoles du four et du moulin aux mains du seigneur –, le droit de chasse... Or, depuis un certain temps, ces exigences et ces privilèges ont été aggravés dans un mouvement de « réaction seigneuriale ». François-Noël Babeuf, qui se fera appeler Gracchus en devenant communiste, a été un des témoins de l'exploitation paysanne. En Picardie, il était « feudiste » ou « commissaire à terrier »; sa fonction consistait à rechercher, pour le compte de la seigneurie propriétaire, toutes les charges, y compris celles tombées en désuétude, dont elle pouvait se prévaloir sur ses terres. Babeuf écrira en 1795 : « Ce fut dans la poussière des archives seigneuriales que je découvris les mystères des usurpations de la caste noble. »

C'est sans doute sur ce terrain fiscal qu'est dessinée la frontière la plus nette qui sépare les Français. « Or, écrit Tocqueville, de toutes les manières de distinguer les hommes et de marquer les classes, l'inégalité d'impôt est la plus pernicieuse... » La conclusion qu'en tire la majorité est on ne peut plus simple : changer la répartition, établir l'équité fiscale, faire payer les nobles et les prêtres. Parfois, les représentants éclairés des deux premiers ordres y souscrivent : « un cri général s'élève dans toute la monarchie pour réclamer cette précieuse égalité », lit-on ainsi dans un cahier signé par les trois ordres du bailliage de Langres. Le plus souvent, la noblesse entend résister à ses contempteurs et rappeler le fondement de ses prérogatives; ce sont elles qui différencient les ordres; en les supprimant on opérera leur « confusion » – c'est-à-dire leur impensable dissolution! Nous voici au cœur de la lutte qui oppose l'Ancien Régime et la France nouvelle.

Vouloir en finir avec l'iniquité fiscale, établir la répartition égalitaire des impôts, en proportion des revenus de chacun, cela implique la réforme politique. Si l'impôt est pour tous, la réunion des états provinciaux ou généraux par ordre n'a plus de sens : une fois admis le doublement de la représentation du Tiers, la plupart des cahiers exigent le vote par tête, lequel n'a pas encore été décrété. Autrement dit, l'assemblée unique, l'Assemblée nationale. Et son rôle doit être défini par des règles fixes, ce qu'on appelle une

Constitution. Ainsi, à Melun, le Tiers « enjoint expressément aux députés de ne passer à aucune délibération quelconque relative aux subsides, même provisoires, que les articles concernant la Constitution n'aient été accordés et les lois à rendre en conséquence promulguées; n'entendant nullement être engagé par lesdits députés sur tout ce qui serait consenti au préjudice du présent article ». Sur ce terrain, les cahiers du Tiers et ceux de la noblesse se rejoignent; l'esprit des Lumières s'est allié à la force des choses pour rassembler les uns et les autres contre l'absolutisme, même si les uns et les autres ne sont pas d'accord sur leur place respective dans les lois constitutionnelles appelées de leurs vœux.

Cette volonté de réforme, il convient de le noter, faisait bon ménage avec l'esprit monarchique. De ce point de vue, rien n'est moins révolutionnaire que le Français de 1789. Une confiance unanime, défiant les barrières de classe, converge vers Louis XVI et la mission du monarque. Ici, on parle du « transport d'amour et de reconnaissance » qu'inspire « le roi sauveur »; en maints endroits, on se flatte d'un « monarque libérateur », du « plus éclairé et [du] plus digne du meilleur des rois », du « père du peuple et régénérateur de la France »... Celle-ci, comme on voit, avait encore un effort à faire avant de devenir républicaine! On veut une royauté française éminente, splendide, glorieuse, rayonnant sur l'univers. Cet amour pour le roi, il est vrai, on l'affiche d'autant mieux qu'on pourfend les « ministres prévaricateurs ». Tous les malheurs du peuple viennent d'eux; l'imaginaire populaire épargne le souverain pour mieux accabler le gouvernement qu'il dirige.

A côté de cela, les cahiers expriment un foisonnement de revendications, souvent locales, à propos de tel péage, de telle activité économique, de tel usage particulier. A travers toutes ces paroles, on voit bien que la France n'est pas seulement divisée en deux – nobles et roturiers – mais qu'une infinité de groupes et groupuscules restent jaloux de leur identité, de leurs rentes de situation, des privilèges qu'ils ont acquis sur leurs voisins. Une bigarrure de positions singulières qui émiette la réalité sociale et ne confirme guère certains nostalgiques d'un Ancien Régime ordonné, encadré par des tuteurs naturels, où la diversité n'est qu'une preuve des « libertés locales », Tocqueville, l'ancien, et Goubert, le moderne, que nous avons pris pour guides constatent, chacun à sa manière, combien la formule de Mirabeau : « un agrégat inconstitué de peuples désunis » est vérifiable. Unis contre la pression fiscale, les Français s'opposaient de mille façons les uns aux autres. Ils se plaignent, c'est selon, contre les avocats, les aubergistes, les curés, les moines, les incrédules, les administrateurs de collèges, les marchands de vins falsifiés, les officiers de justice ou les comédiens : on a toujours du fiel de réserve au service des autres professions, des autres corps de métier, des Autres... La société se révèle plus complexe que les divisions en ordres, dont on parle, et les divisions en classes, dont on parlera.

Malgré ces conflits, ces chicanes, une aspiration générale et profonde se laisse deviner au long de ces écrits. Un sentiment d'être arrivé à une étape de l'évolution des sociétés. Le « vivre d'abord », la revendication biologique primaire retentit encore. Nous l'avons dit : la conjoncture catastrophique des années 1787-1788 a développé la misère et fait craindre la famine. Au bailliage de Sézanne, le Tiers écrit : « Daignez sortir un moment de vos palais, de vos châteaux, de vos villes où vous vous êtes créé de nouveaux besoins... ; daignez jeter un coup d'œil sur ces malheureux dont les bras ne sont occupés que pour vous! Que voyez-vous dans nos villages, dans nos champs? Quelques hommes débiles, des visages pâles et flétris par la misère et par la honte, des femmes gémir de leur fécondité, des enfants couverts de haillons. » Telle est encore la réalité de 1789.

On ne doit pas s'y tromper, néanmoins. Car l'expression même des aspirations populaires témoigne d'une autre réalité, que ne doit pas masquer la conjoncture : celle d'une société qui s'est, inégalement certes, mais globalement, enrichie. Cette misère constatée, dénoncée, elle était plus cruelle et plus répandue sous le Roi-Soleil. Précisément, c'est en sortant de la nécessité que les peuples, apprenant à mieux vivre, ne supportent plus le retour du malheur. « Ce n'est pas toujours en allant de mal en pis que l'on tombe en révolution, écrit Tocqueville avant Marx. Il arrive le plus souvent qu'un peuple qui avait supporté sans se plaindre, et comme s'il ne les sentait pas, les lois les plus accablantes, les rejette violemment dès que le poids s'en allège. Le régime qu'une révolution détruit vaut presque toujours mieux que celui qui l'avait immédiatement précédé... »

La prospérité et la pénurie ont ainsi conjoint leurs effets. L'une avait porté les Français à espérer, et l'autre, à s'insurger. Les révoltes de jadis retombaient comme des fièvres; cette fois elles étaient en train de devenir révolution.

X

L'AFFAIRE RÉVEILLON (27-28 AVRIL 1789)

A la fin d'avril 1789, Paris gronde dans tous ses quartiers. A quelques jours de l'ouverture des États généraux, la capitale vient seulement de commencer ses opérations électorales. Seuls ont le droit de vote ceux qui paient un minimum de six livres de capitation, – un impôt sur le revenu qui s'est ajouté à la taille depuis Louis XIV. Mais tout le monde est sur le pied de guerre, dans cette ville plus que dans toute autre, grouillante, nerveuse, ouverte à tous les flux d'hommes et d'opinions.

Il faut aller, comme le fait l'Anglais Arthur Young, passer quelques instants au Palais-Royal pour se faire une idée de cette effervescence urbaine. Dans cet enclos, protégé du zèle policier par les privilèges du duc d'Orléans, ici chez lui, une foule compacte se presse chaque jour, entre les prostituées, les petits marchands, les oisifs de tout poil, les racoleurs en tout genre et les orateurs. Ceux-ci, parmi lesquels Camille Desmoulins jette déjà l'alarme, enflamment des auditeurs tellement serrés les uns contre les autres qu'une pomme tombée d'un étage, dit-on, n'arriverait jamais au sol. Taine, dont l'agoraphobie est manifeste, y dénonce le règne de la foule, toujours sujette aux emportements les moins raisonnés, ne souffrant pas la contestation, et dont le pouvoir ne va cesser de peser sur le cours des choses.

Justement, le 27 avril, la « bête » – selon son expression – montre son mufle, lorsque éclate ce qu'on appellera « l'affaire Réveillon ». Deux journées d'émeutes, dont le centre de Paris, et notamment le faubourg Saint-Antoine, a retenti, et qui se sont achevées dans le sang. L'historien des *Origines de la France contemporaine* leur a accordé un chapitre brûlant, comme si l'épisode illustrait à merveille sa thèse sur l'« anarchie », ou, en un mot plus pédant, l'ochlocratie qui est au cœur de la Révolution : la rue souveraine qui impose, qui décrète, qui contrôle l'action gouvernementale.

Le 23 avril, le lieutenant général de police Thiroux de Crosne écrit directement au roi (le ministre de Paris est malade) qu'il y a eu « un peu de rumeur » la veille au soir « dans un canton du faubourg Saint-Antoine ». Des « ouvriers » ont manifesté leur hostilité envers deux industriels qui auraient, dans les assemblées électorales « primaires », tenu des propos scandaleux sur les salaires. Le premier de ces patrons incriminés était Réveillon, fabricant de papier peint, qui avait parlé à l'assemblée électorale du district de Sainte-Marguerite; le second s'appelait Henriot, fabricant de salpêtre, qui s'était exprimé à l'assemblée du district des Enfants-Trouvés, appartenant aussi au faubourg Saint-Antoine. On ne retiendra que le nom de Réveillon, en raison de son importance sociale. Venu de rien, il avait, par ses découvertes techniques, créé une entreprise florissante, et se trouvait à la tête d'une manufacture qui faisait travailler trois cent cinquante ouvriers. Réputé patriote, il avait du reste été désigné par l'assemblée comme électeur.

Cependant, les trois jours suivants ne sont marqués par aucun incident, et le lieutenant de police, dans son rapport au roi, dit que « la plus grande tranquillité règne dans le faubourg Saint-Antoine ». C'était compter sans la « rumeur », signalée par lui-même, et qui faisait son chemin souterrain, avant qu'elle ne devienne incandescente le lundi 27, jour de la semaine habituellement chômé (le « saint lundi »). Ce jour-là, dans la soirée, Thiroux de Crosne alerte le roi à propos d'une manifestation de cinq cents à six cents ouvriers qui, dans l'après-midi, ont promené l'effigie de Réveillon, et celle du « sieur Henrion » (pour Henriot) dans Paris. Jugeant les forces du guet et de la ville insuffisantes, Thiroux de Crosne avait convoqué le duc du Châtelet, commandant des gardes-françaises, et Besenval, commandant des gardes-suisses. Or, en fin de journée, le lieutenant de police faisait savoir au roi que la démonstration tournait à l'émeute. La maison de Réveillon, protégée par les gardes-françaises, avait pu échapper à l'assaut des manifestants; en revanche, ceux-ci avaient réussi à pénétrer dans celle du sieur Henriot, rue de Cotte, la mettre au pillage, jeter ses meubles par la fenêtre, pour en faire un brasier sur le pavé. De Crosne, à cette nouvelle, appelait en renfort le régiment de cavalerie Royal-Cravate (déformation de « Royal-Croate »), qui se tenait du côté de Charenton, ainsi qu'une compagnie de gardes-suisses, casernée à Courbevoie. Pareil déploiement de forces paraît agir sur l'esprit des émeutiers, puisque tout se calme, du moins en apparence, dans la nuit.

Pourtant, le lendemain matin, l'agitation reprend de plus belle. Les gens du faubourg Saint-Antoine sont rejoints par des cortèges venus de la rive gauche, notamment de ce faubourg Saint-Marcel qui compte lui aussi nombre d'ouvriers et de miséreux. Devant cette nouvelle menace de sédition, le duc du Châtelet et Besenval donnent l'ordre à leurs troupes de faire usage de leurs armes si besoin est. Le sens de la révolte paraît s'éclaircir aux yeux du lieutenant de police qui écrit au roi : « Quoique la sédition paraisse toujours dirigée contre le sieur Réveillon, on demande vivement la diminution du prix du pain. » En fin d'après-midi, ses informations deviennent de plus en plus inquiétantes. Les manifestants ont réussi à débaucher les cinq cents ouvriers – pourtant sévèrement encadrés – de la manufacture des Glaces, non loin de la manufacture Réveillon, sise rue de Montreuil, sans compter ces ouvriers de manufacture et compagnons d'atelier, recrutés par des émissaires, qui affluent de plusieurs quartiers. Finalement, une cohue se porte vers la maison du fabricant de papier peint. Comme naguère à Grenoble, les émeutiers montent sur les toits et arrosent copieusement la troupe de pavés, de tuiles, de morceaux de cheminées, tandis qu'en bas les violentes poussées de la foule finissent par forcer les portes de Réveillon, malgré le Royal-Cravate. Les gens s'y engouffrent, s'emparent de tout ce qu'ils peuvent emporter, cassent le reste, notamment les meubles, qu'ils jettent par la fenêtre, avant d'en faire un feu de joie. La cave, qui compte des milliers de bouteilles, est investie en bonne règle : on s'enivre à la régalade.

Entre six heures et huit heures du soir, la bataille de rue fait rage. Des renforts sont arrivés, avec des canons; les gardes tirent dans la foule, d'où s'échappent les cris: « Vive le Tiers-État! » et aussi: « Vive le roi! Vive Necker! » Aux coups de fusil répondent les jets de pavés et les coups de bâton. Le combat devient inégal, la répression est implacable : on ne saura jamais combien on releva de morts et de blessés. Des centaines, plus de mille, combien au juste? Un témoin, le chimiste Hassenfratz, écrit le soir même du drame à son ami Lacroix: « Voilà ce que j'ai vu: force hommes estropiés et ensanglantés, les uns soutenus par leurs camarades, les autres portés sur des civières, sur des échelles, sur des perches. J'ai vu marcher un détachement de grenadiers de gardes-françaises, près de quelques maisons, et tomber des pierres, des tuiles, des croisées sur leurs têtes. Ils se sont aussitôt mis au milieu de la rue, et ont fait feu sur la maison. J'ai vu arriver des canons. Je n'ai plus rien voulu voir; et le cœur brisé, pénétré, je me suis en allé chez moi. »

Dès le lendemain, 29 avril, deux émeutiers arrêtés, un cardeur de matelas et un portefaix, sont pendus sur la place de Grève: on ne badine pas avec l'ordre. Trois semaines plus tard, un scribe sera pendu à la porte Saint-Antoine; à l'ombre de la potence, cinq émeutiers retrouvés ivres dans la cave de Réveillon sont mis au pilori et marqués au fer rouge, en attendant les galères à perpétuité. D'autres condamnés devront finalement à la pression de l'opinion d'être élargis.

Sur ce qui fut considéré par bien des contemporains comme un simple fait divers, mais qui est apparu ensuite comme le début du grand feu révolutionnaire, plusieurs interprétations ont couru. Beaucoup ont cru au complot. Ainsi le bruit s'est imposé qu'on avait retrouvé dans les poches des morts ou des blessés de l'argent, souvent enroulé dans du papier; sur leur lit d'hôpital certains auraient avoué en avoir reçu pour participer à l'émeute. L'ambassadeur du royaume de Naples à Paris écrit à son ministre des Affaires étrangères qu'il y avait dans la foule des meneurs aux ordres de personnes haut placées. Le duc d'Orléans aurait été le grand organisateur du complot, lequel devait déborder largement le faubourg Saint-Antoine. De ces racontars, on n'avança jamais la moindre preuve, mais l'obsession du complot est dans tous les esprits. Montjoie, éditeur de *l'Ami du roi,* que nous avons déjà rencontré, publiera plus tard cette thèse d'une action préméditée et accomplie par des « brigands » stipendiés. Des écrivains contre-révolutionnaires la reprendront, mais Michelet lui-même, dans son ouvrage de 1846, en se référant aux Mémoires de Bésenval, l'accrédite à son tour (« La vérité y éclate d'une lumière terrible. Il ne reste qu'à baisser les yeux. »)

Une autre interprétation a eu quelque écho. Oui, l'affaire Réveillon serait bien politique. Mais, loin d'avoir été provoquée par le duc d'Orléans ou par on ne sait quel autre diabolique conspirateur, elle a été, comme le pense le chevalier de Moret qui en parle à son compatriote Necker : « le prélude d'une insurrection » – celle des exclus du suffrage, les moins de six livres de capitation. Et notre chevalier de conseiller au ministre d'accorder des députés à cette classe, « à ce pauvre peuple », – « au moins une vingtaine ». Marcel Reinhard, qui cite cette lettre de Moret à Necker, tient pour nulle cette explication, dans la mesure où aucun document d'archives ne fait allusion à cette frustration de citoyen passif avant la lettre. Une fausse piste.

A la vérité, le débat de fond a eu lieu entre les historiens; il porte sur la sociologie des manifestants, et partant sur celle des journées révolutionnaires. Taine, de tout son talent d'écrivain et de visionnaire, a dénoncé dans l'affaire Réveillon le moteur même de la Révolution : la lie des faubourgs, les excitateurs de la populace, en un mot ceux qu'on désignait par le terme de « brigands ». Sa force est de ne pas s'abandonner à la version trop facile du « complot », malgré ses sources qui souvent l'y incitent. Il juge des mouvements de rue en entomologiste, en sociologue sans illusion. Il suit la rumeur sur Réveillon et ses ravages. L'industriel aurait dit que les ouvriers pouvaient vivre avec 15 sous par jour, alors que lui-même leur en donnait 25 et davantage, qu'il était connu pour sa générosité (n'avait-il pas, chose alors inouïe, payé ses ouvriers durant les jours sans travail du terrible hiver 1788-1789 ?). On avait travesti ses paroles (Réveillon niera toujours les avoir prononcées). « Il n'importe, écrit Taine, les bandes de vagabonds et d' “ étrangers ” qui viennent d'entrer par les barrières n'y regardent pas de si près, et les manœuvres, charretiers, savetiers, maçons, chaudronniers, débiteurs de marbre, qu'ils vont raccoler dans leurs garnis, n'en savent pas davantage. Quand l'irritation s'est accumulée, elle déborde au hasard. »

Citant Dammartin, qui a vu mille cinq cents à mille six cents misérables, « excréments de la nation, dégradés par des vices honteux, couverts de lambeaux, regorgeant d'eau-de-vie » – tout ce que vomit Suburbe et l'ergastule, comme dirait Hérédia –, Taine croit voir à l'œuvre dans l'affaire Réveillon l'alliance explosive de trois composantes. D'abord, les affamés. En historien soucieux de la réalité, il n'oublie pas, comme on sait, le rôle de la conjoncture, les effets du mortel hiver, la faim. Ensuite, les « bandits », vagabonds des grands chemins, coupe-jarret, malandrins, mendiants professionnels, repris de justice, bandes organisées sachant passer de ville en ville au gré du danger. Enfin les patriotes, ceux qui agissent au nom du Tiers État. A ce sujet, il est notable que les manifestants faisaient crier aux passants : « Vive le Tiers État! » Comme l'un d'eux, selon un témoin, demandait ce que cela signifiait, il lui fut répondu : « C'est la classe des ouvriers. » De cette union, il fallait craindre le pire : « Affamés, bandits et patriotes, ils font un corps, et désormais la misère, le crime, l'esprit public s'assemblent pour fournir une insurrection toujours prête aux agitateurs qui voudront la lancer. » Les démagogues avaient trouvé leur armée de réserve.

Cependant, depuis la fin des années 1950, on connaît un peu mieux les acteurs de l'affaire Réveillon, grâce au travail de George Rudé, dont l'étude sur *la Foule dans la Révolution française* est le fruit de recherches minutieuses. Pour lui, l'interprétation de Taine ne résiste pas à l'examen. Sans pouvoir dresser de fiches personnelles sur tous les participants aux deux journées, Rudé a pu éclaircir les cas de soixante-huit prisonniers, blessés, ou tués. Sans doute l'échantillon est-il limité mais il s'agissait, pour la plupart, de gens qui s'étaient mis en vue dans la bataille de rue, et qui étaient donc assez représentatifs du mouvement. Or trois seulement avaient subi des condamnations antérieures, dont un seul avait été flétri de la lettre V (voleur). Il ne s'agit pas davantage de chômeurs, puisque la plupart sont salariés et ont un domicile avouable. Aucun des trois cent cinquante ouvriers de Réveillon ne figure dans la liste. Si la plupart sont issus du faubourg Saint-Antoine ou des parages, très peu travaillent dans la papeterie; les ouvriers du meuble, du bâtiment, du vêtement ou du port, sont les plus nombreux. Donc, ni grève locale ni mouvement de revendication corporatif. Ce sont avant tout des salariés, des jeunes en général, souvent illettrés, les deux tiers nés en province.

Quel était leur mobile? Les procès-verbaux d'interrogatoire rapportent que les paroles prêtées à Réveillon et à Henriot, selon lesquels les ouvriers pouvaient vivre avec quinze sous par jour, avaient été pour tous un sujet d'indignation qui les avait fait sortir dans la rue. D'autres pièces parlent de la « solidarité » nécessaire entre ouvriers. Le prix du pain est alors de quatorze sous et demi, voilà la véritable raison de l'émeute! Par là, le mouvement appartient à la longue série des soulèvements d'Ancien Régime, causés par la disette, la pénurie, la faim. Non point un mouvement de classe : nulle récrimination contre les « patrons »; rien que de la fureur contre deux personnes censées avoir tenu des propos scandaleux, provocants, injuriant la misère du peuple. « Sire, c'est à la cherté du pain qu'il faut attribuer nos derniers malheurs », écrivait peu après l'auteur du pamphlet *Lettre au roi*. Et le libraire Hardy, bon observateur des agitations qui parcourent sa ville, nous confirme dans son *Journal* que les assiégeants de la maison Réveillon réclamaient la diminution du prix du pain.

Néanmoins, on ne peut isoler l'affaire de la conjoncture politique : les élections parisiennes, la prochaine ouverture des États généraux, la circulation de brochures incendiaires... G. Rudé évoque donc aussi le « climat politique », la diffusion des idées et des slogans du Tiers État « parmi le menu peuple ». Mais Réveillon et Henriot n'étaient-ils pas membres eux-mêmes du Tiers? Certes, mais justement ils n'étaient pas jugés dignes, d'après les propos qu'on leur prêtait, de représenter le peuple!

L'interprétation de Taine, pour en finir, n'en pose pas moins, si délirante qu'elle soit, la question qui deviendra si prégnante du rôle exercé par la rue. « Bandits » mis à part, l'action légiférante des députés aura à compter avec l'œuvre militante des places et des faubourgs. Transportée de Versailles, l'Assemblée *nationale* ne pourra mépriser qu'à ses dépens la fièvre *locale* de Paris; or toute la France n'était pas à l'unisson des deux rives de la Seine. D'où devaient s'ensuivre un certain nombre de malentendus.

XI

L'OUVERTURE DES ÉTATS GÉNÉRAUX (5 MAI 1789)

L'émotion suscitée par l'affaire Réveillon s'apaisa au début de mai. Il n'était plus bruit alors que du grand rassemblement national dont Versailles, par la volonté de Louis XVI, allait être le théâtre monumental. De toutes les provinces, les députés arrivaient, prenaient gîte, se hasardaient dans les rues de la ville royale... Ce n'était pas une mince affaire : ils étaient environ douze cents, de quoi réjouir les aubergistes. A la veille de la cérémonie d'ouverture, ils sont présentés au roi. Michelet, qui nous a laissé de ces premiers jours de mai le récit le plus vif, note la maladresse de ce monarque, plus habile avec les serrures qu'avec les êtres humains : « A ce moment de cordialité, de facile émotion, le roi glaça les députés, qui presque tous arrivaient favorablement disposés pour lui. Au lieu de les recevoir mêlés par provinces, il les fit entrer par ordres ; le clergé, la noblesse d'abord... puis, après une pause, le Tiers... »

On sait que Michelet, émotif, passionné, n'est jamais à court d'imagination. Il importe donc de vérifier ses observations avec d'autres et si possible celles des témoins. Nous disposons ainsi d'une assez bonne chronique, le *Journal d'Adrien Duquesnoy*, publié en 1894. Duquesnoy était, à trente ans, député du Tiers de Bar-le-Duc. Avocat sans exercer, membre d'une société littéraire de Nancy, syndic de l'assemblée provinciale de Lorraine et Barrois, d'esprit libéral modéré, il a eu la bonne idée de raconter au jour le jour ce qu'il a vu, depuis son arrivée à Versailles. Or Duquesnoy confirme Michelet : le roi le reçoit, lui et les autres, quasiment sans mot dire.

Le 4 mai, les maisons de Versailles sont tendues de tapisseries et tous les Parisiens qui ont pu faire le déplacement sont arrivés de bonne heure, se pressant sur le parcours du défilé qui doit amener les députés de l'église Notre-Dame à la cathédrale Saint-Louis. Les bravos sélectifs tomberont sur le cortège depuis les toits qui ont été pris d'assaut par les plus agiles. Duquesnoy, notre député moyen, notre guide, précise que l'heure du rendez-vous à Saint-Louis était à sept heures du matin. Mais à huit heures, le roi n'étant pas encore arrivé, on commence à murmurer; à neuf heures, on s'impatiente; il faudra pourtant attendre encore soixante minutes. Quand il écrit le soir sa relation du jour, notre Barrois est encore sous le coup de l'indignation : « Véritablement, un individu ne fait pas attendre une nation pendant trois heures. » L'antithèse en disait long.

Tout le reste de la cérémonie va être rigoureusement calqué sur celle de 1614. Michelet évoque ainsi « le détail odieux d'un cérémonial gothique », qui met en relief la distinction des ordres : « Des blasons, des figures, des symboles, après Voltaire, après *Figaro*! c'était tard. » Mais le maître des cérémonies, qui veut aligner les députés dans l'église, non seulement par ordres mais par bailliages, doit essuyer les rebuffades du Tiers : ses députés n'appartenaient pas à des bailliages mais à la nation, qu'il le sache!

Dès cette première journée, tout offerte à la paix et à l'espoir, on a pu prendre la mesure de l'opinion. Parmi les princes, Philippe d'Orléans s'est taillé un succès à faire blêmir Marie-Antoinette : sur le passage de la reine, c'est le nom de son ennemi qu'on lançait par provocation. Le duc d'Orléans devait sa popularité à ses idées « américaines » de liberté, à son hostilité déclarée à la cour, qui lui avait fait subir l'exil, aux actes de charité dont il s'était montré prodigue au cours de l'affreux hiver passé... Il restait suspecté d'avoir fomenté l'affaire Réveillon, lorsqu'il reçut les vivats de la rue, puis ceux des députés, en entrant dans l'église. Les autres princes n'eurent droit qu'au silence. Le roi lui-même, qui s'était fait attendre, ne récolta que de timides applaudissements : « Ce n'était plus l'élan de l'âme, le cri du cœur. »

Après avoir entendu le *Veni Creator*, la procession des députés, accompagnés du roi, de la reine, et de toute la cour, tous cierge en main, se dirigea vers Saint-Louis dans le vieux Versailles. Le cérémonial voulait que le Tiers marchât en tête – loin du monarque. Ce fut, sous un ciel glorieux, un contraste saisissant entre ces hommes, tout de noir vêtus, avançant d'un pas assuré, et « la brillante petite troupe des députés de la noblesse », comme écrit Michelet, « avec ses chapeaux à plume, ses dentelles, ses parements d'or », eux-mêmes suivis par les députés du clergé dans les rangs desquels on revoyait la séparation des deux premiers ordres: « Une trentaine de prélats en rochets et robes violettes; à part et séparés d'eux par un chœur de musiciens, l'humble troupe des deux cents curés dans leurs robes noires de prêtres. » Les distinctions vestimentaires, renforcées par un cérémonial désuet, se succédaient en cascade de mépris. On ne pouvait offrir meilleure occasion au public d'exprimer, par ses cris comme par ses silences, la vigueur de ses sentiments: respect sans enthousiasme pour le roi, désapprobation de la reine (qui s'efforça de garder de la hauteur), confiance dans les bas noirs, méfiance à l'endroit des épées et des bas blancs...

A Saint-Louis, nouvelles querelles de préséances. Premiers arrivés, des députés du Tiers avaient pris place dans les rangs de devant. Fi donc! On les fit reculer comme de la valetaille. Le marquis de Brézé, grand maître, faillit se colleter avec un député breton, qui entendait qu'on attribuât au Tiers toute la partie gauche de l'église, tandis que le clergé et la noblesse auraient la partie droite. Nenni! Les privilégiés devaient avoir les premières places des deux côtés: « Monsieur, dit le marquis, c'est l'ordre de 1614. » Le Breton eut beau jeu de rétorquer qu'on n'était plus de ce temps-là. Finalement, ce fut un pêle-mêle dont le marquis de Brézé ne put venir à bout.

L'évêque de Nancy, Mgr de La Fare, eut le soin du sermon d'usage. Duquesnoy s'exaspéra un peu de ses « remplissages », de ses « déclamations », de « sa rhétorique »... Mais il est un moment secoué de sa torpeur, en entendant brusquement dans la bouche du prélat « des tirades de la plus grande force, un courage vraiment apostolique ». Que disait-il? Eh bien, il s'en est pris au luxe de la cour, à ses dépenses sans bornes, tandis que le pays comptait tant de malheureux. Marie-Antoinette en a pris pour sa perruque : une allusion à la construction du petit Trianon souleva les applaudissements, en pleine église. Qu'a fait la reine ? « J'ai remarqué, écrit Duquesnoy, dans [sa] bouche un petit signe d'humeur; du reste la plus grande assurance, le sang-froid le plus intrépide... » Et le roi ? On serait tenté de dire qu'il faisait comme dans les autres occasions : « Le roi dormait ou au moins sommeillait par intervalles. » Mais l'évêque, soucieux de plaire à tout le monde, rappela pour finir qu'il fallait dans un pays des maîtres, ce qui rassura la cour.

Au fond, ce fut une cérémonie ratée, malgré le soleil qui la baigna. On avait rêvé, d'un côté, la réconciliation nationale, pour la régénération du royaume. De l'autre côté, on avait tout organisé, selon un code suranné qui faisait apparaître, par des symboles ostensibles, les divisions profondes de la société, et laissait deviner la volonté royale d'en sauvegarder le principe.

Le lendemain 5 mai fut l'ouverture officielle des États généraux, avenue de Paris, à la salle des Menus Plaisirs, qui pouvait accueillir plus de cinq mille personnes. Les douze cents députés furent appelés par des hérauts d'armes, introduits et placés par ordre et par bailliage sous l'œil du maître des cérémonies. Ces formalités avaient commencé vers neuf heures; tout le monde ne fut placé que vers midi moins le quart, les banquettes du Tiers se tenant au milieu, entre celles du clergé à droite et celles de la noblesse à gauche.

Vers une heure, le roi est entré sous les acclamations et a pris place sur son trône, placé sur une estrade construite à cet effet, où l'on avait disposé encore un fauteuil, hors du dais, pour la reine et des chaises pour les autres membres de la famille royale. Les députés restèrent debout à leur arrivée; ils avaient averti qu'ils ne s'agenouilleraient point, ainsi que la tradition le voulait. Il revenait au souverain de prononcer le premier discours. Il se flatta d'abord d'avoir réuni cette assemblée qui devait être pour la nation « une nouvelle source de bonheur ». Il s'attacha surtout à la question financière : « La dette de l'État, déjà immense à mon avènement au trône, s'est encore accrue sous mon règne; une guerre dispendieuse mais honorable en a été la cause; l'augmentation des impôts en a été la suite nécessaire, et a rendu plus sensible leur inégale répartition. »

Ce n'était pas un mauvais début. Michelet, cependant, reproche au monarque de n'avoir pas saisi ce premier face à face avec les représentants de la nation pour laisser parler son cœur: « Pas un mot paternel à dire. » Jugement peut-être un peu forcé, puisque le roi, justement, avait dit pour commencer: « Messieurs, ce jour que mon cœur attendait depuis longtemps est enfin arrivé... » Mais l'impression des présents semble confirmer l'historien. Duquesnoy note la mise en garde royale contre « l'esprit de système et de nouveautés », le rappel à l'autorité, et le silence total sur « les constitutions ». Est-ce un malentendu? Un premier rendez-vous dépourvu de charme en tout cas: Louis XVI ne sait pas séduire.

Le discours suivant revenait au garde des Sceaux Barentin, qui avait été placé à l'avant-scène. Les paroles du chancelier furent décevantes. Le début, pourtant, avait fait espérer: « Messieurs, il est enfin arrivé ce beau jour si longtemps attendu, qui met un terme heureux à l'impatience du roi et de toute la France! Ce jour tant désiré va resserrer encore les nœuds de l'union entre le monarque et ses sujets; c'est dans ce jour solennel que Sa Majesté veut établir la félicité générale sur cette base sacrée, la liberté publique. » Néanmoins, notre témoin de Bar-le-Duc note sans ambages: « Le garde des Sceaux a parlé ensuite d'un ton si bas, si nasillard, si capucin, si dégoûtant, qu'il n'a pas été entendu de la dizième partie de ses auditeurs. J'ai démêlé dans les commencements quelques mots d'éloge du roi; cela m'a paru long... » On saisit ici l'une des difficultés qui président à l'histoire des assemblées parlementaires commençante: l'acoustique, souvent détestable, ternit les meilleures intentions.

Enfin Necker prit la parole. C'était lui qu'on attendait. C'était lui qu'on avait le plus applaudi lors de son entrée. Sa popularité restait intacte. Des trois orateurs, il fut de loin le plus long, son discours occupant près de trois heures. Le directeur général des Finances se présenta avec une modestie appliquée, avant de se lancer dans un éloge hyperbolique de la France, « ses hauts faits », « sa valeur guerrière », « ses progrès », « ses triomphes dans tous les genres... », pour le bonheur définitif de laquelle les députés se trouvaient réunis. Les yeux commençaient à briller, les oreilles s'ouvraient toutes grandes : il allait donc, contrairement à ses prédécesseurs, entamer le grand sujet, parler de cette Constitution nécessaire au repos du royaume! Tout doux. A peine Necker avait-il laissé entrevoir pareille résolution qu'il en trompa brutalement l'attente : « Arrêtons-nous ici, et ne nous abandonnons pas encore à ces douces et bienheureuses espérances. » Il y avait plus urgent. Avant de rêver, renflouer la caisse : c'est là-dessus qu'il fallait s'entendre : « Retenons notre imagination, afin de n'avoir pas à nous plaindre de ses fausses lueurs et de ses vaines promesses. » Finances d'abord! Necker allait s'y tenir. Armé de chiffres, il fit tomber sur les têtes une interminable colonne de dépenses et une rassurante colonne de recettes. Tout y passa : les postes, les domaines, les aides, les hôpitaux, la Compagnie des Indes, les douanes, les emprunts, les pensions, les ports francs et le tabac râpé... Le mémoire de Necker était solide mais trop technique pour une journée d'ouverture. « Année courante », « anticipations », « remboursements », « dettes en arrière », les chapitres succédaient aux chapitres, sans ménager la patience de l'auditoire. De temps en temps, le mot « bonheur » retentissait comme un grelot attaché aux phrases les plus ennuyeuses pour retenir l'attention générale. Au bout d'une demi-heure, Necker, qui semblait s'être fatigué à ses propres mots, fit appel à un lecteur à la voix puissante qu'il avait amené avec lui.

Le discours aborda tout de même la question laissée sans réponse des délibérations par ordre. Ce fut encore pour beaucoup une désillusion. Si les ordres privilégiés devaient faire des sacrifices, comme personne n'en doutait, eh bien, disait Necker, la séparation s'imposait d'autant plus, car l'abandon des avantages devait se faire volontairement. La péroraison était une profession de confiance et d'amour pour le roi.

Germaine de Staël, venue écouter l'auteur de ses jours, nous parle des réactions du « parti populaire ». Elle entend par là la majorité du Tiers, la minorité de la noblesse et certains membres du clergé. Pour eux, « M. Necker avait traité les États généraux comme une administration provinciale, en ne leur parlant que des mesures à prendre pour garantir la dette de l'État, et pour perfectionner le système des impôts ». Mais la bonne fille défend son père : oui, sans doute, la Constitution était le sujet principal, l'objet véritable de cette assemblée, mais ce n'était pas au directeur général des Finances de Louis XVI d'en parler d'emblée. L'initiative devait en être laissée aux députés eux-mêmes.

Quoi qu'il en soit, le désappointement gagne les rangs du Tiers. Notre ami Duquesnoy le confirme : Necker nous a assommés avec son éloge du roi « à chaque ligne » ! Il nous a humiliés en laissant croire que nous n'étions qu'une assemblée consultative ! « Il m'a paru que le tiers de l'assemblée était très mécontent : pas d'applaudissements, souvent un froid silence. Voilà la bataille engagée. » On s'apprêtait à écouter les tambours de l'Histoire, on n'avait entendu qu'un mémoire de comptable.

L'homme le plus populaire de France avait déçu. La plupart des représentants ne l'avaient jamais vu. Ils découvrirent un homme, pour reprendre le témoignage de Thibaudeau, fils d'un député du Poitou, à la « physionomie froide, sévère, solennelle et peu agréable ». S'il avait su évoquer des réformes nécessaires, il avait surtout insisté, ou l'on avait surtout compris qu'il insistait sur la vertu de prudence. On ignorait que le discours du ministre avait été relu et corrigé par le roi. Jean Egret, biographe de Necker, écrit à ce propos : « Le Genevois ne pouvait mépriser l'esprit de résistance aux innovations qui régnait maintenant à la cour et avait reconquis les souverains. »

Bornons-nous, pour le moment, à cette constatation : au moment où le rideau se lève sur le grand drame national qui va porter les Français aux passions extrêmes, tout commence par une rencontre manquée. Ni le roi ni ses deux ministres n'ont su avoir les mots, l'attitude, le geste qui plaisent ; le je-ne-sais-quoi qui rassure ; le presque-rien de bienveillance ou d'humour qui met en confiance. Trois créatures figées, dépourvues de qualités oratoires, désunies de surcroît dans leurs intentions probables, ont tenu le devant de la scène, sous l'œil hautain (qui dissimulait sans doute son émotion) d'une reine de France honnie. On avait demandé au père de Madame de Boigne pourquoi il ne se rendait pas aux États généraux ; il avait répondu : « Je n'aime pas les enterrements. » Le fait est qu'en la circonstance le roi et ses ministres en avaient trop la tête.

XII

LES ÉTATS PIÉTINENT (MAI 1789)

Dès la cérémonie d'ouverture des États généraux, un homme avait su capter les regards. Il était comte, mais député du Tiers. Il fascinait en effrayant : « Sa laideur avait quelque chose d'imposant, écrit Portalis, et son visage, creusé par la petite vérole, exprimait l'énergie d'une volonté forte et d'une âme agitée par des passions aussi mobiles que violentes. » Surtout, Mirabeau était précédé d'une solide réputation : celle d'un homme qui n'avait jamais cessé de filer sa corde, obéré, incestueux, ancien prisonnier de Vincennes, ancien châtelain d'If, ancien détenu de Doullens, dépassant la permission d'être débauché dans ce siècle de licence, scandaleux, proscrit, et qui, de surcroît, posait à l'ami du peuple. Il venait d'Aix-en-Provence, où il avait été élu triomphalement, non par ses pairs, mais par les marchands et les avocats, dont il partage la haine des privilèges. Là-bas, dans sa Provence, les villageois l'ont couvert de fleurs; ici, à Versailles, il entend bien prendre sa revanche sur tous ceux qui ont entravé son amour de la liberté en l'humiliant. Mieux que tout autre, le voici prophète des temps nouveaux.

Dès son arrivée, il a fondé un *Journal des États généraux*, qui, dans son premier numéro, a déjà critiqué la manière si peu amène dont Louis XVI a accueilli les députés du Tiers. Le 5 mai, tous les présents dans la salle des Menus ont frissonné en le voyant pénétrer : « Chut! crie-t-on pour prévenir les applaudissements; la salle retient son souffle pour mieux regarder, mieux voir cette figure puissante, ce survivant des geôles royales qui a déclaré la guerre à l'absolutisme et à ses suppôts : ceux-ci, tendus, haineux, méprisants, profitent du silence pour faire entendre leurs murmures flétrissants. » Et Guy Chaussinand-Nogaret, son biographe, à qui l'on doit la description de cette scène, d'ajouter : « Froid, dédaigneux, le regard chargé de colère, Mirabeau gagne sa place. » Il écoutera le roi, Barentin et Necker avec une indignation croissante. Dans l'impossibilité de le transpercer sur l'heure de la pointe de sa langue, il s'emploie dans le numéro deux de son *Journal* à libérer sa colère contre un ministre qui voudrait réduire l'assemblée en « bureau d'administration » ou en « chambre de finance ».

Ce journal, qu'il publie avec le concours anonyme de Chamfort et – sans vergogne – avec l'aide du libraire Lejay qu'il fait notoirement cocu, devient incontinent le brûlot qu'on s'arrache. Mais le 7 mai, le ministère le fait interdire. Qu'à cela ne tienne! Mirabeau change le titre, le format, et publie derechef ses fulminations dans les *Lettres du comte Mirabeau à ses commettants*, moyennant cette ferme protestation : « Il est donc vrai que, loin d'affranchir la nation, on ne cherche qu'à river ses fers! (...) Vingt-cinq millions de voix réclament la liberté de la presse : la nation et le roi demandent unanimement le concours de toutes les lumières. Eh bien! c'est alors qu'après nous avoir leurrés d'une tolérance illusoire et perfide, un ministère soi-disant populaire ose effrontément mettre le scellé sur nos pensées, privilégier le trafic du mensonge, et traiter comme objet de contrebande l'indispensable exportation de la vérité. » Le ton est donné. Le ministère laissera Mirabeau tonitruer.

Le tribun, qui deplaît tant à la noblesse, n'est pas pour autant prisé de tous ses collègues du Tiers. Notre témoin Duquesnoy exprime sans fard l'antipathie qu'il ressent : « Cet homme est une bête féroce, un enragé; il a la figure d'un tigre. Il ne parle que par convulsions, sa figure se contracte, il a le sifflement de la fureur... » Mais il doit en convenir : « Il a beaucoup de partisans. » Et d'autant plus que le gouvernement a laissé les députés du Tiers dans une impasse, en préconisant la vérification des pouvoirs par ordre. Dès le 6 mai, les représentants du clergé et de la noblesse, plantant ceux du Tiers dans la grande salle, se sont réunis, chacun de leur côté, selon les vœux du ministère.

Animés d'une volonté unanime – que le vote se fît par tête –, les députés du Tiers n'entendaient nullement qu'à la faveur de la vérification séparée des mandats, les privilégiés fussent affermis dans leur résolution de refuser l'assemblée unique.

A dire vrai, les deux premiers ordres n'étaient pas unanimes. Une cinquantaine de nobles libéraux se rangeaient à l'avis du Tiers, tandis que bon nombre de curés, dont l'abbé Grégoire n'était pas des moins actifs, contestaient la volonté du haut clergé de rester en corps distinct. Au demeurant, le plus grand nombre des représentants des deux ordres privilégiés se refusaient à une vérification des pouvoirs commune. Mme de Staël allègue, à ce sujet, la contrainte des mandats impératifs : les nobles étaient souvent prisonniers de leurs mandants qui, dans leurs cahiers, avaient récusé toute délibération par tête : « C'était faire des États généraux, dit-elle, une réunion d'hommes qui auraient eu seulement le droit de déposer des pétitions sur la table. » Néanmoins, seule une minorité pouvait se sentir ainsi obligée. D'autres influences jouèrent, dont Germaine de Staël se faisait aussi l'écho : l'esprit de groupe, par exemple, qui sait galvaniser les timides et faire pousser des griffes aux doigts des timorés. Or bien des nobles, et particulièrement ceux dont la noblesse était la plus fraîche, entendaient ne pas céder sur ce qui les distinguait du commun : « Tous ces gentilshommes, dit-elle, dont les titres n'étaient connus que d'eux-mêmes, se voyaient en danger de perdre des distinctions qui n'imposaient plus de respect à personne. Il fallait les entendre parler de leurs rangs comme si ces rangs eussent existé avant la création du monde, quoique la date en fût très récente. » Sur cette « fatuité aristocratique », la fille de Necker est féroce. Mais il est incontestable que si les nobles voulaient rester nobles, ils avaient à se battre sur cette question de la vérification par ordre : céder d'emblée à la volonté du Tiers équivalait pour eux à une auto-dissolution en puissance.

Dès ce 6 mai, deux partis se profilent au sein du Tiers. L'un, plus porté à la conciliation, avait pour têtes Mounier et Malouet; l'autre, plus intransigeant, s'exprimait surtout par la voix de Mirabeau. Celui-ci défend avec éloquence le principe de l'immobilité, de l'inertie volontaire, de la grève passive : le Tiers est la nation; aux députés des autres ordres de venir le rejoindre. En attendant, ne rien faire. Pas de discussion, pas d'ordre du jour, pas de procès-verbal! L'autre tendance incline pour la proposition de Malouet, d'envoyer une députation auprès des deux autres ordres, pour les inviter à s'unir aux députés du Tiers. Là-dessus, une première discussion a mis les députés du Tiers dans le tumulte et sans résultat.

Le lendemain, Malouet finit par convaincre une majorité, au prix d'une nouvelle séance agitée, de mettre sur pied une députation, dont il prend la tête. Le 8, on propose un règlement provisoire, toujours contre la théorie de Mirabeau, pour lequel il ne saurait y avoir de règlement, puisqu'il n'y a pas de groupe constitué; mais le vote interminable, par ordre alphabétique, conteste le député d'Aix. Les esprits s'échauffent. Les Parisiens, encore en pleine activité électorale (les derniers suppléants ne seront élus que le 22 mai), s'inquiètent des atermoiements des privilégiés et bon nombre, venus à Versailles, font pression sur les députés. L'assemblée des électeurs de la capitale a interrompu, le 7, ses travaux pour protester contre la censure dont le journal de Mirabeau avait été victime. « Le moment de l'orage approche », écrit le 10 mai Duquesnoy, qui rapporte une altercation entre un noble et un homme du Tiers. Le premier assure que les gens de sa caste préféreront se retirer sur leurs terres plutôt que de céder à une injonction du vote par tête. L'autre réplique que le Tiers se déclarera alors « la nation ». Le noble montre son épée; le roturier lui parle de fusils : « Eh bien, nous nous battrons! »

Tandis que dans le clergé une tendance à la transaction, sous l'influence des curés démocrates et des évêques libéraux, prenait forme, la noblesse, guidée par une poignée d'aristocrates intransigeants, se déclarait, le 11, assemblée constituée, en droit de vérifier les pouvoirs de ses membres. Néanmoins, la minorité du deuxième ordre arrachait le principe d'une délégation auprès du clergé et du Tiers. Le 13, celui-ci reçoit donc les envoyés de la noblesse conduits par le duc de Praslin qui s'exprime en leur nom. D'un « ton très impérieux », selon Duquesnoy, il annonce que la noblesse s'est déclarée « ordre constitué » et qu'elle vérifie seule les pouvoirs de ses élus; qu'elle a décidé, d'autre part, de nommer des commissaires pour débattre des « moyens d'union » avec les autres ordres.

Notre député de Bar-le-Duc, si prompt à saisir toute chance de rapprochement, juge lui-même l'attitude de la noblesse dérisoire. Ainsi voudrait-elle « concilier », mais après que l'irréparable aura été commis : « Les gens les plus modérés jusqu'à aujourd'hui, dit-il – et il sait de qui il parle – sont excessivement mécontents d'une résolution ainsi prise. » A ses yeux, il s'agit ni plus ni moins d'une « déclaration de guerre ». Lui, Duquesnoy, qui depuis le début a pris le parti de la pondération, qui respecte la noblesse, qui admire Malouet et déteste Mirabeau, s'emporte contre les privilégiés, dont la crispation va entraîner l'inévitable : le Tiers se déclarera la nation de manière unilatérale.

Si un esprit rassis comme celui de notre Duquesnoy s'indigne, il ne faut pas s'étonner des réactions de Mirabeau, qui s'enflamme dans sa troisième *Lettre à ses commettants* contre les syndics de deux cent mille individus qui voudraient imposer leurs vues à vingt-cinq millions de Français : « Puisqu'ils ont le droit de se refuser à l'ajournement ordonné par le roi, de vérifier leurs pouvoirs séparément, de se constituer en chambre sans le consentement des autres ordres, qui les empêche d'aller en avant, de faire une constitution, de régler les finances, de promulguer des lois. Les nobles ne sont-ils pas tout en France ? »

L'attitude de la noblesse et le ton du chef de sa délégation avaient, de fait, indisposé l'ensemble du Tiers. Des esprits portés au compromis tentèrent néanmoins de faire sortir les États de l'impasse où ils se trouvaient depuis le 6 mai. Ainsi Rabaut-Saint-Étienne, député protestant de Nîmes, propose qu'on désigne des personnes pour entendre les commissaires de la noblesse, non dans l'intention de capituler, mais dans le dessein de convaincre ceux-ci de l'injustice de leur ordre. Si l'on devait passer outre à la résistance des privilégiés, à tout le moins devait-on faire la preuve d'avoir épuisé tous les efforts d'arrangement. Une âpre discussion s'ensuit, au milieu de laquelle est lancée une seconde proposition, celle du Breton Le Chapelier, d'adresser à la noblesse un ultimatum (« il n'y a plus de députés d'ordre ou de province, mais des représentants de la nation; les députés du privilège y gagnent, leurs fonctions en sont agrandies »).

Duquesnoy récolte dans son journal les propos les plus vifs lancés contre la noblesse. En voici un parmi d'autres : « Une nation peut exister sans classes privilégiées; quand Louis XIV a chassé les protestants, la nation n'a pas cessé d'exister. Il y avait plus de protestants qu'il n'y a de privilégiés, la nation peut donc exister sans eux, et sans doute ce sont bien eux qui sont protestants contre les droits de la nature et de la justice. » L'ironie ne manquait pas : « Messieurs, disait l'un, la noblesse nous a donné le premier soufflet, tendons la joue pour recevoir le second du clergé; c'est pratiquer la morale évangélique. »

On discuta encore pendant plusieurs jours. Malouet commit l'imprudence de proposer que l'assemblée rassurât la noblesse sur ses propriétés légitimes, qui ne seraient jamais attaquées, ce qui jeta un froid. Volney approuva une autre idée, lancée par un député de l'Anjou, selon qui il fallait se porter en nombre auprès de la noblesse et la sommer, par la voix d'un orateur désigné, de se rendre aux États avec le clergé. Enfin, le 18 mai, le Tiers approuva la proposition de Rabaut; des commissaires seraient nommés pour inviter le clergé et la noblesse à vérifier les pouvoirs en commun. Ou plus exactement (gare aux formes!), non pas des « commissaires », parce qu'on n'était pas encore une assemblée officielle, mais des « personnes ». Il y en eut seize, dont les noms furent arrêtés le 19 mai. Rabaut-Saint-Étienne en était, mais aussi Le Chapelier, Target, Mounier, Barnave, Dupont et Volney, quelques-uns des noms qui comptaient dans cette assemblée à la recherche d'elle-même.

Dans cette séance du 18, Mirabeau avait repris la parole, dans un sens réaliste, se prononçant, disait-il, pour « un avis mitoyen » entre la motion de Malouet et celle de Le Chapelier. Il opposa la modération du clergé, « qui aura toujours une grande part à la confiance des peuples », à l'arrogance de la noblesse, devant laquelle on ne devait pas se montrer trop suppliant. Il ne fallait pas, par trop d'emportement, transformer les Communes (c'est ainsi qu'on avait pris coutume de désigner le Tiers État) en Assemblée nationale car c'était risquer la dissolution. On devait, au contraire, chercher à neutraliser le clergé, isoler la noblesse, et convaincre ainsi l'opinion publique. La modération du tribun avait pesé en faveur de la motion de Rabaut. Finalement les commissaires des trois ordres finirent par se réunir.

En fait, le Tiers et la noblesse avaient leur siège fait. Si la délégation du premier comptait quelques fortes têtes, celle de la seconde n'était pas composée d'esprits tièdes : Cazalès, capitaine récemment anobli, le marquis de Bouthillier, le baron de Pouilly et les autres étaient les plus résolus contre la vérification commune. Ainsi, les deux missions se réunissaient sur la base d'un mandat et d'une volonté parfaitement contraires. Que pouvait-il en résulter, sinon le constat d'un désaccord d'apparence insurmontable? Certes, il ne portait que sur une question de principe : rien n'interdisait la réunion par ordre *après* que la vérification commune des pouvoirs eut été achevée. En fait, chacun sentait l'enjeu de cette première bataille, que le ministère, fort imprudemment, n'avait su éviter. Pouvait-on espérer du clergé un rôle d'arbitrage? Le Tiers pouvait-il espérer le gagner à ses vues? C'était faire trop de cas d'une minorité de curés favorables, et sous-estimer le poids des évêques, dont le plus grand nombre tenait pour le vote par ordre.

On comprend que dans une telle situation notre témoin Duquesnoy se désespère. D'autant qu'il considère ses collèges du Tiers avec une sévérité croissante. Des bavards! « Une fureur de parler inconcevable! On délibère quatre jours sur l'aile d'une mouche, et cent cinquante personnes ont des discours écrits : peu ou point d'amour de la chose publique; les gens qui parlent ne le font que dans l'espérance d'établir leur réputation. » Le pauvre manquait encore de métier. Il est en quelque sorte le représentant de la majorité silencieuse, qui s'impatiente que ses députés ne sortent pas de cette querelle de procédure. Mais il se gendarme de cette autre opinion, qui n'est pas muette, elle, et qui, dans les cliquetis de mots et d'arguments qu'échangent ces Bretons, ces Provençaux, tout un grouillis de caboches enfiévrées, menace de tout bouleverser.

Le 22 mai, il soupire : « Dans cette terrible anarchie, qu'allons-nous devenir? »

XIII

LA SOMMATION DE SIEYÈS (10 JUIN 1789)

Que les États généraux se montrent décevants! Un mois après leur ouverture, leur travail n'a pas avancé d'un pas, tandis que la nation guette leurs premières décisions dans l'impatience. Chacun des trois ordres campe sur ses positions; privilégiés et non-privilégiés, « aristocrates » et « démocrates » sont trop conscients que la partie se joue dès les premiers échanges. Qui cédera avant l'autre? Les députés du Tiers, qui ont pris le nom de Communes, n'en démordent pas : les vérifications des pouvoirs se feront par l'assemblée de *tous* les élus, et l'on opinera par tête. Les représentants de la noblesse ont hâté la constitution de leur chambre : à leurs yeux, la séparation ne peut être un objet de débat. Entre les deux, le clergé fait mine de jouer les raccordeurs, mais il se sait divisé en lui-même. A la fin du mois de mai, les conférences sur la vérification des pouvoirs, composées des commissaires des trois ordres, se succèdent en vain.

Du nouveau, pourtant, aux Communes. Le 25 mai, on s'avise qu'on ne peut plus continuer à débattre sans règlement. Qui en prêche la nécessité? Mirabeau lui-même, qui avait combattu l'idée quinze jours plus tôt. Il parle du « tumulte », de la longueur des délibérations : « la liberté, clame-t-il, exige la discipline ». Malouet lui fait remarquer à bon droit qu'il avait proposé la même chose et que le comte de Mirabeau en avait dissuadé l'assemblée. Sur quoi, une oreille sensible s'insurge : doit-on dire « Monsieur le comte » dans une assemblée d'hommes égaux? Alors, le député d'Aix, superbe : « J'attache si peu d'importance à mon titre de comte, déclare-t-il, que je le donne à qui le voudra; mon plus beau titre, le seul dont je m'honore, est celui de représentant d'une grande province, et d'un grand nombre de mes concitoyens. »

On mettra donc au point un règlement, bien nécessaire en vérité, pour ces six cents hommes, irrités par le prurit de l'éloquence, devant des galeries qui manifestent à tout bout de champ leurs humeurs. Malouet, le 28 mai, parle de faire sortir « les étrangers ». Indignation de Volney : « Des étrangers! en est-il parmi nous? » Non, il faut toujours débattre en public, les orateurs ne sont que les fondés de pouvoir de leurs concitoyens! Volney ne se hasarde pas à examiner si le public présent dans la salle est représentatif de vingt-cinq millions de Français; il justifie au nom de la transparence, et avant la lettre, l'une des pratiques du jacobinisme, la pression des militants sur les députés : « Leur présence nous inspire et nous anime. Elle n'ajoutera rien au courage de l'homme qui aime sa patrie et qui veut la servir; mais elle fera rougir le perfide ou le lâche que le séjour de la cour ou la pusillanimité auraient déjà pu corrompre. »

Quand, le 6 juin, on donnera lecture aux Communes du projet de règlement, ses rédacteurs auront pris conscience du danger : d'aucune place on ne pourra donner des signes de faveur ou de désapprobation. Pour le reste, l'organisation parlementaire se précise : heure d'ouverture, attribution des places, mesures d'ordre, dépôt des motions, formation des bureaux (les commissions spécialisées), échafaudage des derniers rangs en amphithéâtre... Peu à peu, sous la présidence de l'astronome Bailly, élu doyen le 3 juin, la discipline de la liberté s'installait. Mais c'était une médiocre consolation au regard du dépit provoqué dans l'opinion par l'inertie des États.

Le 25 mai, les conférences se sont terminées sans résultat. Le 27, sur l'invite de Mirabeau, craignant qu'une trop longue immobilité ne compromette leur cause, les Communes envoient une députation au clergé pour prier ses représentants de les rejoindre. Le lendemain, alors que la réponse du clergé se fait attendre, une lettre du roi saisit l'assemblée, Louis XVI demande la reprise des conférences, mais cette fois en présence du garde des Sceaux et de ses propres commissaires. Que répondre? Mirabeau, qui a cru pouvoir débloquer la situation par son initiative vers le clergé, subodore la manœuvre: « Un piège en tous sens... Piège si l'on défère au désir du roi, piège si l'on s'y refuse. » Il faut naviguer entre deux écueils: montrer encore sa bonne volonté, sans transiger sur les principes. L'acceptation du Tiers, donnée le 29, est assortie de quelques conditions formelles, notamment la signature d'un procès-verbal de toutes les séances par tous les commissaires, et la rédaction d'une adresse au roi.

Les conférences se réunissent donc de nouveau. Elles prennent un tour grotesque. On voit les commissaires de la noblesse scruter les procès-verbaux des États généraux de 1560, 1576, 1588 et 1614; discuter même sur ceux de 1485, remonter à ceux de 1356. Ce n'est pas assez, l'un d'eux lit un mémoire selon lequel on délibérait par ordre, « même dans les temps les plus reculés de l'Antiquité et sous le règne de Charlemagne »! Et de citer Tacite, et de se prévaloir d'Hincmar. Un membre des Communes lui rétorque qu'il n'y avait point d'ordres parmi les Francs. Ces colloques de paléographie paraissent insolites, au moment où la disette accable le peuple et où le Trésor royal est quasiment vide. Mais on dispute encore sur d'autres pointes d'aiguille. Les représentants de la noblesse refusent de signer des procès-verbaux de séance si les commissaires du Tiers donnent à leur ordre le titre de « Communes ». Et ceux-ci de justifier le mot, qui n'est nullement une innovation. Celui de « Tiers État » désigne le rang assigné à la partie la plus nombreuse de la nation, comme on dit « premier ordre » et « deuxième ordre »: on doit accepter qu'il y ait à côté du clergé et de la noblesse le *peuple* ou les *Communes*. Le 4 juin, Necker, représentant le roi à la conférence, propose enfin une résolution de compromis.

Le garde des Sceaux Barentin, vu le désaccord persistant entre les trois ordres, avait conseillé au roi de faire assurer par lui-même la vérification des pouvoirs, Necker a refusé de suivre cet avis, mais non sans dire au commissaire des Communes que le roi en aurait le droit. Finalement, il croit provoquer le dénouement de l'intrigue en proposant que chaque chambre poursuive les vérifications, tandis que les résultats seraient communiqués aux deux autres. En cas de contestation, une commission des trois ordres serait amenée à trancher; et si les trois chambres ne pouvaient en ratifier les conclusions, alors le roi aurait le dernier mot. Il devait être clair enfin pour tout le monde que cette proposition ne préjugeait d'aucune façon la solution à donner à la grande question de la délibération par ordre ou par tête.

Tandis que ces débats ajoutaient leurs mornes répétitions à l'immobilisme de la veille, la cour vivait un drame. Louis et Marie-Antoinette venaient de perdre leur fils aîné le dauphin, mort le 4 juin à une heure du matin à Meudon, où on l'avait transporté quelques semaines plus tôt dans l'idée qu'il y respirerait un air plus sain. Louis-Joseph avait huit ans. Sa dépouille sera accompagnée à Saint-Denis par le prince de Condé, l'étiquette consignant ses parents à Versailles. Le père malheureux demande à l'archevêque de Paris de faire dire mille messes pour l'âme de son enfant défunt. Le prélat s'inquiète de savoir qui paiera. Et Louis XVI de donner cette consigne pathétique: « Faire payer cette somme par M. de la Ferté et la prendre sur les dépenses de l'argenterie. »

Le doyen Bailly a demandé la permission de témoigner à Sa Majesté la douleur des Communes. En attendant d'être reçu par les souverains, il propose à ses collègues d'aller jeter de l'eau bénite en leur nom sur le corps de Monseigneur le dauphin. On acquiesce à l'unanimité. Mais le deuil sera bref. En ce matin du 5 juin, une voix – dont *le Moniteur* ne précise pas l'origine – s'élève dans l'assemblée: « Hâtons-nous d'agir, il en est temps; roidissons-nous avec courage contre les chicanes et les embarras qu'on nous suscite à chaque instant; constituons-nous en chambre nationale, nous avons assez employé les voies de modération, de temporisation pour ramener les esprits au bien public, si on le voulait réellement; mais puisque l'on en a abusé et que l'on en abuse encore, il est temps de commencer l'œuvre importante de la régénération que la nation attend depuis si longtemps. »

Cependant, alors que la chambre du clergé ratifie la proposition de Necker, celle de la noblesse la discute âprement pour ne l'accepter finalement qu'au prix d'amendements dilatoires, qui déguisent un refus.

Que dit notre Duquesnoy de tout cela? Rien de bon, on

s'en doute. Atterré, effondré, indigné, la tête en quatre, Duquesnoy! Comme d'habitude, il bougonne contre ses collègues babillards, l'« extrême désordre », le « mauvais esprit », le tapage des furieux qui empêche « les gens sages et modérés » de s'exprimer. A preuve, le doyen Bailly, « si supérieur dans tous les genres de mérite », et qui, nonobstant, se fait chahuter. Mais le pire est l'attitude de la noblesse : une intransigeance inacceptable! Et notre député de Bar-le-Duc si mesuré d'écrire : « Il est temps sans doute que le Tiers prenne enfin la place qui lui convient, et où l'appellent à la fois son honneur et son devoir. »

Le 6 juin, l'Assemblée reçoit une délégation du clergé, conduite par l'évêque de Nîmes, qui donne lecture d'une délibération sur la cherté des grains et la misère du peuple. Le clergé proposait aux deux autres ordres de créer une commission qui s'attellerait à ce rude problème. De fait, la situation devenait inquiétante et la colère des misérables risquait d'éclater. Aussi était-il difficile de refuser la proposition présente, sous peine d'être déconsidéré dans l'opinion populaire. Mais on dénonça aussitôt la manœuvre, le « coup de politique ». Là-dessus, le député qui répondait au nom de Populus (cela ne s'invente pas) démonta le stratagème : d'une part, par cette démarche, le clergé voulait mettre le peuple de son côté; d'autre part, il différait la volonté de l'Assemblée de se constituer. En refusant, on s'aliénait l'esprit public qui accuserait les Communes d'indifférence aux malheurs publics; en acceptant, on remettait aux calendes le grand acte politique par lequel l'Assemblée s'occuperait de la Constitution : « L'astuce est adroite; on reconnaît là le clergé. Depuis plus de huit cents ans, il a toujours tenu la même conduite. » Donc, avant de répondre quoi que ce soit, on devait demander au clergé de se joindre aux Communes. Et aussi de suggérer aux évêques de renoncer à leur luxe, à leurs carrosses, à leurs chevaux, et, s'il le fallait à la fin, le clergé pourrait, pour secourir les pauvres, s'aviser de vendre un quart de ses biens!

On débat, on vote un texte, et l'on dépêche Bailly et quelques autres pour apporter au clergé la réponse des Communes adoptée à l'unanimité des députés levés. Les malheurs publics, qu'on en soit convaincu, les émeuvent « jusqu'aux larmes ». Aussi, pour prendre de fermes résolutions, que le clergé vienne les rejoindre dans la salle commune! Le 8, celui-ci n'avait pas donné sa réponse sur ce point. En revanche, sa proposition initiale était bien reçue par la cour. Le roi exprima lui-même son accord. La ruse dénoncée à l'Assemblée risquait de réussir. Le 9 juin, le procès-verbal des conférences était clos : les trois ordres ne s'étaient toujours pas mis d'accord sur la question préalable de la vérification des pouvoirs; la noblesse était restée irréductible. Dès lors, on ne pouvait plus lanterner.

Le lendemain, 10 juin, Mirabeau, alertant ses collègues sur le danger auquel ils s'exposaient s'ils ne prenaient pas un « parti décisif », laissait la parole à l'abbé Sieyès. L'heure du doctrinaire était à son tour arrivée. Élu à Paris le 19 mai, il n'était à Versailles que depuis peu. Dès le 27, il avait rédigé la première version de l'adresse au clergé pour qu'il se joignît au Tiers. Paul Bastid, son biographe, nous le décrit en train de négocier, au cours de ces journées de surplace irritant, avec Clermont-Tonnerre, membre de la minorité de la noblesse. D'autre part, Sieyès entretenait des relations étroites avec Mirabeau, qui venait de l'introduire théâtralement à la tribune. Le député d'Aix avait eu ce mot naguère : « C'est avec ses idées et ma parole que nous changerons la France. » Ils avaient à peu près le même âge. Laids tous les deux. Mais autant Mirabeau exposait une laideur fascinante qui ne le desservait pas auprès des femmes, autant Sieyès était privé de tout avantage dans le commerce qu'il eût pu avoir avec elles. L'un était un fauve destiné au soleil de l'arène; l'autre n'était qu'un chat maigre voué aux combats de l'ombre. Mirabeau était doué d'une éloquence innée qui électrisait son auditoire; Sieyès ne disposait que d'une voix sans portée, inaudible dans les rangs reculés. Avant la convocation des États généraux, ce dernier s'était rendu célèbre par ses pamphlets. Dans cette immense Assemblée, il ne pouvait profiter des mêmes armes. C'est pourquoi le parrainage de Mirabeau à la tribune lui était utile. Mme de Staël, qui voit dans leur complémentarité la raison de leur complicité sans jalousie, écrivait : « Mirabeau qui savait tout et qui prévoyait tout, ne voulait se servir de son éloquence foudroyante que pour se faire place au premier rang, d'où son immoralité l'avait banni. Sieyès était l'oracle mystérieux des événements qui se préparaient; il a, on ne saurait le nier, un esprit de la première force et de la plus grande étendue; mais cet esprit a pour guide un caractère sujet à l'humeur, et, comme on pouvait à peine arracher de lui quelques paroles, elles comptaient par leur rareté même comme des ordres ou des prophéties. »

La tribune n'était qu'un bureau; Sieyès y monta, contrairement à la plupart de ses collègues qui parlaient encore de leur place. Le discours qu'il prononça était d'une belle fermeté. Il fallait sortir de cette impasse où l'on était depuis plus d'un mois, disait-il en substance. Puisque la noblesse refusait l'ouverture et la conciliation, il n'était plus d'autre parti que de « sommer les membres des chambres privilégiées » de se rendre dans la salle commune. Sieyès avait préparé le texte d'une motion dont il donna lecture. Prenant acte des intransigeances de la noblesse, il réclamait que tous les représentants de la nation se réunissent en « assemblée active ». En attendant, les commissaires qui ont suivi les conférences conciliatoires étaient invités à écrire le récit des séances pour témoigner comment les représentants des Communes s'étaient livrés à de vains efforts pour « amener les classes des privilégiés aux vrais principes ». Donc une dernière invitation était faite aux députés des deux premiers ordres de se joindre à ceux du Tiers pour une vérification commune des pouvoirs. Dans le délai d'une heure, on procéderait à l'appel général de tous les bailliages.

On applaudit et on délibéra. Target reçut des ovations supérieures, pour avoir dit la même chose que Sieyès, mais avec une voix plus forte. On proposa quelques amendements. Sieyès accepta de remplacer dans son texte le mot « sommation », trop juridique, par ceux de « dernière invitation ». On troqua aussi l'« heure » contre « le jour ». On mit aux voix. La motion de l'abbé fut définitivement votée le lendemain. Le 12, elle était communiquée aux deux autres ordres; le soir même, l'appel des bailliages commença. Le 13, première brèche : trois curés du Poitou vinrent rejoindre le Tiers. Ce fut un moment d'enthousiasme. Rien que trois curés, mais c'était le début de la fin.

XIV

LA NAISSANCE DE L'ASSEMBLÉE NATIONALE (17 JUIN 1789)

Les représentants du Tiers État s'étaient donc appliqués à la vérification des pouvoirs, bailliage par bailliage; l'opération était achevée le 15 juin, tandis qu'une douzaine de curés étaient venus se joindre les uns après les autres aux Communes. Chacun de ces ralliements était accueilli par une chaleureuse approbation. Notons que le Tiers, dans sa résolution, bénéficiait d'un atout matériel qui avait pris force symbolique. Tandis que les deux autres ordres siégeaient en des chambres séparées, prévues à cet effet, ses propres députés étaient restés dans la grande salle des Menus, là où avait eu lieu la cérémonie d'ouverture, là où s'entassaient des milliers de spectateurs, là où normalement devaient se dérouler les débats communs. Le ministère, de son propre point de vue, avait commis une faute dans cette répartition des locaux : rejoindre les représentants du Tiers s'imposait comme une évidence logique. Pour ne leur avoir pas attribué de salle spécifique, Necker avait permis d'attirer les regards vers des bancs vides et encouragé le désir de les voir occuper. La séparation des ordres avait pris, par cette topographie, un caractère encore plus incongru. Sommés d'en finir avec elle, le clergé et la noblesse s'éternisaient à ne rien décider.

Le lundi matin 15 juin, alors qu'un nombreux public s'entassait dans les galeries, et après qu'on eut entendu un nouveau curé – cette fois, celui de Grasse – expliquer son adhésion, l'abbé Sieyès aborda le premier la grande question qui devait, pendant trois jours, inspirer le débat le plus intéressant et le plus passionné qui ait eu lieu depuis la convocation des États généraux. La vérification des pouvoirs étant faite, il importait de se constituer sans délai en Assemblée : les représentants des « quatre-vingt-seize centièmes au moins de la nation » la composaient déjà et pouvaient, et eux seuls, interpréter et présenter la « volonté générale de la nation ».

Là-dessus, tout le monde dans la salle était d'accord en apparence, mais Sieyès ajoutait deux autres propositions qui allaient provoquer la mêlée. D'abord, il récusait toute espèce de veto entre le trône et l'Assemblée. Ensuite, il proposait, pour celle-ci, la dénomination d'« Assemblée des représentants connus et vérifiés de la nation française », la seule possible à ses yeux, dans « l'état actuel des choses ». Mirabeau aussitôt jeta toute son éloquence contre cette double idée, dans un discours ardemment modéré.

Où en était-il à l'heure présente? Déjà le bruit courait, comme en témoigne le Journal de Duquesnoy, qu'il s'était « vendu » au ministère. En fait, s'il avait bien tenté une démarche auprès de Necker, il n'en était encore rien sorti. L'entourage du roi méprisait le « comte plébéien », et le ministre avait fait montre à son endroit d'une froideur désarmante. Cependant, Mirabeau n'était pas isolé. Entouré d'un véritable *brain trust* où l'on trouvait le marquis de Cazeaux, Duroveray, Clavière et quelques autres Genevois bannis, publicistes pénétrés des « idées anglaises », il ne laissait pas le soin de ses discours au seul ressort de ses improvisations. La réponse qu'il opposa à Sieyès était solidement argumentée. L'orateur la plaça sous les auspices de la raison politique, la « prévoyance de l'habileté », le refus d'une précipitation dangereuse. Nous avons tous le même but, disait-il en substance, c'est de donner à la France une Constitution, envers et au besoin contre les classes privilégiées. Seulement, il fallait pour cela suivre une ligne qui mît l'Assemblée hors de tout danger de dissolution.

En premier lieu, on ne pouvait se passer de la *sanction royale*. Sans celle-ci, on risquait non seulement la dissolution mais tout ce qui s'ensuivrait, l'anarchie et finalement le despotisme auquel elle conduit. Donc, il fallait prendre un titre qui n'effrayât point. Mirabeau l'avait trouvé : *Assemblée des représentants du peuple français*. L'expression était suffisamment élastique pour ne pas décréter l'irréparable, elle évitait « les chocs dangereux ». Là-dessus, Mirabeau proposait une série de résolutions constitutives de l'Assemblée, non sans donner une petite leçon de réalisme à son ami Sieyès, qu'il voulut faire passer pour un excellent philosophe mais un piètre politique : « Le métaphysicien, voyageant sur une mappemonde, franchit tout sans peine, ne s'embarrasse ni des montagnes, ni des déserts, ni des fleuves, ni des abîmes; mais quand on veut réaliser le voyage, quand on veut arriver au but, il faut se rappeler sans cesse qu'on marche sur la terre, et qu'on n'est plus dans le monde idéal. »

C'est dans un semblable état d'esprit mais en faveur d'une autre dénomination qu'intervint Mounier, qui, appuyé par son ami Barnave, suggérait, lui : *Assemblée légitime des représentants de la majeure partie de la nation, agissant en l'absence de la mineure partie*. C'était une façon subtile de faire reconnaître implicitement les deux chambres à l'anglaise. Thouret, qui appuyait cette proposition, dénonça l'ambiguïté du mot « peuple » avancé par Mirabeau : c'était trop dire ou pas assez. Trop, si « peuple » était pris dans le sens de *populus*, et alors c'était toute la nation; pas assez, s'il voulait dire *plebs*, ce qui était nous faire revenir aux ordres séparés. Outre la nuance péjorative du mot qui déplaît à beaucoup, le terme trop équivoque pouvait laisser entendre que l'Assemblée restait celle du Tiers État.

Mirabeau reprit la parole pour balayer toutes ces objections : « Cette qualification du peuple français, je l'adopte, je la défends, je la proclame, par la raison qui la fait combattre. Oui, c'est parce que le nom du peuple n'est pas assez respecté en France, parce qu'il est obscurci, couvert de la rouille du préjugé; parce qu'il nous présente une idée dont l'orgueil s'alarme, et dont la vanité se révolte; parce qu'il est prononcé avec mépris dans les chambres des aristocrates. C'est pour cela même que nous devons nous imposer non seulement de le relever, mais de l'ennoblir, de le rendre désormais respectable aux ministres, et cher à tous les cœurs. »

Comme le lui reprochera Sieyès, qui avait été titillé sur sa « métaphysique », Mirabeau n'ajoutait que de la rhétorique à sa démonstration. Cependant, l'argumentation de Mirabeau en faveur du veto royal était plus forte et méritait d'être méditée : « Pour moi, messieurs, je crois le veto du roi tellement nécessaire, que j'aimerais mieux vivre à Constantinople qu'en France, s'il ne l'avait pas : oui, je le déclare, je ne connaîtrais rien de plus terrible que l'aristocratie souveraine de six cents personnes qui, demain, pourraient se rendre inamovibles, après-demain héréditaires, et finiraient, comme les aristocrates de tous les pays du monde, par tout envahir. »

Michelet se montre sévère à ce propos (« *Le roi! Le roi!* pourquoi abuser toujours de cette vieille religion? »). Pourtant, sans citer le nom de Montesquieu, Mirabeau avait défendu le principe de la séparation des pouvoirs : là où le pouvoir arrête le pouvoir, là est la liberté. Si le pouvoir de l'Assemblée n'a pas besoin de la sanction royale, tout lui est permis. « Interprète de la volonté générale », selon l'expression de Sieyès, cette assemblée était en mesure d'imposer une nouvelle forme de despotisme, si rien ne devait balancer ses attributions. Le conflit du libéralisme et du jacobinisme était en germe; Mirabeau en avait une intuition prémonitoire. Quand bien même ses propos eussent été intéressés, ceux-ci n'en étaient pas moins une mise en garde qui prend, avec le recul, une pertinence historique. Pour l'heure, néanmoins, ses prudences passaient aux yeux de beaucoup pour de la trahison : le roi ne disposait-il pas de la force armée?

Malouet, qui parla après le député d'Aix, inclina un peu plus les députés à conclure que Mirabeau avait « pactisé », comme l'écrit Duquesnoy. Malouet, en effet, passait, à juste titre, pour un ami de Necker, son porte-parole en quelque sorte : « Tout ce qui vient de lui est naturellement suspect », note Duquesnoy. Or Malouet intervient surtout pour éviter la scission des trois ordres, défendre la sanction royale, concluant que « représentants du peuple » ou « représentants de la majeure partie de la nation », c'est tout un, que les deux désignations lui conviennent, parce qu'elles nous maintiennent dans le mandat initial, celui de « députés des Communes ».

Au cours de la séance qui se poursuit le lendemain 16 juin, plusieurs orateurs se prononcent contre Mirabeau. Celui-ci, déjà atteint par la maladie qui va l'emporter, fait front avec la vigueur que lui laissent encore ses débauches (« Ses nuits tuaient ses jours », écrit Michelet). Le voici, dans une ultime plaidoirie, faisant valoir à ses collègues tout ce qui les unit et le peu qui les divise. Il répertorie quatre points d'accord fondamentaux : 1. Nous sommes tous décidés à nous constituer promptement en assemblée active. 2. Notre assemblée n'est et ne peut être les États généraux. 3. Il nous faut trouver une autre dénomination. 4. Nous voulons éviter toute scission, tout veto des ordres privilégiés.

Précisément, c'est pour éviter le veto aristocratique qu'il faut défendre le veto royal! Quant à notre désaccord sur la dénomination à donner à l'Assemblée, ce que je vous propose, dit-il, c'est la plus simple, les autres désignations sont longues, inintelligibles pour la plupart de nos concitoyens. Et Mirabeau, en possession de toute sa verve, d'entonner de nouveau les mérites du mot « peuple » afin de persuader ses collègues. Mais il en fait trop. On commence à murmurer; on s'agite; on se plaint; on crie : « Aux voix! aux voix! » La salle, aiguillonnée par les spectateurs qui ne restent pas muets, paraît vouloir délibérer sur les diverses résolutions présentées. Alors Sieyès tout à trac reprend la parole. L'auteur de la première motion dit s'être ravisé. Il propose de substituer à la dénomination de *représentants connus et vérifiés de la nation*, le titre lapidaire d'*Assemblée nationale.*

C'est un coup de barre, suivi d'un coup de fièvre. Certes, l'expression n'est pas nouvelle. Elle avait été employée avant les élections. Il est piquant de savoir que Mirabeau lui-même avait remercié Sieyès de ses brochures, en février 1789, par ces mots : « Il y a donc un homme en France! Et certes un homme appelé à nous servir de guide dans l'*Assemblée nationale* qui va décréter notre destinée. » Au cours du débat, un député du Berry, Legrand, avait proposé la formule. Mais son intervention n'avait provoqué aucun intérêt sur le coup. Le soir, cependant, l'expression avait pris faveur au Club breton, où se réunissaient de nombreux députés, et dans la foule du Palais-Royal. On reprochait à Sieyès d'être resté en deçà de ses anciennes déclarations. De fait, n'avait-il pas écrit dans sa célèbre brochure sur le Tiers État que celui-ci était « la nation », et qu'en cette qualité « ses représentants form(ai)ent toute l'Assemblée nationale »? N'avait-il pas déjà répondu à l'objection selon laquelle le

Tiers ne pouvait pas être à lui seul les *États généraux* : « Eh! tant mieux! il composera une *Assemblée nationale.* » Ainsi défié, Sieyès, le lendemain, sans effet d'éloquence, comme s'il avait corrigé une formule par une autre sans que cela prête à conséquence, avait présenté de nouveau son projet de résolution devant ses collègues, en y glissant cette variante, mine de rien.

Peut-être l'abbé Sieyès, en bon stratège, n'avait-il pas voulu asséner tout de suite, à la face de ses collègues, une motion contenant une formule trop forte qui les eût intimidés; peut-être, est-ce lui-même qui avait lancé Legrand, avant de reprendre la formule à son compte. En tout cas, le modéré Duquesnoy est entré d'enthousiasme dans les vues de Sieyès. Pourtant, une forte minorité a protesté, en voulant prolonger la discussion. Duquesnoy rapporte à ce sujet un incident qui inquiète. Dans le tumulte qui mettait aux prises ceux qui voulaient voter, ceux qui voulaient continuer la discussion, ceux qui voulaient clore la séance, une voix s'est fait entendre, un cri impérieux: « Assis, les bons citoyens! » Or, à peu près quatre cents personnes se sont assises incontinent; quatre-vingts sont restées debout. A celles-là, le public crie de sortir. La minorité faisait de l'obstruction, mais la distinction entre les *bons* citoyens et les autres aurait pu donner l'alarme : la liberté des débats et la neutralité du public étaient devenues sujettes à caution.

Notre député de Bar-le-Duc, qu'on devine avoir été de la majorité des « assis », rapporte toutefois ceci le 17 juin : « L'intérêt que prend le public aux discussions des Communes est vraiment inconcevable. Hier, plusieurs personnes ne sont pas sorties de la salle de toute la journée; la cour, les vestibules sont remplis, et des femmes, jeunes, très belles, faites pour d'autres plaisirs, animent par leurs discours et leurs regards le patriotisme de ceux qui pourraient avoir besoin d'être excités par autre chose que par l'importance de l'objet. » Qui plus est, un début de terrorisme commence à s'instaurer sur la minorité. Des listes circulent dans le public. La maison d'un député de Paris, défavorable à la motion de Sieyès, est à deux doigts d'être incendiée. Conclusion redoutable de Duquesnoy, exprimant déjà le pouvoir de la peur : « Il faut être de la plus grande circonspection, et, lorsqu'on n'est pas de l'avis du grand nombre, peut-être vaut-il mieux se taire que de heurter sans espoir de succès et en se compromettant personnellement. »

Heureusement, un premier frein est mis à ce mécanisme impitoyable par Bailly. Alors qu'on lui demandait d'exiger les signatures des membres en faveur de la motion qui devait l'emporter, le doyen avait répondu que sa signature et celles des secrétaires suffisaient, parce qu'elles représentaient l'Assemblée unanime. On évita ainsi de mettre au pilori les quatre-vingt-dix députés, parmi lesquels Malouet et Target (Mirabeau ne prit pas part au vote) qui repoussèrent, le 17 juin, la résolution de Sieyès. Par quatre cent quatre-vingt-onze voix, les Communes devenaient l'*Assemblée nationale*, Mme de Staël en apprécia la puissante nouveauté : « Ce décret, dit-elle, était la révolution elle-même. »

L'Assemblée nationale constituée restait ouverte aux députés des autres ordres qui voudraient la rejoindre. En attendant, on organisa la prestation de serment. Six cents députés, la main levée, entourés de trois mille spectateurs immobilisés dans un silence religieux, déclarèrent : « Nous jurons et promettons de remplir avec zèle et fidélité les fonctions dont nous sommes chargés. » Puis, sous la présidence de Bailly, qu'on avait réélu, les députés entrèrent en exercice par une première délibération. La question financière les avait créés; ils délibérèrent sur la question financière. En termes royaux : « L'Assemblée *entend et décrète...* » En attendant la réforme, elle autorisait la perception *provisoire* des anciens impôts, se portait garante de la dette publique, en même temps qu'elle décidait la mise en place d'une commission aux fins de rechercher les meilleurs moyens d'action contre la disette et la misère.

Un peu plus tard, tandis qu'on attendait le retour d'une délégation qui mettait au point l'adresse qu'on voulait faire au roi, un député de Paris s'employa à dénoncer les conditions malsaines du travail de l'Assemblée, l'air pestilentiel de la salle, l'inconfort des banquettes, l'insalubrité générale dans laquelle avaient lieu les débats. L'homme était médecin à Paris. Il était destiné à devenir l'hygiéniste de la Révolution. On le chargea « avec empressement » de présider « à tous les changements nécessaires ». Il s'appelait Joseph Guillotin.

XV

LE SERMENT DU JEU DE PAUME (20 JUIN 1789)

Le Tiers État devenu Assemblée nationale! Necker est profondément choqué, mais le Genevois se refuse à l'usage de la force. Le secrétaire d'État Puységur fait concentrer des troupes autour de la capitale. Lui met ses espoirs dans une intervention du roi; il s'emploie à en peaufiner le contenu. L'Assemblée, elle, n'a pas siégé le 18: la procession du Saint-Sacrement oblige – les députés y ont du reste pris part. La voici qui se retrouve le vendredi 19 juin. Libre? Oui, point de baïonnettes en vue.

Décidés à rattraper le temps perdu, on discute l'organisation de comités destinés à préparer le travail de l'Assemblée. On veut montrer d'emblée à la nation qu'un souci immédiat unit tous les esprits: trouver une solution à la cherté des grains, à la disette, aux misères du peuple, de sorte que le premier des quatre comités qu'on résout de mettre en place est le comité de subsistances. Un débat s'engage aussitôt sur les remèdes à inventer, au cours duquel Barère, député de Tarbes, donne carrière à son éloquence.

Ce discours est exemplaire par le ton, par le style. En quelques semaines, la Révolution en marche a trouvé ses accents. L'immensité de la salle, la difficulté de s'y faire entendre sans forcer la voix, le contexte dramatique des délibérations, les stridulations d'un public qui manifeste comme à l'Opéra, la crainte éventuelle de l'intervention armée, le sentiment largement partagé qu'on accomplit des actes fondateurs et qu'on œuvre ainsi pour l'humanité entière, tout porte l'orateur à la déclamation et à la recherche des formules choc. L'emphase, qui nous est devenue insupportable aujourd'hui parce que les moyens modernes de communication autant que le scepticisme ordinaire nous incitent à la mesure, s'impose alors, toute naturelle, à l'homme de la tribune.

Remarquons ainsi l'usage qui devient habituel de l'impératif à la première personne du pluriel : « *Mettons-nous* dans une infatigable activité... », « *unissons* nos travaux aux sollicitudes du roi », « *montrons-nous* dignes... », etc. La force entraînante de la conviction s'allie au souci de la volonté générale. Point de partis, point de sections, point de factions : un « *nous* » impérieux commande à l'œuvre nationale. Et déjà, dans ce discours, pointe la dénonciation du complot auquel se livre la « minorité des ennemis du peuple, des ennemis de l'humanité », qu'il faut frapper. Barère propose qu'on aille fouiller les couvents, les maisons, les communautés, en vue de la perquisition. Il se rend compte des dangers qu'une telle décision ferait courir à la liberté; il s'en défend au nom de l'exception : « Cette espèce d'inquisition serait sans doute effrayante si elle était érigée en loi; mais il est des moments, il est des crises dans lesquelles il faut, pour le salut public, violer un instant les lois générales. » La motion présentée par Barère est renvoyée au comité des subsistances, mais l'avocat de Toulouse avait donné le *la*.

Pendant ce temps, le clergé, mis au pied du mur par la constitution de l'Assemblée nationale, discute son ralliement. Un premier vote ne dégage aucune majorité absolue entre les partisans de la vérification commune et les partisans d'une chambre du clergé séparée : une troisième motion rassemble, en effet, une douzaine de voix, appartenant à des élus favorables à la première moyennant la reconnaissance et la distinction préalable des ordres. En se ralliant à cette proposition, les membres du clergé inclinant pour le Tiers mettaient finalement en minorité les irréductibles. Cent quarante-neuf voix se prononcent pour l'arrêté suivant : « La pluralité du clergé assemblé est d'avis que la vérification des pouvoirs soit faite dans l'Assemblée générale, sous la réserve de la distinction des ordres, réservés de droit. »

Et la noblesse? Refusant le fait accompli, malgré une minorité de quatre-vingts membres environ prêts à suivre l'exemple du clergé, elle vote une adresse au roi, exprimant sa protestation et l'encourageant implicitement à la résistance. Elle n'a fait, elle, qu'obéir au souverain et aux lois traditionnelles du royaume. Elle continuera! C'est entre les mains du roi qu'elle place tous ses espoirs. Au matin du samedi 20 juin, elle commence à croire à la contre-offensive de la cour : lorsque les députés de l'Assemblée veulent prendre place dans la grande salle, ils se heurtent aux portes closes. Des hérauts d'armes parcourent les rues, pour annoncer que, en raison de la séance royale décidée par le souverain pour le lundi suivant, les préparatifs interdisent l'accès aux trois salles de réunion; les assemblées des trois ordres sont suspendues jusqu'à ladite séance. Les bâtiments sont placés sous la protection d'un détachement de gardes-françaises, lorsque vers neuf heures Bailly se présente accompagné de deux secrétaires. L'officier de garde lui signifie l'ordre du roi, Bailly proteste. Le militaire l'informe cependant qu'il peut, avec ses adjoints, aller prendre ses papiers s'il le veut. Le président de l'Assemblée et les secrétaires pénètrent donc seuls dans la grande salle, qu'ils découvrent sens dessus dessous, livrée aux ouvriers et aux soldats. Aux portes de l'hôtel des États, une foule grossit autour des députés qui piétinent, qui pestent, qui colloquent par groupes sur la décision à prendre, les plus hardis voulant entraîner leurs collègues à Marly, à tenir leur séance « aux pieds même du château »...

Pendant ce temps, Bailly s'est affairé. A ses yeux, le roi n'avait pas le droit de suspendre une séance de l'Assemblée décidée par elle-même. Une solution est trouvée : il propose à ses collègues de se rendre à la salle du Jeu de Paume, rue du Vieux-Versailles. On avait donc rejeté le veto royal spontanément. On prête au célèbre astronome une de ses maximes appelées à être gravées dans la pierre et le bronze. A l'officier qui faisait barrage tout à l'heure, il aurait répondu : « Je crois que la nation assemblée ne peut pas recevoir d'ordres. » Une formule directement inspirée du *Contrat social*. Mais à coup sûr, il était moins grave pour Bailly de rester près du roi que de se réunir à Paris, comme Sieyès semble l'avoir conseillé.

Le lieu d'élection est sans majesté, mais l'événement va transfigurer ses murs sales, sur lesquels va retentir une parole sacrée et quasi unanime. Mounier, en effet, dès que les députés sont entrés, demande que les représentants de la nation se lient « au salut public et aux intérêts de la patrie par un serment solennel ». La proposition provoque des applaudissements enthousiastes. Le président, reprenant le texte lu par le député du Dauphiné mais ramassé dans une formulation plus concise et plus percutante (Sieyès et Target semblent y avoir collaboré), demande à prêter serment le premier, suivi de ses secrétaires. La salle s'est figée dans le silence. Dans ce gymnase dépourvu de mobilier, on a apporté une table. Bailly y monte, lève la main et fait entendre les mots du pacte solennel : « Nous jurons de ne jamais nous séparer de l'Assemblée nationale et de nous réunir partout où les circonstances l'exigeront, jusqu'à ce que la Constitution du royaume soit établie et affermie sur des fondements solides. »

A sa suite, tous les membres de l'Assemblée en rébellion viennent prêter serment entre ses mains, à l'appel des bailliages, des sénéchaussées, des provinces et des villes. Mais voici que dans ce grand moment, immortalisé par la peinture de David et par tous les manuels scolaires qui en ont fait un acte de fierté légitime pour le peuple français, un incident se produit qui gâte la pompe de la cérémonie improvisée. Quand bien même on est ému, deux siècles après, du spectacle auguste que les députés de l'ex-Tiers État offrent d'eux-mêmes à l'histoire, doit-on dissimuler ce grain de poussière qui nous interdit une adhésion sans nuance? L'un d'eux, Martin d'Auch, bailliage de Castelnaudary, que David peindra recroquevillé sur sa chaise, les mains croisées sur la poitrine, signe dans le registre, une fois son tour venu : *opposant*. Armand Camus, député de Paris, en informe aussitôt l'Assemblée, laquelle manifeste son indignation. Bailly demande à l'insoumis ses raisons, Martin explique qu'il ne peut jurer d'exécuter des délibérations qui n'ont pas la sanction royale. Le président échouant à convaincre l'opposant, l'Assemblée finalement s'en félicite : du moins aura-t-il été prouvé que cette prestation de serment s'est déroulée dans la liberté de tous. Mais est-ce tout à fait certain? Voyons ce qu'en dit dans son Journal notre député témoin, l'homme de la majorité silencieuse, Duquesnoy le prudent.

Eh bien, dans sa relation de la séance « historique », notre chroniqueur est loin de faire le brave. Ce serment? Un peu vite prêté tout de même! Et le roi dans tout cela? Supposons qu'il prenne le parti de la noblesse. Alors le royaume sera « inondé de sang »! Mais s'il se range à l'avis des Communes, il cessera *ipso facto* d'être le souverain. Qu'adviendra-t-il alors? Duquesnoy est horrifié par le cours des idées, « les propositions incendiaires », le déchaînement des passions. Il dénonce, sans donner de noms, « une dizaine de personnes dévorées par une ambition profonde » qui entraînent le reste à l'abîme. Pourquoi les autres suivent-ils ces « quelques scélérats »? Humble réponse de Duquesnoy : la timidité! Il ne dit pas : « la peur », mais il le pense visiblement.

Qui lui fait peur? Le peuple, pardi! qui « maltraite », qui « insulte » ceux qui lui désignent les chefs de parti. Dans un Paris où la fièvre monte un peu plus chaque jour, et qui n'est pas si loin de Versailles, on sent la foule capable des « plus terribles excès ». Aussi quand ce Martin d'Auch signe son refus, Duquesnoy est atterré. Une « folie »! A ses yeux, « il valait mieux ne pas signer que signer *seul* avec protestation dans une assemblée excessivement intolérante, où les opinions ne sont pas libres, où l'on tient note de ceux qui ont eu un avis différent de celui de la majorité pour les diffamer, où la modération est un crime... » Le député barrois ne se grandit pas, en avouant sa couardise, mais son avis donne à réfléchir.

Certes, ce genre d'incident peut être grossi démesurément; on peut le donner comme preuve d'une terreur installée avant la Terreur. Taine, dans ses révulsions épidermiques, monte en épingle cet épisode, évoquant ce Martin d'Auch dénoncé, hué, obligé de se sauver par une porte dérobée pour n'être pas mis en pièces par le public, et préférant ne plus revenir en séance pendant plusieurs jours. Pour lui, Taine, il y a trente membres de l'Assemblée qui tiennent tout en main, font la pluie et le beau temps, de concert avec un public toujours menaçant, n'hésitant pas à interpeller les députés, et même à lever la main sur les récalcitrants à la sortie de la salle. Mais voici comment on écrit l'histoire : tandis que Taine est incapable de saisir la grandeur du serment prêté au Jeu de Paume, Michelet, lui, ignore superbement le détail Martin d'Auch : « Ce jour, écrit-il, il n'y eut plus d'opposant; l'Assemblée fut une, de pensée et de cœur.» Rien, pas un mot sur le couac.

A l'évidence, Michelet saisit mieux que Taine le sens de la journée, en mettant bien en relief que l'inspirateur du serment a été Mounier, un modéré, un monarchiste bon teint, un partisan du bicamérisme. Et ce futur exilé de 1792, repensant plus tard au Jeu de Paume, écrira en substance: «Non, rien de rien, je ne regrette rien.» Le serment reflétait bien la majorité. Duquesnoy lui-même, du reste, met sur «la maladresse inconcevable» du ministère tout ce qui arrive. Reste que l'impératif de l'unanimité, issu de la théorie de la volonté générale et favorisé par la pression publique, tendrait à devenir une règle, et l'opposition, l'aveu d'une trahison. Sans doute faut-il se garder d'anticiper: les représentants de la nation sont encore libres, quoi qu'en dise Duquesnoy. Mais à l'inverse, gare aux images d'Épinal qui voudraient nous enseigner une histoire de cristal! A la fin d'un siècle qui fut aussi intolérant et fanatique que le nôtre, nous sommes devenus vigilants...

Le lundi 22 juin, à huit heures du matin, des hérauts d'armes proclament le renvoi de la séance royale au lendemain. Cet ajournement imprévu va permettre à l'Assemblée nationale de renforcer sa légitimité, en accueillant les membres majoritaires du clergé qui ont décidé la vérification commune de leurs pouvoirs. Cette fois, les députés ont pris place dans un lieu plus confortable, qui dispose de chaises et de bancs: l'église Saint-Louis, où avait eu lieu la cérémonie d'ouverture des États généraux. On a dû renoncer au Jeu de Paume; le maître de la salle a eu peur des princes: le comte d'Artois, la veille, à Marly, n'avait-il pas déclaré devant la cour qu'il viendrait y jouer le lendemain? Vers deux heures, les cent quarante-neuf membres du clergé majoritaires prennent place dans le chœur de l'église. A l'appel de leurs noms, on applaudit particulièrement l'archevêque de Bordeaux, l'évêque de Chartres, l'archevêque de Vienne... C'est celui-ci qui va prendre la parole au nom de ses collègues: «Messieurs, nous venons avec joie exécuter l'arrêté pris par la majorité des députés de l'ordre du clergé aux États généraux. Cette réunion qui n'a aujourd'hui pour objet que la vérification commune des pouvoirs est le signal, et je puis dire, le prélude, de l'union constante qu'ils désirent avec tous les ordres et particulièrement avec celui de messieurs les députés des Communes. »

Le président Bailly improvise une réponse en forme : « La France bénira ce jour mémorable... ce jour est un jour de bonheur pour l'Assemblée nationale... » Target, qui manque rarement l'occasion d'engerber des phrases, évoque la symbolique des lieux : « La Providence semble avoir voulu rendre (ce jour) plus solennel en convertissant le temple de la religion en temple de la patrie, etc. »

Arthur Young, visitant la France pour la troisième fois, s'est mêlé à la foule qui avait envahi et entouré Saint-Louis, à Versailles. Il a été frappé par l'anxiété visible sur chaque visage. Pour lui, qui connaît l'histoire des révolutions anglaises, l'abcès est mûr. Les Communes, en agissant dans la pleine indépendance, « se sont transformées en Long Parlement de Charles Ier. Il n'est pas nécessaire, ajoute-t-il, d'être très perspicace pour voir que, si leurs déclarations et leurs prétentions ne sont pas réduites à néant, le roi, la noblesse et le clergé seront privés, en France, de toute autorité législative ». Le roi, l'armée, les parlements ne peuvent donc pas laisser faire. Mais la couronne peut-elle encore avoir une « attitude de fermeté, tout en adoptant un système perfectionné de liberté, comme c'est absolument nécessaire en ce moment »? Young est sceptique : « Tout bien considéré, c'est-à-dire connaissant le caractère des gens qui sont au pouvoir, il ne faut espérer ni un plan bien étudié, ni une ferme exécution. »

Tout allait donc se jouer dans la séance royale du 23 juin. Pendant plusieurs jours, Louis XVI et ses ministres l'ont préparée. Tout le monde l'attend avec inquiétude. Necker aura-t-il su conseiller le roi, lui éviter le pire? Mais, le soir du 22, le bruit court que son plan de conciliation a été rejeté par le monarque. Alors, si le comte d'Artois avait eu le dernier mot, n'allait-on vers un coup d'État contre l'Assemblée? Duquesnoy aurait-il pu reprendre son antienne : « Mon Dieu! qu'allons-nous devenir? » Mais ce soir-là il n'écrit rien, se contentant de trembler, sans doute.

XVI

LA CONTRE-OFFENSIVE ROYALE (23 JUIN 1789)

En ce matin du mardi 23 juin, il pleut sur Versailles. De bonne heure, l'hôtel des États a été entouré par une garde nombreuse qui contrôle tout le quartier; des barrières ont été dressées pour interdire l'accès de la salle au public. Les députés du Tiers sont entrés deux par deux, soigneusement filtrés, après que les représentants des deux autres ordres eurent pris place. Le président Bailly, témoin de l'irritation provoquée par cette longue attente subie par ses collègues, en grande partie sous la pluie, fait ses remontrances à M. de Brézé, maître des cérémonies. Tout semble avoir été organisé, y compris les rigueurs du ciel, pour humilier ceux qui ont eu l'audace de se constituer en Assemblée nationale.

Vers onze heures, le roi est sorti du château, précédé et suivi des attributs de sa majesté : la fauconnerie, les pages, les écuyers, sans oublier quatre compagnies de gardes du corps. De cet équipage faisaient partie les princes du sang, les ducs et pairs, les capitaines des gardes, qui sont tous entrés dans la salle avec le souverain, tandis que les députés se sont levés en silence. Quand tout le monde se fut rassis, on constata un tabouret vacant à la table des ministres placée au bas de l'estrade où le roi avait pris place : c'était celui de Necker.

Celui-ci, ulcéré par le refus du plan de conciliation qu'il avait proposé au roi, avait préféré s'abstenir de paraître et se tenait prêt à donner sa démission. Pourtant son projet semblait avoir reçu dans un premier temps l'agrément du roi et du Conseil. Le manuscrit des déclarations royales préparées par lui a disparu dans la tourmente révolutionnaire : on doit donc en juger sur son propre témoignage, livré en 1797 dans le premier tome de son *Histoire de la Révolution française*. On peut le recouper avec le récit de son adversaire, le garde des Sceaux Barentin, comparaison à laquelle s'est livré Georges Lefebvre et qui nous permet de connaître les intentions du ministre genevois.

Dans une première déclaration, concernant la présente tenue des États généraux, le roi devait *ignorer* l'audacieuse délibération du 17 juin, et inviter les trois ordres à se joindre pour traiter des affaires générales et décider de la constitution des futurs États. A ce sujet, le roi aurait clairement établi son refus d'un corps législatif formé par une seule chambre. La deuxième déclaration aurait été consacrée au programme des réformes attendues; elle aurait affirmé le principe du consentement nécessaire des États à tout nouvel impôt; annulé les privilèges en matière fiscale; ouvert les emplois civils et militaires à tous les citoyens...

De ce projet, Michelet parle avec un insigne mépris : il ne s'agit selon lui que d'une « charte octroyée », assurant en fait la pérennité des privilèges, sous le couvert de réformes boiteuses. Et pourtant, nous dit-il, cette « extrême concession », la « vieille royauté » en était incapable. Jean Egret, biographe de Necker, est d'un autre avis : si le plan du ministre était si peu différent des déclarations royales du 23 juin, pourquoi aurait-il rencontré tant d'hostilité de la part de la cour? De fait, le vendredi 19, le projet de Necker avait été discuté devant le roi et paraissait avoir acquis une majorité du Conseil favorable. Mais, au moment où on allait se séparer, un officier de service était venu glisser quelques mots à l'oreille de Louis XVI. Celui-ci était aussitôt sorti après avoir demandé aux ministres de l'attendre. Or seule la reine pouvait se permettre de déranger le souverain en plein Conseil. Les princes, autour d'elle, avaient travaillé contre Necker. La décision fut remise à plus tard.

Dans une séance qui se tient le dimanche 21 juin, en présence cette fois des frères du roi, et dans un contexte surchauffé par le serment du Jeu de Paume, le plan de Necker est passé au crible. Finalement, les textes des deux nouvelles déclarations, mis au point par le conseiller d'État Vidaud de la Tour, sont adoptés dans un ultime Conseil, le 22 juin. Or, aussi bien pour Necker que pour Barentin, le changement était sensible : on rencontrait dans les nouveaux textes un ton et un esprit tout à fait différents, bien propres à indisposer les députés du Tiers. Là où le banquier chéri des foules avait su mettre de l'indulgence, Vidaud de la Tour avait introduit de la raideur; là où le roi aurait encore offert à espérer, on entendait surtout la défense des privilèges.

Louis XVI prend donc d'abord la parole, sur un ton de reproche bienveillant, rappelant qu'il est « le père commun » de tous ses sujets, exhortant les États généraux à commencer sérieusement leur travail. Puis un secrétaire se met à lire la première déclaration, celle qui concerne « la présente tenue des États généraux » : quinze articles assénés à la suite, dont le premier donnait la mesure : « Le roi veut que l'ancienne distinction des trois ordres de l'État soit conservée en son entier, comme essentiellement liée à la Constitution de son royaume; que les députés librement élus par chacun des trois ordres, formant trois chambres, délibérant par ordre, et pouvant, avec l'approbation du souverain, convenir de délibérer en commun, puissent seuls être considérés comme formant le corps des représentants de la nation. » Ce camouflet donné au Tiers avait sa conclusion logique : « En conséquence, le roi a déclaré nulles les délibérations prises par les députés de l'ordre du Tiers État, le 17 de ce mois, ainsi que celles qui auraient pu s'ensuivre, comme illégales et inconstitutionnelles. »

Ce premier article, qui laissait entendre la résolution de la cour dans sa volonté de contre-offensive, provoque la sourde indignation des représentants du Tiers. Notre témoin Duquesnoy, si conciliant d'ordinaire, est sorti de ses gonds : « Il suffit de savoir, nous dit-il, que jamais le despotisme ne s'expliqua en termes plus audacieux, que jamais esclaves ne s'entendirent donner des ordres plus impérieux. » Parmi ceux-ci relevons cette clause selon laquelle, en cas de délibération commune, il suffisait de l'opposition des deux tiers des voix, dans un ordre, pour la remettre en question auprès du roi. Notons encore que les séances des États devaient se faire à huis clos...

Là-dessus, le roi reprit la parole pour annoncer les « différents bienfaits » qu'il avait jugé bon d'accorder à ses peuples. La seconde déclaration suivit donc. Elle commençait mieux que la précédente, puisqu'elle reconnaissait d'emblée le principe du consentement des représentants de la nation à tout impôt nouveau. Mais quelques-uns des trente-cinq articles qui formaient ce nouveau discours n'étaient que pour consolider le principe des privilèges. Ainsi, l'article XII stipulait: « Toutes les propriétés sans exception seront constamment respectées, et Sa Majesté comprend expressément sous le nom de propriétés les *dîmes, cens, rentes, droits et devoirs féodaux et seigneuriaux*, et généralement tous les droits et prérogatives utiles ou honorifiques, attachés aux terres et fiefs, ou appartenant aux personnes. »

On ne pouvait mieux réaffirmer les fondements inégalitaires de la monarchie française. Avant de se retirer, le roi prit une dernière fois la parole, rappelant à chacun qu'il restait le maître: « Si, par une fatalité loin de ma pensée, vous m'abandonniez dans une si belle entreprise, seul, je ferai le bien de mes peuples; seul, je me considérerai comme leur véritable représentant... » Il demandait aux députés de « réfléchir » qu'en tout état de cause ils auraient besoin de son « approbation spéciale »; il leur « ordonnait » enfin de se séparer avant de reprendre le lendemain leurs séances dans les chambres affectées à chacun des ordres.

Le roi parti, les représentants de la noblesse et du clergé se retirent, à l'exception d'un certain nombre de curés restés à leur place comme les députés du Tiers. Le marquis de Brézé s'adresse alors au président pour lui réitérer l'ordre du roi, lorsque Mirabeau se lève et l'interpelle: « Oui, monsieur, nous avons entendu les intentions qu'on a suggérées au roi; et vous, qui ne sauriez être son organe auprès des États généraux; vous, qui n'avez ici ni place, ni droit de parler, vous n'êtes pas fait pour nous rappeler son discours. Cependant, pour éviter toute équivoque et tout délai, je déclare que si l'on vous a chargé de nous faire sortir d'ici, vous devez demander des ordres pour employer la force; car nous ne quitterons nos places que par la puissance des baïonnettes. »

Cette célèbre apostrophe, dont un certain nombre de versions plus ciselées sont entrées dans le grand dictionnaire des citations révolutionnaires (j'ai pour ma part recopié le numéro 10 du *Moniteur universel*), soulève l'approbation générale et provoque le départ du maître de cérémonies. L'Assemblée risquait gros, l'allusion aux baïonnettes n'était pas de pure forme, il n'y avait ni principe ni engagement qui pût tenir contre les armes, dont le roi gardait le monopole. Selon certains témoignages (par exemple Staël-Holstein, dans une lettre au roi de Suède), il est « certain » que peu après la séance royale la cour projetait de faire procéder à des arrestations d'une trentaine de députés et de faire disperser le reste. Divers mémorialistes (Thibaudeau notamment) nous décrivent des élus, alarmés de ces menaces, qui, le soir du 23, ou découchent ou se barricadent à leur domicile.

Dès lors, après que Barnave eut rappelé à ses collègues qu'ils s'étaient constitués en Assemblée nationale et qu'ils n'avaient pas à en démordre, Mirabeau les invita à voter une déclaration symbolique sur leur inviolabilité, ce qui fut exécuté sans tarder. La ferme volonté de l'Assemblée élève alors les esprits, enhardit les timides, exalte ces mandataires qui sentent un peuple derrière eux. Justement, c'est une manifestation populaire qui va avoir raison des velléités de coup d'État qui se formulent à la cour. Duquesnoy a senti « le moment d'une grande révolution », écrivant : « Il est une force supérieure à celle de tous les rois de la terre, celle de la raison, de la justice, de la vérité, lorsqu'à son aide elle appelle encore l'opinion. »

L'« opinion », si l'on peut dire, était déjà dans la rue. Elle est bientôt au château, où le roi est suivi de peu par des milliers de citoyens qui emplissent les terrasses et les cours. Le bruit du renvoi de Necker avait battu le pavé et enflammé les cœurs; de fait, une lettre de démission du ministre attendait le roi au château. La foule gronde et arrive jusqu'aux portes des appartements royaux. Effrayée, Marie-Antoinette fait appeler Necker et l'entraîne chez le roi. Celui-ci, encouragé par celle-là, demande à son ministre de reprendre sa démission; il y allait de la sécurité de la famille royale. Necker ne se fait pas prier mais, dans ce climat chargé, il ne croit pas devoir exiger quelques conditions, comme le renvoi des ministres qui l'ont contrecarré, Barentin notamment, et qui ont provoqué la situation. Il est ému par le désarroi du couple royal, donne son accord, et quitte le château.

On assista alors au triomphe de Necker. La foule, dehors,

sachant qu'il restait ministre, l'entoura, le fêta, fit l'éloge de son nom dans l'enthousiasme. Un homme du peuple s'était jeté à ses pieds : « Monseigneur, restez-vous? » Necker l'avait relevé, en le rassurant. Ce fut une joie immense qui emplit Versailles avant de gagner Paris, comme si l'avenir était suspendu à la carrière du banquier genevois. On le raccompagna chez lui. Il se retira seul, un moment, pour pleurer à son aise d'émotion. Il reparut dans son salon, où les députés maintenant accouraient. Le soir, on alluma des feux, on tira des artifices devant la maison du ministre, et la foule resta toute la nuit dehors pour manifester son bonheur d'avoir sauvé son Messie. Nul ne sait pourtant ce qu'il en fût advenu si le roi avait lu son projet, lequel eût bien risqué de décevoir.

Le lendemain, 24 juin, les manifestations de la veille avaient définitivement affermi les députés de l'Assemblée nationale. La majorité du clergé vint les rejoindre. Le lendemain, 25 juin, une partie des membres de la noblesse vint prendre place à son tour dans la grande salle : parmi eux, on notait la présence du duc d'Orléans, du comte de Clermont-Tonnerre, du duc de La Rochefoucauldt, d'Alexandre de Lameth, du duc de Luynes...

Cependant, des gardes armés interdisaient toujours l'entrée du public, ce qui, au moment où le peuple venait de sauver dans la rue l'existence même de l'Assemblée, parut incongru aux plus modérés. Barnave dénonce cette absence : « C'est en face de la nation que nous devons opérer. » A l'instant même, le tumulte grandissait aux portes des États mises sous la protection des baïonnettes : le barrage des gardes risquait d'être forcé, un massacre était à redouter. Alors le président Bailly, suivi de trois de ses collègues, se transporte à l'extérieur et rassure la foule : tout sera fait pour lui faciliter le libre accès aux galeries. Telle était la dialectique ouverte entre l'Assemblée et le peuple militant : quand celui-ci se fait trop pressant, c'est au risque de la liberté des débats; mais quand celui-ci viendrait à manquer, on aurait tout à redouter de la force armée : l'arrestation, la dissolution, le coup d'État. La Révolution avait besoin de l'opinion comme d'un chœur antique; elle avait besoin du peuple militant comme d'une phalange à opposer aux régiments du roi. Mais, du même coup, s'établissaient des relations de dépendance : l'Assemblée devrait se protéger non seulement de ses adversaires mais encore de ses amis trop empressés.

A Paris, le 25 juin, une réunion des électeurs de la ville se tient rue Dauphine, sans autorisation légale. Quelques meneurs parlent d'une prise d'armes, de l'élection d'une commune, exigent le renvoi des troupes de Versailles pour laisser toute sa liberté à l'Assemblée. Les troupes, du reste, ne sont plus sûres. Taine parle de « désobéissance croissante » des gardes-françaises, qui sont accueillies par les vivats au Palais-Royal; la discipline se relâche face à ce qu'il appelle « l'usurpation croissante de la multitude ». La fermentation de l'opinion populaire inspire des cantiques laïcs à Michelet et donne la nausée à Taine. Où est la vérité? N'est-il pas abusif de prendre le Palais-Royal pour « la France »? Inversement l'enthousiasme des masses n'est-il qu'une figure de la barbarie? Michelet nous ennuie avec ses grands mots et Taine nous fatigue avec ses spasmes. On voudrait admirer sans rien concéder au terrorisme naissant; on aimerait flétrir celui-ci sans être inaccessible à la grandeur de l'événement.

La réalité des heures les plus sublimes est toujours complexe. On peut toujours s'en tirer par la dialectique : les figures du mal concourent au progrès du bien. Mais nous savons, au XXe siècle, où ce genre de logique peut conduire. C'est pourquoi vous voudrions garder le feu sacré des fondateurs sans rien concéder à l'aveuglement des militants. A moins que ce ne soit la quadrature du cercle.

XVII

LE REPLI STRATÉGIQUE DE LA COUR (27 JUIN 1789)

« L'espérance commence à renaître. » Le journal d'Adrien Duquesnoy s'anime à la date du 26 juin. Le Tiers, renforcé par la majorité du clergé et les transfuges de la noblesse, a déjoué le coup de force royal, sans que la cour, faute de troupes assez vite réunies, puisse l'arrêter dans son élan. Une députation des électeurs de Paris est reçue ce jour-là par l'Assemblée. Duquesnoy en note l'incongruité; en bonne règle, elle ne devrait pas être admise, mais la séance royale du 23 (« cette détestable et infernale opération de mardi ») l'a jeté hors de sa placidité coutumière : « Nous nous trouvons dans des circonstances si extraordinaires, tout est si hors de mesure, nous avons un si grand besoin de l'opinion publique, celle du peuple de Paris nous est si nécessaire, il eût été si dangereux de la refuser, qu'on a cru pouvoir s'écarter des règles. » Les députés de la « salle nationale » étaient portés par le mouvement populaire, ce qui donnait au roi et à son entourage matière à réfléchir.

Necker engage alors Louis XVI à inviter sans tarder le clergé et la noblesse à se joindre au Tiers. Le roi réfléchit, prend conseil, consulte ses autres ministres, confère avec les princes, écoute ses frères, Monsieur et le comte d'Artois. Vu la situation qui empire, à Versailles comme à Paris, on est d'avis en majorité qu'un pas en arrière concédé sur-le-champ permettrait d'en faire plusieurs en avant plus tard, quand des troupes sûres seraient en état de tenir Paris et Versailles.

Cependant, le monarque se heurte à la résistance du président de la noblesse, Montmorency-Luxembourg. Celui-ci, lors d'un entretien particulier, lui représente le danger encouru par la réunion des trois ordres. La nouveauté, lui dit-il en substance, vient de la montée en force de l'opinion publique; les États généraux la subissent de plein fouet mais n'y succomberont jamais tant qu'ils resteront séparés en trois chambres, ce qui préserve du même coup l'autorité royale. Il y va donc, dit-il, non du sort de la noblesse mais bel et bien de l'avenir de la monarchie. Néanmoins, poussé par les siens, Louis XVI a pris son parti. Il donne aux présidents des deux premiers ordres une lettre qui les invite à rejoindre le Tiers dans la grande salle des Menus. Une intervention personnelle du comte d'Artois a gagné l'assentiment du duc de Luxembourg.

Si l'assemblée du clergé n'émet pas d'objection, la noblesse, elle, se cabre, regimbe, se rebèque. Quoi! depuis près de deux mois, ses députés auraient résisté aux avances du Tiers et aux invites d'une minorité qui en son sein travaille à la réunion; ils en auraient appelé à la fidélité qu'ils devaient garder à leurs mandants; ils se seraient persuadés d'incarner la défense de la tradition monarchique... Et cela, pour céder maintenant à un souverain aveugle sur les risques qu'il fait courir à son trône? Cazalès, noble de fraîche date mais de chaude conviction, s'écrie que la monarchie doit être préférée au monarque! La mort dans l'âme, le duc de Luxembourg fait valoir que c'est la personne physique même du roi qui est menacée; on se rend alors à ses conclusions aussi tristement que lui-même s'est conformé au désir de son souverain. Dans cet acquiescement sans joie, le comique garda ses droits. Le vicomte de Mirabeau, siégeant dans la chambre du deuxième ordre avec la même résolution que son frère Honoré Gabriel dans celle du troisième, et qu'on appelait Mirabeau-Tonneau, sur la vue de son embonpoint et la réputation de son intempérance, avait juré au début de la séance, en prenant des airs, qu'il ne quitterait pas son siège. Il fallut que le président le déliât du serment que personne ne lui avait demandé pour rouler avec les autres vers la salle nationale.

Le samedi 27 juin, les trois ordres se trouvaient enfin réunis. D'aucuns conclurent que la Révolution était consommée.

Pour comprendre la palinodie de la cour, il faut avoir à l'esprit, ou pour mieux dire à l'oreille, la fureur et le bruit qui venaient du peuple – cette « opinion publique » qui surgissait sous les feux de la rampe politique comme un premier rôle et non plus comme un comparse. Les atermoiements des États généraux, leur enlisement dans la querelle du vote par tête ou par ordre, la résistance acharnée de la noblesse, et finalement cette séance royale du 23, sentie comme une tentative de coup d'État, toutes ces longues semaines d'inaction qui se terminaient par la démonstration de l'alliance entre le roi et les privilégiés, avaient exaspéré les Français qui attendaient tout de l'Assemblée nationale.

La fermentation politique n'était du reste que l'exppression d'une colère plus rudimentaire, celle qui montait d'un peuple en proie à la faim et à la peur. Après l'hiver terrible, les intempéries du printemps faisaient redouter un retard de la prochaine moisson : la « soudure » entre les deux récoltes risquait d'être impitoyable. Les mois de mai et juin sont émaillés d'émeutes un peu partout en France. A Cambrai, les 6 et 7 mai, le marché est le théâtre d'un soulèvement dû à la cherté du blé; des bandes s'en échappent pour piller dans les environs les greniers des abbayes. A la même date, scènes similaires à Valenciennes, Armentières, Hazebrouck, un peu plus tard à Dunkerque. A la fin de mai et au début de juin, les pillages affectent la Normandie, puis la Bretagne. On voit près de Fougères des centaines d'ouvriers agricoles, armés de faux et de haches, arrêter de force les convois de grains. Ici et là, les autorités locales s'efforcent de parer aux violences, d'assurer la protection des magasins, mais elles se révèlent vite impuissantes en face d'une agitation qui se généralise. Jacques Godechot, brossant le tableau du pays dans les semaines précédant *la Prise de la Bastille* – titre de son livre –, rapporte ces mots écrits le 19 juin par Besenval, adjoint au commandant des troupes de la région parisienne : « Il n'y a point d'exemples de faits; il n'y a que trop lieu de craindre que la famine ne s'y joigne et qu'enfin les choses en viennent au point que les troupes n'y pourront plus rien que, peut-être, se défendre. »

Sur ce corps malade, la déception venue des États généraux provoque un sentiment d'angoisse et de révolte. Malgré la lenteur des communications, le pays suit les événements de Versailles, moyennant quelques jours de retard, à travers la correspondance que les élus se croient légitimement tenus d'entretenir avec leurs commettants. La dissolution des États, envisagée par maints députés, devient un sujet de crainte générale. Peu à peu la rumeur s'enfle d'un complot tramé par la noblesse et la cour contre les élus du Tiers et, par-dessus leurs têtes, contre la nation. Le bruit se répand que des bandes de brigands parcourent les campagnes, volant, pillant, malmenant les habitants, et le tout avec l'appui des nobles, décidés à défendre leurs prérogatives. « Vers la mi-juin, écrit Jacques Godechot, l'idée d'un complot aristocratique est générale. » Des brochures se multiplient qui paraissent en attester la réalité : *la Conjuration découverte, l'Avis aux bons citoyens touchant la grande conjuration des aristocrates...*

On se répète des mots déformés, des fictions alarmantes, des ragots prêtés à des personnalités éminentes, à des chefs militaires, à la reine... La peur devient ainsi la compagne de la faim. Aux lettres des mandataires à leurs mandants répondent les adresses de ceux-ci à l'Assemblée. Après le 17 juin, elles affluent. L'« opinion publique » voit dans les députés du Tiers ses défenseurs et ceux-ci, en retour, se sentent protégés par elle.

Mais que faire s'il s'agit d'un complot que les brigands soldés par les princes et les soldats étrangers appuieraient? Une conclusion s'impose : il faut s'armer! Pendant tout ce printemps, on voit de nombreuses villes ressusciter leurs vieilles compagnies d'arquebusiers, mettre sur pied des milices bourgeoises ou des patrouilles volontaires. Dans les campagnes, pour la protection des récoltes, les autorités laissent s'exécuter un début d'armement des paysans. De sorte que le pouvoir royal, à la fin de juin, n'est plus du tout sûr de tenir en main la situation. Les troupes sur lesquelles il compte d'ordinaire sont gagnées à leur tour par la propagande des patriotes qui les enjoint de se solidariser avec eux contre les privilégiés. Ceux-ci, du reste, ne se sont-ils pas réservé jalousement les grades supérieurs de l'armée?

A Paris, deux pôles de résistance à la contre-révolution attirent l'attention inquiète de la cour. L'assemblée des électeurs de Paris, qui sont un peu plus de quatre cents, tend à s'affirmer comme autorité de substitution dans la capitale et va prendre siège à l'Hôtel de ville. De manière plus fiévreuse et plus anarchique, le Palais-Royal concentre tous les frémissements de la cité. Là tout est permis, on pétitionne, on proteste, on menace. Là on fait un triomphe aux membres des gardes-françaises qui ont déserté les rangs. A en croire Michelet, les stipendiés du duc d'Orléans n'orchestrent plus rien: « Paris mena ses meneurs. » Paris était devenu la garante de l'Assemblée nationale. Que le roi portât la main sur elle, et l'on pouvait tout redouter.

Dans ces conditions, la décision royale du 27 juin apparaît après coup comme une manœuvre dilatoire. La cour lâchait du lest, faute de pouvoir faire face dans l'immédiat à cette montée des passions populaires. Mais, quelles que soient ses arrière-pensées, quand la nouvelle tombe de la réunion des trois ordres, l'enthousiasme emplit Versailles et Paris. La foule, comblée, se porte au château et réclame le roi et la reine sur l'air des lampions. Qui est là, au coude à coude? Tout le monde sans distinction: députés, soldats, prélats, ménagères, ouvriers, commerçants... Le roi et la reine sortent de leurs appartements et paraissent à un balcon de la cour de marbre. C'est un délire. Dans sa naïveté, le peuple fait éclater sa joie et manifeste son amour pour le roi. La reine elle-même, malgré son impopularité, semble avoir retrouvé les faveurs de l'opinion; elle doit même présenter au peuple son fils le dauphin qu'on lui réclame.

Une fois encore, le vrai triomphateur de la journée était le ministre Necker, « dieu tutélaire de la France », vers lequel volaient maintenant les cris de reconnaissance et les vivats. La cour de sa maison fut une nouvelle fois le théâtre des scènes de bonheur collectif qui se cristallise sur la tête d'un homme. La nuit de Versailles fut éclairée par les feux de joie et les artifices tirés de tous les coins. De nouveau, on se mettait à espérer dans le roi, dans l'Assemblée réunie, réconciliée, prête à légiférer pour le bien général. On mesure à ces transes l'extraordinaire capital de confiance dont Louis XVI pouvait encore se prévaloir à cette date.

Pourtant, deux causes devaient interrompre assez vite ces démonstrations d'illusion lyrique. La première tenait à l'entourage du roi, dominé par Marie-Antoinette et le comte d'Artois, et comptant les princes Condé et Conti, les Polignac, le duc de la Vauguyon, le baron de Breteuil. Cette coterie était farouchement décidée à défendre l'ordre ancien. Une seconde cause tenait à la mentalité du monarque. Cet homme pieux, appliqué à ses devoirs de chrétien, était accessible à l'esprit de réforme; il le montra. Mais, sans esprit d'envergure, il ne pouvait envisager de voir entamer son pouvoir absolu. Comme le dit Mme de Staël, c'était moins par tempérament que par principe: «Quoiqu'il eût beaucoup d'instruction et qu'il lût surtout les historiens anglais, le descendant de Louis XIV avait de la peine à se départir de la doctrine du droit divin.» Entre la théorie de la souveraineté nationale qui plaçait dans la nation la source de toute légitimité et donc de tout pouvoir et la théorie du droit divin qui élevait le monarque hors de toute portée, l'antagonisme devait éclater un jour ou l'autre. Une des deux parties devait céder.

Dès le 27 juin au soir, le roi reçoit l'aide du maréchal de Broglie qu'il avait appelé à ses côtés. Cet illustre soldat devait seconder le secrétaire d'État à la Guerre, Puységur, dans les grandes manœuvres autour de Paris. Chaque jour, de nouveaux régiments arrivent, suisses, allemands, irlandais, tandis que les soldats français fraternisent avec le peuple et se laissent entraîner vers le Palais-Royal, où ils deviennent l'objet de tous les soins, de toutes les prévenances, et de tous les assauts de la propagande patriotique. Un grave incident, survenu le 30 juin, révèle le trouble de la situation.

Vers sept heures du soir, on apprend que onze gardes-françaises ont été écroués dans la prison de l'abbaye Saint-Germain pour avoir refusé de tourner leurs armes contre leurs concitoyens. Ils attendaient d'être conduits de la prison militaire à la prison civile de Bicêtre, de la plus sinistre réputation. Le Palais-Royal, à cette nouvelle, s'enflamme; on décide d'aller délivrer les braves soldats du peuple. La foule, grossie en route, enfonce les portes de l'abbaye à coups de haches et de maillets, dont l'écho ameute encore plus de gens. Une compagnie de dragons et un détachement de hussards arrivent à la rescousse. La foule, loin de reculer, presse les soldats, leur prodigue de bonnes paroles, leur offre à boire, jusqu'à ce que ceux-ci, attendris par tant de caresses et de soins, rengainent leurs sabres et ôtent leurs casques en signe de paix.

Les prisonniers sont délivrés et conduits sous les ovations par leurs libérateurs jusqu'au Palais-royal. Devenus des héros, choyés par la foule, vivants défis à l'autorité royale! Une fois encore, celle-ci doit composer. Moyennant un marchandage destiné à sauver la face du gouvernement, le roi fait savoir à l'archevêque de Paris que les coupables auraient sa grâce s'ils acceptaient de revenir en leur prison pour la forme. Forts du soutien populaire, les prisonniers regagnent leur lieu de détention militaire pour la nuit du 4 au 5 juillet, d'où ils sont définitivement libérés le lendemain par la clémence du Trône. Tel était l'état de nervosité du peuple militant et l'état de faiblesse du pouvoir royal.

Celui-ci n'en était que mieux disposé à accélérer la concentration des troupes entre Versailles et Paris. D'autre part, une bonne partie de la noblesse, malgré l'invitation du roi, se refusait toujours à siéger dans la salle nationale, arguant de ses mandats impératifs. L'Assemblée, le 8 juillet, vota la nullité de ces mandats et le roi autorisa les mandataires intéressés à retourner dans leurs circonscriptions pour en solliciter de nouveaux. Mais n'était-ce pas gagner du temps, pendant que les ordres de marche envoyés depuis le 22 juin renforçaient les régiments de la région parisienne? Près de trente mille hommes au total se trouvaient bientôt réunis. Le 7 juillet, cependant, l'Assemblée se déclarait Assemblée nationale constituante.

Deux logiques, renforcées par les événements qui se succédaient depuis le 17 juin, étaient en concurrence. D'un pas résolu, l'Assemblée entendait se mettre à la grande œuvre de régénération de la France en lui donnant une Constitution. Parallèlement, la cour, qui avait feint son assentiment sous la menace du mouvement populaire, se préparait à faire donner la force armée pour reprendre le pouvoir qui lui échappait. Entre les deux, le ministre Necker n'était plus qu'une fragile passerelle, l'ultime caution d'un accord possible entre l'Assemblée et le roi.

Pour combien de temps?

XVIII

LE RENVOI DE NECKER (11 JUILLET 1789)

Comment naissent les révolutions? La question est célèbre; on peut la compléter d'une autre, symétrique: Comment naissent les contre-révolutions? Dans les deux mouvements on observe le poids de l'improvisation, l'absence de plan, l'ironie de la contingence. Le certain est qu'au début de juillet, l'épreuve de force, encore latente, risque d'éclater à tout moment. L'Assemblée, encore amputée d'une partie de la noblesse récalcitrante, a entamé son travail sur les deux grandes questions qui l'ont fait naître: les finances de l'État et la Constitution. Mais le renforcement progressif des troupes qui entourent Paris et Versailles par des régiments étrangers ne laisse pas d'émouvoir les têtes carrées et cette partie du peuple qu'on appelle l'opinion parce qu'elle fait entendre sa voix.

Le 7 juillet, Duquesnoy, notre député de Bar-le-Duc, rapporte le bruit qui court d'une nouvelle séance dont le but serait de suspendre les États. Quelques jours plus tard, il mentionne une nouvelle rumeur, selon laquelle quelques dizaines de députés choisis parmi les plus ardents dans chaque ordre seraient enlevés. Néanmoins, les élus continuent leurs débats dans une apparente inconscience du danger qui les menace, en s'attardant à ce qui semble des peccadilles ou des questions de forme intempestives. Alors, le 8 juillet, Mirabeau, redevenu porte-parole de la conscience nationale, secoue l'Assemblée endormie: « Déjà un grand nombre de troupes environnait. Il en est arrivé davantage, il en arrive chaque jour; elles accourent de toutes parts.

Trente-cinq mille hommes sont déjà répartis entre Paris et Versailles; on en attend vingt mille; des trains d'artillerie les suivent; des points sont désignés pour les batteries; on s'assure de toutes les communications; on intercepte tous les passages; nos chemins, nos ponts, nos promenades sont changés en postes militaires. Des événements publics, des faits cachés; des ordres secrets, des contre-ordres précipités, les préparatifs de la guerre, en un mot, frappent tous les yeux et remplissent d'indignation tous les cœurs. »

La grande salle, saisie, écoute dans le silence et le trouble la voix de bronze du tribun. Mirabeau, pour mieux les convaincre, sème de fleurs les sentiments filiaux qui animent ses collègues à l'égard du roi. Au fond, dit-il, plus encore que nous-mêmes, c'est lui, notre monarque, qui est menacé. Car cet appareil militaire déployé ne peut qu'exciter le peuple, opposer les troupes françaises aux troupes mercenaires, provoquer la sédition. L'orateur s'en prend aux mauvais conseillers du prince, dont la légèreté, l'ignorance de l'histoire, la méconnaissance des réactions populaires dans ce genre de contexte, font risquer le pire. Il faut donc s'adresser au roi, lui peindre les alarmes de l'Assemblée, et le prier respectueusement de dispenser ces armées grosses de tous les malheurs. En complément, Mirabeau suggère que le roi autorise la formation de milices bourgeoises, à Versailles et à Paris, afin d'assurer l'ordre, ce qui aurait aussi pour avantage de réduire, en ces temps de disette, le nombre total des bouches à nourrir dans la région parisienne.

Jamais peut-être Mirabeau n'a reçu d'aussi chaleureux applaudissements qu'à la fin de ce discours. Duquesnoy, malgré le recul de quelques heures, est resté sur le coup de l'émotion, en écrivant le soir sa page quotidienne de journal : « Jamais il n'a parlé avec autant de force et de noblesse, jamais il n'a été aussi supérieur à lui-même. » La discussion qui s'engage à la suite est brève, tant l'Assemblée, tirée de sa torpeur, paraît unanime dans sa résolution. Elle ne peut être libre « au milieu des baïonnettes », dit Sieyès, résumant le sentiment général. Quant aux mauvais conseillers du roi, il faudra les dénoncer bientôt, suggère l'abbé Grégoire, comme « coupables du crime de lèse-majesté nationale ». La motion de Mirabeau est mise aux voix. On en retranche provisoirement la question des milices bourgeoises. Quatre voix seulement manquent à l'unanimité de l'Assemblée. Mirabeau est désigné pour préparer un projet d'adresse pour le lendemain.

Dans la soirée du 8, l'archevêque de Vienne, président de l'Assemblée, s'est rendu auprès du roi, à la demande de celui-ci. Louis XVI l'a rassuré : c'est pour le rétablissement du calme dans la capitale qu'ont été appelées les troupes; les États généraux n'ont rien à craindre. Le lendemain, Mirabeau n'en lit pas moins en séance le projet dont il a été chargé. Son texte est d'une force si convaincante que les députés se lèvent dans un seul mouvement à la fin de sa lecture. On décide sur-le-champ d'envoyer une députation de vingt-quatre membres – dont Mirabeau – présenter cette adresse au souverain. Le lendemain, 10 juillet, le roi les reçoit; il leur répète ses bonnes intentions : les troupes qu'il a fait venir ne sont pas destinées à porter atteinte à la « liberté nationale ».

Cependant, le même jour, l'assemblée des électeurs de Paris, réunie dans la grande salle de l'Hôtel de Ville, reprenait à son compte la proposition de Mirabeau sur la garde bourgeoise, qu'un amendement avait ôté de l'adresse au roi. L'idée de se constituer en Commune est défendue avec fougue par plusieurs orateurs. L'autonomie municipale et l'armement du peuple, telles étaient les répliques à donner aux infâmes ourdisseurs de coup d'État!

La réponse lénifiante de Louis XVI à la délégation de l'Assemblée parut dissiper les inquiétudes des députés : « la parole d'un roi honnête homme est une barrière insurmontable », disait le comte de Crillon. Mirabeau, néanmoins, remet ses collègues en garde : « La parole du roi, toute rassurante qu'elle doit être, n'est pas moins un mauvais garant de la conduite d'un ministère qui n'a cessé de surprendre sa religion. » Et le député d'Aix de protester contre la timidité qui les gagne, d'en appeler à une conduite conséquente de leur part : il ne faut à aucun prix cesser de réclamer le départ des troupes. Le roi a refusé ce vœu unanime des élus de la nation : doit-on se satisfaire de ses bonnes paroles? Mais, cette fois, pas un député ne se lève pour appuyer Mirabeau.

L'Assemblée se remit donc à la préparation de la Constitution. Le 8 juillet, elle avait entendu Mounier, rapporteur du comité *ad hoc*, qui avait rappelé quelques grands principes, demandé que la Constitution proprement dite fût précédée d'un préambule sur les droits de l'homme, suggéré un programme de travail. Le 11, elle écoutait La Fayette lui offrir, selon sa propre expression, le tribut de ses pensées. Le marquis parlait avec l'autorité de l'ancien combattant de la révolution américaine; il insista sur le chapitre des droits de l'homme. Il avait préparé une « esquisse » de déclaration, on le pria d'en donner lecture. C'était déjà le brouillon de ce que serait la charte de la Révolution; on se dit fier et ému de ce que ces « principes sacrés », ces « idées grandes et généreuses », fussent rappelés par un de ceux qui avaient su les défendre sur les champs de bataille. On applaudit mais on n'en délibéra pas dans l'immédiat : cette motion serait à examiner avec les autres articles de la Constitution.

Le docteur Guillotin se rend alors auprès des électeurs de Paris pour leur apprendre la réponse apaisante du roi. L'assemblée de l'Hôtel de Ville se rassure d'autant mieux qu'à peu près simultanément elle reçoit de Versailles le texte de la déclaration des droits proposé par La Fayette, qu'on célèbre avec transport. Pourtant, en ce samedi 11 juillet, au moment où les inquiétudes de la veille paraissent n'avoir plus de raison, le mauvais coup tramé depuis longtemps par l'entourage du roi est exécuté : Necker, ministre trop populaire, oreille trop complaisante de la révolution en cours, est chassé du gouvernement et du territoire français.

La coterie de la reine et du comte d'Artois était arrivée à ses fins. Il est vrai que Necker lui-même avait voulu démissionner et qu'il n'était demeuré à son poste que sur la demande pressante du roi et sur le sentiment fondé qu'il avait lui-même qu'en partant il risquait de provoquer « une nouvelle secousse », comme disait Mme de Staël. Necker, donc, restait en place comme à son corps défendant, peu favorable à l'appel des troupes mais dans l'incapacité de s'y opposer, bien qu'il fût dans la conviction d'être indélogeable, tant le roi avait besoin de sa présence au moins symbolique à ses côtés. C'était sans compter avec le travail de sape qui se faisait contre lui dans l'entourage royal, où certains allaient jusqu'à préconiser son arrestation.

Ce samedi-là, vers trois heures de l'après-midi, alors qu'il va se mettre à table, Necker reçoit une lettre du roi que lui apporte le comte de la Luzerne, secrétaire d'État à la Marine : le souverain enjoignait son ministre de quitter le pays toutes affaires cessantes et avec la plus grande discrétion. La décision du roi jette Necker dans l'étonnement; il veut d'abord une explication; mais il se rend vite à la volonté du monarque : « Je craignis, dira-t-il, en différant d'obéir de donner un commencement d'éclat à l'ordre que j'avais reçu et dont l'exécution prompte et silencieuse m'était recommandée. » Loyal, Necker adresse seulement un billet à Louis XVI pour lui signifier son obéissance scrupuleuse. Prenant le temps de dîner, il n'en souffle mot à ses convives : même sa fille Germaine est tenue dans l'ignorance. Vers six heures, en compagnie de sa femme, il quitte Versailles pour sa maison de campagne à Saint-Ouen, où il écrit à Mme de Staël pour lui apprendre son départ, et de là gagne la Belgique *incognito*. Il sera à Bruxelles le 13 juillet; il gagnera la Suisse une semaine plus tard.

Le renvoi de Necker était complété par la mise en place d'un ministère de combat. *Exit* Montmorin, *exit* Saint-Priest, ministres trop proches du Genevois; de lui-même, le comte de la Luzerne démissionne. L'homme fort est désormais le baron de Breteuil, flanqué du maréchal de Broglie à la Guerre. Avaient-ils un plan? Dans leurs Mémoires, Bailly et Lally-Tollendal pensent qu'il s'agissait pour eux de faire accepter par les députés des trois ordres les conclusions de la séance royale du 23 juin. Faute de quoi, l'Assemblée eût été dissoute. C'était sous-estimer gravement l'état d'esprit de la population parisienne, déjà accablée par la faim et bientôt meurtrie dans ses espérances.

Paris apprend la nouvelle du renvoi de Necker le dimanche 12 juillet à midi. Comme d'habitude, le Palais-Royal va se faire le chœur de la capitale, qu'un jeune coryphée va entraîner. L'homme s'appelle Camille Desmoulins. Il n'a pas trente ans; il est avocat, quoique bègue; plus familier des cafés, dit-on, que du tribunal. Le voilà aujourd'hui qui escalade une table et désigne au peuple le sens de l'événement : c'est à un massacre des patriotes que

Paris doit s'attendre. Un cri s'impose : Aux armes! Il demande à ses auditeurs d'arborer une cocarde en signe de ralliement et, joignant le geste à la parole, il arrache une feuille d'arbre qu'il met à son chapeau. Est-ce voulu? Le vert est la couleur de la livrée de Necker. En tout cas, en quelques minutes, les arbres du Palais-Royal sont dénudés, les rues barricadées, et chacun de s'armer comme il peut... La nouvelle du renvoi de Necker va faire exploser une colère populaire mal contenue, que le manque de nourriture et la cherté des subsistances n'avaient cessé d'aviver dans la capitale.

Les manifestants, jamais à court d'imagination, sont allés prendre les bustes de Necker et du duc d'Orléans au musée des figures de cire, boulevard du Temple. On les couvre de crêpe et les promène dans Paris, la hache, l'épée ou le fusil à la main. Chateaubriand, qui croise le défilé par hasard, entend parmi les « Vive Necker » et « Vive le duc d'Orléans », d'insolites « Vive Louis XVII », et le voici rêvant plus tard, attelé à ses Mémoires : et si Louis XVI avait alors abdiqué en faveur de son fils et de la régence du duc d'Orléans? On peut toujours rêver.

Place Vendôme, le cortège rencontre un détachement de dragons qui fond sur lui, brise le buste de Necker mais se trouve submergé par la foule. Le prince de Lambesc, commandant le Royal-Allemand, survient avec ses cavaliers pour dégager les dragons, tandis que les manifestants emplissent les Tuilleries, Besenval, commandant de la garnison, intime l'ordre à Lambesc de les en faire sortir mais ses hommes sont reçus à coups de chaise et l'ordre de retraite doit être donné. De toute la soirée, Besenval se révélera impuissant à rétablir l'ordre.

Déjà, dans la nuit précédente, des groupes avaient incendié des barrières d'octroi. Il s'agissait de bandes organisées, à la solde de marchands de vin, profitant de la situation politique, aidées par la population souhaitant boire moins cher, qui avaient lancé l'assaut aux barrières. Le 12, se sentant encore plus encouragées par les événements, elles continuent leurs expéditions, lapident les commis, allument des incendies : une guerre économique, antifiscale, s'installait dans la guerre politique. Cette fois, des insurgés en nombre se portent aux barrières d'octroi, détruisent tout ce qu'ils y trouvent, registres, quittances, mobilier. Selon George Rudé, qui a étudié de près l'affaire et le procès qui s'ensuivit, l'influence active du duc d'Orléans est patente : les deux octrois épargnés par les incendiaires lui appartenaient. L'opération politique – surveiller les entrées et les sorties des personnes et des armes – était doublée d'une opération économique par les émeutiers, qui entendaient faire baisser les prix du pain, des œufs, du bois, du bétail...

Dans la même soirée, une foule de civils et de gardes-françaises a forcé les portes du monastère des frères de Saint-Lazare, au nord de la ville. Il a fallu cinquante-deux charrettes pour en transporter les grains et les farines jusqu'à la Halle aux grains, tandis que le menu peuple, mendiants et chômeurs, a fait main basse sur tout ce qu'il a trouvé : des vins de toutes origines, de la bière, de l'huile, des fromages, du beurre, mais aussi des livres et de l'argenterie, tout en se livrant à la destruction des meubles.

Dans la soirée et dans la nuit, on se met en quête d'armes. Les magasins des armuriers et de bourreliers sont pris d'assaut : fusils, pistolets, sabres, épées, ceintures, bandoulières, lames de toutes sortes, on s'empare de tout ce qui peut tuer. Dans cette nuit du 12 au 13 juillet, les pertes subies par les armuriers de Paris, et dont le bilan sera précisé à l'Assemblée nationale, s'élèvent à 115 118 livres, qui passeront par profits et pertes révolutionnaires.

Dans ce Paris en proie à l'anarchie, l'assemblée des électeurs s'était ajournée au lundi 13. La nouvelle du renvoi de Necker avait provoqué une réunion spontanée à l'Hôtel de Ville, où les électeurs présents et les spectateurs bruyants concoururent à la convocation du peuple parisien au lieu de réunion des électeurs de chaque district, pour le lendemain 13 juillet, à cinq heures du matin.

A l'aube, Paris fumait aux octrois, les cloches sonnaient le tocsin, le canon d'alarme retentissait, les tambours battaient la générale, les citoyens gagnaient en armes les assemblées de district. Les conseillers du roi s'étaient illusionnés sur la démonstration de force et sur la crainte révérencielle du peuple pour son monarque. Pour avoir raison de l'Assemblée, il fallait désormais réduire Paris. Or la ville s'était réveillée pour ne plus se rendormir.

XIX

PARIS EN ARMES (13 JUILLET 1789)

Dans la séquence dramatique entamée le 11 juillet par le renvoi de Necker et aboutissant à la prise de la Bastille trois jours plus tard, le regard se déplace : Paris a pris le pas sur Versailles. Pourtant, pareil transfert ne doit pas laisser dans l'ombre les liens qui unissent l'Assemblée nationale, devenue constituante, et la ville insurgée. Sans l'armement et le soulèvement des Parisiens, l'Assemblée était sans doute condamnée à la dissolution; à tout le moins eût-elle dû s'incliner devant des injonctions royales appuyées sur la démonstration des régiments. Inversement, l'insurrection parisienne n'eût été qu'une des révoltes dont l'histoire de l'Ancien Régime est prodigue si, à Versailles, la présence des députés ne lui eût donné tout son sens.

Le lundi 13, les élus de la nation se retrouvent à la salle des Menus. Les orateurs se succèdent pour protester contre le renvoi de Necker. Mounier oppose le principe du « bien public » aux membres du nouveau ministère : « C'est la Constitution qu'ils veulent empêcher, s'écrie-t-il : c'est elle qu'ils craignent, qu'ils attaquent indirectement, pour pouvoir l'attaquer bientôt à force ouverte; mais tous leurs efforts seront vains. Les députés de tous les ordres resteront constamment réunis pour le soutien de la liberté : l'énergie et le patriotisme croîtront avec les difficultés, et la Constitution sera établie. »

On ne veut pas encore désespérer du roi : il est circonvenu par une camarilla! Il faut l'éclairer sur les sentiments de la nation! L'idée de lui formuler une nouvelle adresse est soutenue par plusieurs intervenants. D'autre part, le docteur Guillotin, qui a fait la navette entre Versailles et Paris au cours des dernières heures, communique à ses collègues un appel de la capitale en faveur d'une « milice bourgeoise » à l'heure où le plus grand désordre y règne.

Une députation, conduite par le président de l'Assemblée, est envoyée auprès du monarque en vue de faire disperser les troupes et de rappeler les ministres déchus. La réponse de Sa Majesté est bientôt communiquée aux députés. Rien de neuf : le roi persiste et signe dans les décisions abhorrées. Alors, on s'émeut, on s'indigne, on met en place une commission aux fins de préparer un arrêté. Le voici, entendu par les élus frémissants : c'est une déclaration de résistance jetée au pouvoir absolu, l'affirmation de la responsabilité ministérielle devant les décrets de l'Assemblée, la confirmation hautement manifestée des journées du « 17, du 20 et du 23 juin dernier ».

Il est décidé que les députés siégeraient en permanence. A cet effet, on élit un vice-président pour seconder l'archevêque de Vienne. Le marquis de La Fayette réunit la majorité des suffrages. Cependant, le formalisme de l'Assemblée prend un tour irréel, au moment où les Parisiens ont pris l'initiative, où les rues de la capitale grondent des cris d'un peuple qui réclame des armes, où l'exaltation des esprits fait craindre tous les débordements. A la force, Paris va répondre par la force; aux canons pointés sur eux, les Parisiens vont opposer l'organisation de l'autodéfense municipale.

Ce jour-là, tôt le matin, les électeurs du second degré, entourés par la foule, siègent à l'Hôtel de Ville et prennent deux décisions : la mise en place d'un exécutif qui prend le nom de comité permanent, que le prévôt des marchands Flesselles est appelé à présider, et l'armement d'une milice bourgeoise. Celle-ci vise un double but : défendre la capitale contre le danger extérieur représenté par les régiments étrangers campant aux portes de la ville et au Champ de Mars, et, simultanément, contre l'« anarchie » intérieure, l'explosion de la violence et le déchaînement de tous ces gens sans aveu, mendiants et chômeurs, qui ont mis à sac le couvent de Saint-Lazare et incendié les barrières.

Le cadre électoral des soixante districts va devenir celui

de la milice : chacune de ces unités doit mobiliser deux cents hommes – chiffre bientôt porté à huit cents, soit un effectif global de quarante-huit mille. N'y peuvent entrer en principe que les « citoyens connus », autre façon de dire les électeurs, ceux qui s'acquittent d'un minimum d'impôt et se prévalent d'un minimum de notoriété. Barnave dira un peu plus tard : « La plus grande partie de la milice de Paris est bonne bourgeoise, et c'est ce qui la rend aussi sûre pour l'ordre public que formidable pour la tyrannie. » En fait, de nombreux volontaires, qui ne répondent pas à ces critères, se trouvent enrôlés sans difficulté. A leur tête, un chef : le marquis de La Salle; à leur chapeau, un signe distinctif : une cocarde. Non plus la verte, préconisée par Camille Desmoulins, car on s'est avisé qu'elle était la couleur de la livrée du comte d'Artois, chef de la contre-révolution, mais le bleu et le rouge de la ville de Paris.

L'armement d'une milice régulière devait aller de pair avec le désarmement des « brigands », de la « canaille » et autre « populace ». On s'y emploie mais bon nombre d'« irréguliers » vont garder les pistolets, les fusils ou les haches dont ils ont su se munir la veille. On le verra notamment lors de la seconde quinzaine de juillet, quand on décida de racheter ces armes : le seul district de Saint-Roch racheta ainsi deux cent cinquante fusils et douze pistolets. Le monopole de la violence au profit de la milice bourgeoise n'est donc pas réalisé le 13 juillet.

Quant aux armes dont il faut pourvoir la nouvelle police citoyenne, on doit encore les chercher. Les Parisiens se portent d'abord à l'Arsenal, mais ils y apprennent que la poudre et les fusils ne manquent pas à la Bastille. On gagne aussi le « garde-meuble » de la place Louis-XV, mais on n'en tire que des pièces de musée, hallebardes et vieux mousquets. On exige donc de Flesselles, à l'Hôtel de Ville, des armes plus sérieuses. Le prévôt dispose là de trois cent soixante fusils, mais il rechigne à les distribuer au hasard; il demande donc un délai à la foule qui se disperse dans un premier temps. Plus tard, Flesselles est contraint de céder mais c'est trop peu. Alors, on amène des caisses en provenance de la manufacture d'armes de Charleville, sur lesquelles des étiquettes « Artillerie » ont été apposées. On les ouvre. Fâcheuse déconvenue : elles sont bourrées de chiffons. L'impatience éclate; on crie à la trahison du prévôt. Celui-ci indique à la foule une nouvelle piste : le couvent des Chartreux, près du Luxembourg. On s'y rue. Pas plus d'armes que de jambon! Trahison, trahison! Et retour devant Flesselles qui n'en peut mais... et qui, le lendemain, en perdra la tête, au sens premier du mot.

Restent les Invalides, qui détiennent assurément un important dépôt. Le prévôt consent à solliciter le gouverneur Sombreuil. Une délégation lui est envoyée. Perplexité et réponse dilatoire : Sombreuil va aviser Versailles. Les mandataires reviennent bredouilles à l'Hôtel de Ville. Cependant, dans un autre quartier de Paris, au port Saint-Nicolas, on a enfin trouvé un début de réponse au problème de l'armement. Un bateau transportant de la poudre a été découvert; on en décharge plusieurs dizaines de barils, qui sont transportés dans les souterrains de l'Hôtel de Ville, où les électeurs confient à l'un d'eux, l'abbé Lefèvre d'Ormesson, d'organiser la distribution aux détenteurs de fusils. On connaîtra plus tard ses comptes, soigneusement tenus : huit barils distribués le 13 juillet, quarante-six le 14, quarante-deux le 15. Mais le bon comptable était plutôt marri : « Cette livraison a été faite, dira-t-il, avec tant de précipitation qu'il n'a pas été possible de faire ajouter aux bons des reçus. Lesdits quatre-vingt-seize barils pèsent ensemble 96 000 livres. »

Quant à l'encadrement de la milice, les électeurs vont demander aux gardes-françaises, qui décidément ont montré la veille de quel côté penchent leurs sympathies, de fournir à chaque district un minimum de professionnels nécessaire. Tout cela, largement improvisé, parvient à mettre sur pied dès le soir du 13 juillet des miliciens qui commencent à patrouiller dans les rues de la capitale et qui, selon divers témoins, s'attachent à les nettoyer de cette « tourbe redoutable », dont parle Restif de la Bretonne, véritable plaie d'une ville ouverte à toutes les misères et à tous les crimes.

En dehors de ces acteurs principaux qu'ont représentés en l'occurrence les électeurs de Paris, reprenant ainsi l'initiative au Palais-Royal, et réinstallant l'ordre dans la capitale dès le soir du 13 juillet, Jacques Godechot – dans son beau livre sur *la Prise de la Bastille*, qui est notre meilleur guide – s'interroge sur une accusation faite par Rivarol contre les banquiers et les « capitalistes », véritables organisateurs en sous-main, selon lui, du 14 Juillet. Pour eux, le retour de Necker était un impératif financier: sans la confiance qu'il ne manquerait pas de provoquer, les affaires iraient vers la catastrophe. «Tant que Paris se croira la nation, dit Rivarol, la Bourse sera le cœur du royaume, et M. Necker l'ami du cœur.» Mais encore? Eh bien, les banquiers Laborde de Méreville, Boscary et Dufresnoy auraient été les bailleurs de fonds de l'émeute. Vieille manie d'extrême droite qui subodore toujours, même si l'argent n'a pas d'odeur, le rôle maléfique des hommes de finance dans les destinées de la France. Malgré tout, quoi de vrai dans cette accusation?

Albert Mathiez, représentant, lui, de l'historiographie jacobino-marxiste, a examiné l'hypothèse avec un certain intérêt: le fait avéré, n'était-ce pas étayer la démonstration de la révolution *bourgeoise*? Alliance de l'extrême gauche et de l'extrême droite sur le dos des boursiers, des banquiers, des spéculateurs? Mathiez cherche, Mathiez trouve. Il trouve des faits troublants: la baisse de 100 livres dans la seule journée du 13 juillet pour les billets de 5 000 livres de la Caisse d'escompte; la décision le même jour de fermer la Bourse, ce qui va permettre aux agents de change et aux commis de participer à l'insurrection; divers témoignages tendant à confirmer que financiers et banquiers ont soldé des bataillons, etc. De là à conclure que le 14 Juillet a été fomenté de toutes pièces par les «gros intérêts» menacés de banqueroute, il reste évidemment un pas à franchir dont l'historien se garde bien. La conclusion qui s'impose est celle d'une convergence: la participation des milieux d'affaires à la mobilisation générale qui précède la prise de la Bastille «contribue à expliquer, écrit J. Godechot, la quasi-unanimité de Paris dans ces chaudes journées...».

Le recours à l'histoire «policière» est une tentation de tous les temps. Au même moment, la cour expliquait tous ses malheurs par les intrigues du duc d'Orléans. «Explication puérile, écrivait Michelet: est-ce qu'on solde des millions d'hommes? Le duc avait donc aussi payé le soulèvement de Lyon et du Dauphiné, qui, au même moment, proclamaient le refus de l'impôt? Il avait payé les villes de Bretagne, qui prenaient les armes, payé les soldats, qui, à Rennes, refusèrent de tirer sur les bourgeois?» En fait, toute la France se soulève à l'unisson contre le renvoi de Necker, moyennant les quelques jours qu'il lui faut parfois pour en apprendre la nouvelle. Le ministre genevois avait donné son nom, c'était sans doute excessif mais il faut toujours que les sentiments prennent figure, à l'espérance d'une population qui, d'un bout à l'autre du territoire, souffre de la faim. Il suffit de suivre Arthur Young dans son troisième voyage à travers la France : partout la révolte populaire menace. Il suffit de suivre les réactions en chaîne dans les villes de province quand l'exil de Necker est connu : pillage des magasins d'armes, saisie des caisses publiques, attaques des convois de grains destinés aux troupes campant devant Paris... Une pareille généralisation de la révolte, on ne peut en rendre raison par la manipulation de quelques acteurs, plus ou moins occultes, tirant les ficelles à leur gré.

On le devine, pour Taine, une tout autre explication s'impose : la capitale, pour lui, semble, le 13 juillet, livrée « à la dernière plèbe et aux bandits ». Pilleurs,voleurs, vagabonds déguenillés, vile populace, créatures, gens de physionomie effrayante (« beaucoup sont des étrangers ») œuvrent à la décomposition totale de la société. Les électeurs? Poudre aux yeux, sinon poudre à canon! En fait, la foule conduit le bal. Images épouvantables d'une prolifération, d'un pullulement, d'une excrétion, d'un engorgement, d'une submersion, d'une remontée de la lie qui inonde tout... Une anarchie non point stipendiée par la Bourse, mais « spontanée », et d'autant plus redoutable.

A chaque historien ses fantasmes.

La nuit du 13 au 14 juillet est fiévreuse. Chacun s'attend à la contre-offensive. La cour ne peut laisser Paris lui échapper. Cent rumeurs font monter l'anxiété générale. A plusieurs reprises, on annonce l'attaque du Royal-Allemand ou l'arrivée de quelque autre régiment à la barrière du Trône, au faubourg Saint-Antoine, à La Chapelle... A l'Hôtel de Ville, le comité permanent se tient sur le pied de guerre, rassemble les gardes-françaises passés de son côté, fait dresser des barricades, contrôler les voitures voulant entrer dans Paris ou en sortir, tandis que l'abbé d'Ormesson, préposé aux poudres, vide ses barils. Nuit d'attente et d'angoisse. D'autant que les quatante-huit mille hommes de la milice sont encore très loin d'être tous armés.

Au petit matin du 14 juillet, des milliers d'hommes, la cocarde bleu et rouge à leur chapeau, viennent en force aux Invalides, où la veille le gouverneur leur a dit qu'il irait demander conseil à Versailles. Dans la nuit, le chef de la garnison, Besenval, a tenté de rendre inutilisables les trente-deux mille fusils détenus à l'hôpital militaire : il a confié le soin de retirer les baguettes et de dévisser les chiens à une vingtaine d'invalides présents. Mais ceux-ci, de cœur avec la ville, n'ont pas fait de zèle : presque tous les fusils sont en état de fonctionner. Sombreuil annonce au représentant de l'Hôtel de Ville que la réponse de Versailles n'est toujours pas arrivée. Les protestations s'élèvent, Sombreuil veut s'expliquer, mais la foule s'engouffre par la porte qu'il n'a su refermer, tandis que d'autres manifestants franchissent les fossés, sous l'œil des soldats qui restent sans réaction. Besenval, réunissant les chefs de corps, apprend de leurs bouches que leurs troupes, dont une bonne partie est au Champ-de-Mars, ne se trouvent pas dans un état moral propre à soumettre Paris.

Ainsi commença la journée historique du 14 Juillet. Les troupes destinées à servir les desseins de la cour étaient vaincues avant de se battre : elles refusaient de mettre en joue la nation. Pendant ce temps, des milliers de manifestants pénétraient dans les souterrains des Invalides, faisaient main basse sur plus de trente mille fusils et douze pièces de canon. Dans cette appropriation sauvage, l'autorité du comité permanent fut débordée. Le peuple, sans certificat de notabilité, s'était armé. Mais que pouvait-il faire de ces fusils s'il n'avait ni poudre ni cartouche? On savait où en trouver et ce fut un nouvel objectif : à la Bastille!

XX

LA PRISE DE LA BASTILLE (14 JUILLET 1789)

Le marquis de Launay, gouverneur de la Bastille, n'en mène pas large depuis quelques jours. Sa garnison est composée de quatre-vingt-deux invalides qui ne sont plus des foudres de guerre. Il demande du renfort; il en obtient le 7 juillet, date à laquelle un détachement de trente-deux soldats suisses commandés par le lieutenant Deflue vient l'épauler. Dans les jours suivants, Launay s'emploie à renforcer sa défense par divers moyens: il pourvoit les tours d'un stock de pavés et de vieilles ferrailles destinés aux assiégeants éventuels; fait boucher les créneaux inutiles et ouvrir au contraire de nouvelles embrasures; réparer le pont-levis, etc. Toute cette agitation, qui se faisait sous les ordres d'un gouverneur gagné par la peur, fut considérée par les habitants du quartier Saint-Antoine non pas comme des mesures défensives mais comme autant de préparatifs d'attaque.

Cette première méprise – il y en aura d'autres dans cet événement « historique » – tient à l'état d'esprit survolté de la population depuis quelques jours. Le mot de Camille Desmoulins, selon lequel la cour préparait une « Saint-Barthélemy des patriotes », a couru tout Paris, qui croit dur comme fer au « complot aristocratique ». Launay, d'un côté, ceux qui vont prendre d'assaut sa forteresse, de l'autre, c'est d'abord à un concours de la peur qu'ils se livrent.

Le matin du 14, une foule grossit peu à peu devant les tours de la Bastille. Le comité permanent de l'Hôtel de Ville, pour dissiper l'inquiétude, envoie à Launay une délégation, que celui-ci reçoit dans sa résidence avec amabilité et qu'il convie même à partager son repas, puisqu'il est dix heures et demie, heure à laquelle on déjeunait alors. Puis le gouverneur fait reculer les canons postés sur les tours, accédant ainsi à la demande de ses visiteurs et leur prouvant ses bonnes intentions.

Mais tout cela prend du temps, la foule qui ne voit pas revenir les délégués commence à faire du train, et l'on entend déjà dans ses rangs des cris d'assaut. Or voici la deuxième méprise de la journée : en voyant bientôt reculer les canons des tours, la foule en déduit qu'on les charge, tandis que les parlementaires de l'Hôtel de Ville sont retenus en otages à l'intérieur! La rumeur monte, s'enfle, circule autour des hauts murs, déborde de la rue Saint-Antoine : le gouverneur va faire tirer sur le peuple! Le district voisin, Saint-Louis de la Culture, une fois alerté, envoie à son tour une délégation à la Bastille, conduite par l'avocat Thuriot. Lui et ses compagnons peuvent pénétrer dans la cour de la forteresse au moment où la première députation s'apprête d'en sortir.

Thuriot, cependant, en demande un peu plus : retirer les canons des embrasures et aussi consentir à la milice bourgeoise d'occuper la place. Il parle dans ce sens aux invalides et aux Suisses auxquels il s'adresse. Le marquis de Launay, secondé par Deflue et les officiers de l'état-major, lui dit l'impossibilité pour lui d'une telle reddition. De sorte qu'en sortant, Thuriot, sans qu'il ait pu s'expliquer, se fait huer par la foule, qui crie désormais : « Nous voulons la Bastille! »

Le comité permanent, mis au fait de la situation par Thuriot, décide que celui-ci, accompagné d'Ethis de Corny – lequel avait mené la délégation des Invalides –, et précédé d'un trompette, doit aller rassurer la foule sur les intentions du gouverneur. Mais, entre-temps, les manifestants dont le nombre croît sans cesse et que l'impatience exaspère, poussent les premiers rangs contre la porte de l'Avancée, dont les deux ponts-levis sont relevés. Et voici la troisième méprise de la journée : les invalides, du haut des tours, voulant dissuader la foule de forcer l'entrée pour éviter le massacre, mais ne pouvant le crier assez fort, font de grands gestes à l'aide de leurs chapeaux, autant de signes qui sont pris d'en bas pour des encouragements. En montant sur le toit d'une boutique adjacente au chemin de ronde, deux hommes parviennent à redescendre dans la cour du gouvernement, suivis bientôt par d'autres, qui se munissent de haches et de masses, brisent les balanciers qui retiennent les chaînes, et font brutalement tomber le pont qui tue un homme se tenant trop près du fossé. Sur quoi la foule passe ainsi en se ruant de la première à la deuxième cour.

Il faut cependant franchir encore un fossé pour accéder à la forteresse. « Bas les ponts! » crient les assaillants. Mais l'ordre est donné aux invalides qui sont postés aux créneaux des portes de faire feu. Une décharge de fusils, un coup de canon provoquent la stupeur. On crie à la trahison. Ainsi donc, Launay n'avait-il fait baisser les ponts et ouvert les portes de l'Avancée que pour mieux piéger les patriotes dans cette cour du gouvernement, où on les massacre! Launay a-t-il donné lui-même l'ordre du feu? Il est plus probable que les Suisses, voyant la foule se diriger sur le pont-levis principal de la Bastille, ont pris l'initiative. Quoi qu'il en soit, les attaquants répliquent de leur mieux, sans grande efficacité, sans armement suffisant.

De l'autre côté de la porte, le gouverneur place un détachement suisse et une dizaine d'invalides prêts à tirer. Les assaillants, quant à eux, afin d'atteindre le pont-levis à l'abri des balles, tirent deux charrettes de paille et de fumier dans la cour et y mettent le feu, ce qui leur permet de progresser derrière un rideau de fumée.

Pendant ce temps, à l'Hôtel de Ville, le comité, alarmé, rédige un arrêté à l'adresse du marquis de Launay, qui est prié de cesser le feu, de livrer les armes de la Bastille et de laisser des troupes de la milice parisienne l'occuper, attendu que toute force militaire devait être sous le contrôle de la Ville. La nouvelle délégation arrive dans la cour de l'Orme vers deux heures, en pleine bataille, et ses mouchoirs blancs agités ne produisent aucun effet. Les délégués se portent alors rue Saint-Antoine, pour tenter une autre entrée, mais ils se trouvent encerclés par une foule qui n'en est plus aux pourparlers. Le sang a coulé! Launay a trahi! Il faut détruire l'infâme prison! Se venger de l'ignoble gouverneur!

A l'Hôtel de Ville, où les morts et les blessés sont amenés, la tension est extrême. Launay n'est pas le seul visé. Le président du comité, le prévôt des marchands Flesselles, est accusé d'avoir maintenu le peuple sans défense. Dans cette exaltation générale, le comité décide une nouvelle délégation, sans attendre le retour de la précédente. On la flanque d'un tambour et d'un drapeau. Elle arrive à son tour dans la cour de l'Orme, tente de se faire entendre et, pour toute réponse, reçoit une décharge de mousquets. Launay craint un stratagème, à moins qu'il n'ait déjà perdu la tête, selon le mot de Rivarol. Cette réception accroît la fureur des assaillants, qui ne veulent plus entendre parler de délégation. La quatrième, depuis le matin, avait échoué.

Dans ces conditions, la milice bourgeoise, en la personne de son commandant en second, décide d'amener à la Bastille une partie des canons pris le matin aux Invalides. D'autre part, un détachement de gardes-françaises, ralliés à la Ville, fait mouvement sur la forteresse, sous le commandement de Hulin, directeur d'une buanderie près de Saint-Denis et futur général, qui avait su s'imposer. Trente-six grenadiers et vingt et un fusiliers faisaient le principal d'une troupe grossie de quelques centaines de citoyens armés et forte de quatre canons. Ces renforts étaient eux-mêmes complétés par une colonne de civils commandés par Élie, un sous-lieutenant sorti du rang. Les deux vont ainsi prendre la direction d'un siège jusque-là abandonné à l'improvisation. Élie se dévoue personnellement pour retirer les charrettes de paille enflammée qui avaient l'avantage de masquer les assiégeants mais l'inconvénient d'interdire la porte principale qu'il fallait briser à coups de boulets. Aidé de quelques-uns, il tire les charrettes sous les projectiles, qui tuent deux de ses hommes. Les canons, après avoir été démontés, sont remontés à trente mètres environ du pont-levis, de l'autre côté duquel les canons des Suisses ont été eux-mêmes mis en batterie.

Le rapport des forces s'est inversé. Le gouverneur s'en inquiète, demande à la garnison son avis : chacun veut éviter le carnage. Alors, Launay rédige un billet dans lequel il demande à capituler : « Nous avons vingt milliers de poudre, nous ferons sauter la garnison et tout le quartier si vous n'acceptez la capitulation... » Le billet est tendu aux assiégeants à travers un trou de la porte. Mais celle-ci était séparée de ceux-là par le fossé. Alors, on va chercher une longue planche pour le surplomber, plusieurs hommes faisant contrepoids à l'extrémité. Un cordonnier, du nom de Michel Bezier, s'y risque pour saisir le papier, mais il perd son équilibre et tombe dans le fossé. Un autre, meilleur équilibriste, atteint le message, qui est lu par Hulin. Mais la foule ne veut pas entendre parler de capitulation; il faut donc donner l'assaut! Avant que l'ordre n'en soit donné, le gouverneur, dans l'intermittence de ses résolutions, a laissé s'abattre les ponts-levis; comme au signal, les assaillants pénètrent dans la forteresse, désarment ses défenseurs désabusés, mettent à sac les appartements, libèrent les quelques prisonniers, s'emparent d'une partie de la poudre...

Les hommes qui avaient défendu la Bastille sont menés sous escorte à l'Hôtel de Ville; en chemin, les menaces et les injures pleuvent sur eux. Le marquis de Launay est arrêté, sa canne et son épée lui sont arrachées, des cris de mort sont clamés à ses oreilles. Hulin et Élie font de leur mieux pour s'interposer entre leur prisonnier et la foule, mais près de l'église Saint-Louis ils doivent renoncer à le défendre, tant le gouverneur insulté, vilipendé, battu, ne semble plus qu'un gibier traqué devant les crocs de la meute. Lardé de plusieurs coups d'épée et de baïonnette, Launay est achevé au pistolet. Il faut plus : montrer sa tête aux citoyens; on confie le soin de décapiter le cadavre à un boucher du nom de Desnot, qui s'escrime d'abord avec un sabre qu'on lui a tendu, mais doit finir sa besogne à l'aide de son couteau de poche.

Launay n'est pas la seule victime de la vengeance populaire : trois officiers de l'état-major de la Bastille et trois invalides complètent le tableau de chasse, ainsi que Flesselles, accusé depuis la veille d'avoir trahi le peuple et tué d'un coup de pistolet. On lui tranche la tête à lui aussi : la sienne et celle du gouverneur de Launay sont fixées chacune au bout d'une pique et promenées à travers la ville.

Les dieux, les nouveaux dieux sortis des pavés de Paris, « ont soif », dira Anatole France. Et chacun de rester stupéfait devant pareille démonstration de cruauté. Étions-nous bien à Paris, capitale raffinée de l'Europe civilisée? D'où venait, de quel tréfonds de barbarie, cette violence inouïe qui heurte tant le respect de la personne humaine? « J'ai entendu, écrira Saint-Just encore pénétré du spectacle auquel il a assisté, j'ai entendu les cris de joie du peuple effréné qui se jouait avec des lambeaux de chair en criant :

"Vive la liberté, vive le roi et M. d'Orléans ". » De quelle pulsion de mort refoulée surgissait ce goût ostentatoire du sang?

La prise de la Bastille n'a pas été le fait des gueux, des pleure-misère, des sous-hommes en haillons qui hantent la ville. En 1790, l'Assemblée décerna après enquête le titre de « vainqueurs de la Bastille » à ceux qui l'avaient prise. Certains, sans doute, ont préféré se passer de cette marque de gloire plutôt que de laisser la police fouiller dans leur vie. Tout de même le résultat de l'enquête, analysée par George Rudé, est assez remarquable : le groupe des neuf cent cinquante-quatre récompensés était surtout composé d'artisans, de maîtres et compagnons du faubourg Saint-Antoine, auxquels il faut ajouter un certain nombre de bourgeois. Bref, des gens intégrés dans la société, habitant non loin de la Bastille pour la plupart, et qu'on ne peut confondre avec la « lie ».

Pour Jacques Godechot, la meilleure explication a été donnée par Babeuf, qui arrive à Paris peu de temps après, et assiste le 23 juillet à des scènes identiques à celles du 14; les têtes de Bertier de Sauvigny et de Foulon, plantées au bout des piques et promenées dans Paris. Le futur « tribun du peuple » écrit à sa femme pour lui dépeindre le sentiment mêlé de malaise et de joie qu'il éprouve. Selon lui, la cruauté populaire n'était que la rançon des cruautés officielles de l'Ancien Régime : « Les supplices de tout genre, l'écartèlement, la torture, la roue, les bûchers, le fouet, les gibets, les bourreaux multipliés partout, nous ont fait de si mauvaises mœurs! Les maîtres, au lieu de nous policer, nous ont rendus barbares parce qu'ils le sont eux-mêmes. Ils récoltent et récolteront ce qu'ils ont semé, car tout cela, ma pauvre femme, aura, à ce qu'il paraît, des suites terribles; nous ne sommes qu'au début. »

Ce fut comme une fête funèbre et joyeuse des esclaves libérés. La Bastille prit alors tout son sens emblématique : une prison d'État – où se morfondaient les victimes de l'arbitraire royal – avait été forcée, ouverte, libérée. Le sinistre symbole de la servitude n'existait plus. On lui arracha les chaînes et les verrous, dont on fit des trophées; plus tard, on démolit ses murs pierre à pierre dont on fit des souvenirs sacrés; on multiplia ses clés qu'on vendit à travers l'Europe; on déterra les ossements enfouis auxquels on fit des obsèques solennelles; le soir même, on porta les prisonniers libérés en triomphe, on les couvrit de larmes et de vivats. La vertu garda ses droits : des manifestants rapportèrent au Châtelet la montre en or du gouverneur, sa bourse, ses boucles d'argent et ses clés. « L'emportement et la sotte joie, écrit Saint-Just, avaient d'abord rendu le peuple inhumain, son attentat le rendit fier, sa fierté le rendit jaloux de sa gloire; il eut un moment des mœurs, il désavoua les meurtres dont il avait souillé ses mains... »

La prise de la Bastille ne se réduit pas à « l'assaut contre quelques invalides et un timide gouverneur » qu'a voulu y voir Chateaubriand. On dénombre au total quatre-vingt-dix-huit morts du côté des assaillants, soixante blessés, treize mutilés, contre un tué et trois blessés au combat du côté des défenseurs. Dans *la Bastille dévoilée,* ouvrage contre-révolutionnaire, les auteurs anonymes ont reconnu le courage déployé par les assiégeants : « Jamais on n'a vu plus d'actions de bravoure dans une multitude tumultueuse. Ce ne sont pas seulement les gardes-françaises, les militaires, mais des bourgeois de toutes les classes, de simples ouvriers de toute espèce qui, mal armés, et même sans armes, affrontaient le feu des remparts... »

Au demeurant, la prise de la Bastille avait été circonstancielle, due à l'engrenage des peurs croisées, déterminée par la volonté de chercher des armes mais aussi par quelques méprises successives, et par les maladresses d'un gouverneur... Au fond, un événement assez accidentel. Mais il avait tout changé : Paris avait sauvé la Révolution.

XXI

« AIDEZ-MOI! » (15 JUILLET 1789)

La prise de la Bastille était devenue, sans que les protagonistes en aient eu conscience sur le coup, un de ces événements-phares qui donnent leur sens à une époque. On avait pris d'assaut la forteresse pour y saisir des armes; on s'avise qu'il s'agit aussi d'une prison. Pas n'importe quel lieu de détention! mais un de ceux où l'on jette les victimes des lettres de cachet. Celles-ci, réclamées par les pères de famille au souverain, pouvaient expédier les enfants prodigues, débauchés, ivrognes, violents, ou en simple danger de mésalliance, dans une geôle de l'État; elles étaient l'outil de l'autorité abusive des pères et la marque de l'arbitraire exclusif des rois. Délivrer les captifs de la Bastille devenait l'un des plus beaux actes de révolte contre l'absolutisme :

Sortez de vos cachots funèbres,
Victimes d'un joug détesté,
Voyez à travers les ténèbres,
Les rayons de la liberté!

Trop longtemps la sombre tristesse
Versa son poison dans vos cœurs,
Baignez des pleurs de l'allégresse
Le front de vos libérateurs.

Sans doute eût-il mieux valu que, pour la démonstration, on comptât dans les cachots un peu plus de sept détenus. D'autant qu'ils étaient loin de tous représenter les suppliciés du despotis me. Il y avait ainsi quatre prisonniers de droit commun, qui, une fois les portes ouvertes, s'envolèrent au milieu des réjouissances. Il y avait un Anglais nommé Whyte qui faisait bien figure, avec sa longue barbe, de déterré vivant; on le porta donc en triomphe, avant de le renfermer, cette fois à Charenton : il était fou. Ce fut aussi le sort de Tavernier, qu'on transféra cinq jours après l'Anglais dans le même asile d'aliénés. Par chance restait le comte de Solages, bel et bien interné, lui, à la demande de sa famille : on le fêta comme il se doit, avant qu'il ne s'en retourne, ayant assez fait pour la cérémonie, dans son Languedoc natal.

Cependant, il ne faut pas trop s'attarder à l'écart qu'on dénonce entre la réalité parfois décevante des choses et la puissance symbolique des mots. On vivra, trois ans et quelques semaines plus tard, la bataille de Valmy comme une simple canonnade; cela n'empêcha nullement Goethe d'y voir le début d'une ère nouvelle. Et puis, cette Bastille avait beau être hors de proportion avec son usage, la masse elle-même de ses murs et de ses tours en imposait comme un défi que les siècles d'« obscurantisme » avaient laissé aux citoyens de Paris. Abattre l'édifice parut au comité permanent de l'Hôtel de Ville comme un complément nécessaire : la charge de démolition fut confiée le 16 juillet au « patriote Palloy », lequel, à la tête d'une armée d'un millier d'ouvriers, déconstruisit pierre à pierre le formidable bâtiment; la dernière en sera offerte à l'Assemblée nationale le 6 février 1790.

Palloy, qui avait le sens des affaires, récupéra ces matériaux de construction, fit sculpter sur chacun d'eux un plan relief de la Bastille, et fit de ces « souvenirs », appelés « apôtres de la liberté », un religieux commerce qui s'ajouta à celui des objets divers (médailles, encriers, presse-papiers, tabatières...) que l'industrieux entrepreneur avait fait fabriquer dans les « fers » de la sinistre prison.

Toutes ces péripéties, dont l'ancien *Crapouillot* faisait ses délices (style « le 14 Juillet inconnu », « la prise de la Bastille a-t-elle été inspirée par le marquis de Sade? », etc.), ne doivent pas nous cacher la répercussion de l'événement dans les provinces et à l'étranger. C'est que la prise de la Bastille apparaissait comme l'aboutissement éclatant d'une longue maturation révolutionnaire. Le principal avait été l'adhésion des troupes au mouvement, le phénomène de contagion qui a désarmé le loyalisme des soldats, les a acquis à la cause « nationale ». Ce fut en raison de l'état d'esprit des régiments, y compris des étrangers, que leurs chefs militaires, à commencer par Besenval, renoncèrent à l'usage de la force. « L'avis des officiers généraux réunis à l'École militaire, écrit Besenval dans ses Mémoires, fut que cette effervescence devenait impossible à réprimer, d'autant que nos troupes s'ébranlaient visiblement; qu'on les *pratiquait* en dépit de notre vigilance; et qu'un colonel m'assura, les larmes aux yeux, que son régiment ne marcherait point. »

Pendant des semaines et des semaines, le pays avait connu manifestations, émeutes, soulèvements, au cours desquels la troupe avait été travaillée par une action qui paraissait tout déborder : « C'est le caractère national de l'insurrection du 14 Juillet 1789, écrit J. Godechot, qui a conféré à la chute de la prison de la Bastille une importance sans commune mesure avec d'autres événements analogues, par exemple l'attaque et l'incendie de la prison d'Old Bailey, à Londres, le 5 juin 1780. » Des commentateurs étrangers sont allés plus loin qui, tel l'Allemand Henri Steffens, ont vu tout de suite qu'il s'agissait non seulement d'une « révolution française » mais d'une « révolution européenne ».

Néanmoins, tout le sens de la prise de la Bastille ne saute pas immédiatement aux yeux de chacun. Après tout, le 14 Juillet au soir, rien n'est encore achevé; les Parisiens se sentent plus forts; ils restent dans la crainte de la contre-offensive royale.

Le 14 Juillet, en fait, Louis XVI ne comprend pas très bien, de Versailles, ce qui vient de se passer à Paris. A ce propos, on a souvent évoqué les pages si peu inspirées de son agenda, qui était plutôt son carnet de chasse : « Mardy 14. Rien. » Un *rien* qui pèse évidemment des tonnes d'inconscience. Mais selon divers témoignages, dont les Mémoires de Bailly, le monarque, conseillé par Breteuil, entendait tenir le 16 une « séance royale », par laquelle il aurait réaffirmé ses propos du 23 juin : les « États » lui obéiraient ou ils seraient dissous. A cet effet, le maréchal de Broglie devait faire intervenir l'armée à Paris dans la nuit du 14 au 15, pour mieux disposer les esprits des députés à la résignation. Dans la capitale, on s'attend du reste à la contre-attaque, et le soir du 14 la milice coupe les ponts de Sèvres et de Saint-Cloud qui ouvrent les routes de Versailles.

Le soir du 14 toujours, l'Assemblée, qui délibérait sans interruption depuis l'exil de Necker, apprend de la bouche du vicomte de Noailles arrivant de Paris la double prise des Invalides et de la Bastille, et la mise à mort du gouverneur de Launay. Elle adresse sur-le-champ une délégation auprès du roi pour l'informer. Celui-ci, ne prenant pas encore toute la mesure des faits, répond par écrit et sans émotion qu'il a fait nommer des officiers généraux pour commander la garde bourgeoise et ordonné l'évacuation du Champ-de-Mars par les troupes. Ce n'était pas tout à fait rassurant. Mais, entre-temps, une députation des électeurs de Paris parvient à son tour à l'Assemblée et donne sa version dramatique des faits; les auditeurs décident alors d'envoyer une nouvelle mission auprès du roi, pour lui donner plus de détails sur la journée parisienne. Louis XVI, après l'avoir entendue, se dit « déchiré », mais n'ajoute rien à sa première réponse. Cependant, le député Dupont de Nemours est prié par l'Assemblée de gagner l'Hôtel de Ville de Paris, où il arrive à deux heures du matin, pour rendre publique la réponse du roi.

Celui-ci n'aurait compris toute la gravité de la situation, c'est-à-dire la démoralisation des troupes, sans lesquelles il ne pouvait plus rien, que dans la nuit du 14 au 15. Un mot célèbre résume la scène : « Mais c'est une révolte? » dit le roi au duc de Liancourt venu le réveiller. « Non, sire, c'est une révolution. » Apocryphe ou non, la formule témoigne du temps qu'il avait fallu à Louis XVI pour se représenter avec exactitude dans quel rapport de forces la cour se trouvait désormais. La prise de la Bastille n'avait pas été un fait divers; elle démontrait l'échec de la contre-offensive royale. Dès le soir du 14, Bésenval avait donné l'ordre de la retraite des troupes hors de Paris. Retraite improvisée sous une pluie battante; les villageois de Sèvres refusent leurs portes que les soldats doivent enfoncer pour se loger de force. Un désastre supplémentaire, qui encourage de nouvelles désertions par dizaines. Le 15, le futur ambassadeur des États-Unis à Paris, Gouverneur Morris, fait cette observation :

« L'armée tout entière, en France, s'est déclarée en faveur de la Révolution. »

Le même jour, sur le conseil du duc de Liancourt, le roi fait connaître son intention de se rendre à l'Assemblée. Celle-ci est justement sur le point de lui envoyer une nouvelle députation pour le convaincre de renvoyer les troupes à leur garnison, faire assurer le ravitaillement de la capitale, consolider l'établissement de la garde bourgeoise. On avait adopté un arrêté à l'unanimité et choisi vingt-quatre personnes pour aller le porter lorsque Mirabeau s'est levé pour lancer un de ces morceaux de bravoure qui justifient les anthologies de l'éloquence parlementaire : « Eh bien! dites au roi que les hordes étrangères dont nous sommes investis ont reçu hier la visite des princes, des princesses, des favorites, et leurs caresses, et leurs exhortations, et leurs présents (Mirabeau fait ici allusion à la visite que Marie-Antoinette, le comte d'Artois, Mme de Polignac et quelques autres avaient fait aux hussards casernant dans l'Orangerie); dites-lui que toute la nuit ces satellites étrangers, gorgés d'or et de vin, ont prédit dans leurs chants impies l'asservissement de la France, et que leurs vœux brutaux invoquaient la destruction de l'Assemblée nationale; dites-lui que dans son palais même, des courtisans ont mêlé leurs danses au son de cette musique barbare, et que telle fut l'avant-scène de la Saint-Barthélemy... »

Les membres de la députation s'apprêtent à sortir, lorsque le duc de Liancourt annonce l'arrivée imminente du roi. Des députés applaudissent; d'autres s'en plaignent : – Attendez de savoir ce que le roi nous dira... « Le silence des peuples est la leçon des rois. » Bientôt le grand maître des cérémonies surgi déclare la venue de Sa Majesté. Quelques instants plus tard, le roi fait son entrée, sans gardes, accompagné seulement de ses deux frères. Prenant la parole, il déplore « les actes affreux qui règnent dans la capitale », proteste contre les « injustes préventions », les « bruits coupables » qui ont laissé croire que les députés seraient menacés : « Eh bien! c'est moi qui ne suis qu'un avec ma nation, c'est moi qui me fie à vous! Aidez-moi, en cette circonstance, à assurer le salut de l'État; je l'attends de l'Assemblé nationale; le zèle des représentants de mon peuple, réunis pour le salut commun, m'en est un sûr garant; et comptant sur la fidélité de mes sujets, j'ai donné ordre aux troupes de s'éloigner de Paris et de Versailles. Je vous autorise, et je vous invite même à faire connaître mes dispositions à la capitale. »

Le roi avait dit : « Assemblée nationale », et non « les États généraux ». C'était la première fois. Il s'inclinait ainsi devant l'acte révolutionnaire du 17 juin. Le roi avait confirmé le renvoi des troupes. Il s'inclinait ainsi devant la journée révolutionnaire du 14 Juillet. Il s'inclinait doublement, devant les députés et devant le peuple parisien. Le président, l'archevêque de Vienne, lui a dit dans sa réponse que les « changements survenus dans la composition (du) conseil » avaient été une des causes principales des troubles. Sous-entendu : il faudra que le roi ne fasse pas ou ne défasse pas les ministères à sa guise; pour l'heure, il serait avisé de remplacer ses jusqu'au-boutistes par le retour de Necker. Les mots n'étaient pas prononcés; tout le monde y pensait.

La suite de la journée à Versailles fut marquée par ces heures d'illusion populaire et de liesse provisoire dont l'année 1789 n'a pas été chiche. Le roi et ses deux frères sont revenus à pied au château, suivis de tous les députés, tous ordres confondus, les premiers rangs formant une chaîne pour protéger le souverain de la cohue. Car tout le monde est accouru, a voulu voir le roi, l'applaudir, le serrer de près, le toucher peut-être. Une femme a réussi à se frayer le passage, s'est jetée à ses genoux, les a embrassés, tandis que de tous côtés ont retenti les « Vive le roi! ». Bain de foule, délire général, joie sans mélange, oui, à ce moment-là précis, Louis XVI faisait « un avec sa nation ». Il transpire, il est fatigué par cette foule qui le presse et l'accompagne jusqu'aux marches du château, mais comment n'éprouverait-il pas un sentiment de bonheur? Jours étonnants que ceux qui suivent la prise de la Bastille et qui ne manqueront pas d'émerveiller les représentants des nations étrangères. Le roi, l'Assemblée, la nation, unis dans l'allégresse, allaient faire des prodiges! La reine, dont on disait tant de mal, on la réclame elle aussi, et le dauphin, et Madame royale sa sœur, qui se présentent au balcon, sous les vivats de la foule, aussi prompte à aimer qu'à haïr.

Ces scènes sont bientôt suivies d'analogues, sur le chemin de Versailles à Paris, que prend maintenant une délégation de quatre-vingt-huit députés, dans quarante voitures, entre deux rangées de témoins enthousiastes. Arrivés à la place Louis XV, ils ont pris à pied la direction de l'Hôtel de Ville. Tous les habitants de la capitale sont dans les rues, faisant fête aux représentants de l'Assemblée, une « haie de peuple » en joie, les croisées des fenêtres débordant de manifestants, des cris incessants : « Vive la nation! Vive l'Assemblée nationale! Vive la liberté! Vive la Constitution! Vive la patrie! Vivent les Français! »

Dans cette délégation figure notre Adrien Duquesnoy, que nous avions délaissé. Rien ne vaut la fraîcheur de la description qu'il donne de ces heures enfiévrées d'un peuple rendu fier par la conquête de sa liberté : « Non, jamais on ne vit un spectacle plus imposant que celui qu'offrait la place de Grève; une foule de citoyens paisibles et désarmés, mêlés parmi leurs frères en armes pour leur défense, des gardes françaises, les gardes suisses, des soldats de tous les régiments, des chevaliers de Saint-Louis, des hommes de tous les rangs, de tous les arts, de tous les états, confondus, réunis pour la défense publique; et la plus grande police, le plus grand ordre, le peuple ouvrant la foule au premier ordre qu'il recevait. Quelle nation! quel étonnant amour de la liberté! Ce n'est pas la licence, ce n'est pas une effervescence passagère; c'est un sentiment profond et durable, puisqu'il est accompagné du calme et de la réflexion. »

Tous les détracteurs de la Révolution française (je pense notamment à l'Anglais Edmund Burke, qui, apprenant les événements de Paris dans la crainte, s'apprêtait à écrire contre elle la première et la plus éclatante des catilinaires qu'elle provoqua) devraient se remémorer cette scène à la fois naïve et grandiose, où la monarchie elle-même aurait pu trouver son inspiration et sa chance de durée. Le roi trompé par de mauvais conseillers reste un postulat. Le roi rendu à son peuple, gage de l'avenir des Français, reste la grande espérance.

1789 ou la dernière année de l'illusion monarchique.

XXII

LE ROI ET LA COCARDE TRICOLORE (17 JUILLET)

Cette journée mémorable du 15 juillet, Mounier en exposera le lendemain les scènes par le menu, avec feu, à ses collègues de Versailles. « Nous marchions dans une foule immense, mais nous ne pouvions y avoir que des amis et des frères. » A l'Hôtel de Ville, dans la grande salle, une foule serrée écoute d'abord La Fayette, qui narre aux Parisiens ce qui venait d'être vécu à Versailles : le discours du roi, ses paroles apaisantes, le retour au château au milieu des « témoignages d'amour et de sensibilité ». Comme dans la tragédie classique, les acteurs politiques ne cessent de faire des *récits*. La lenteur des communications, l'impossibilité de voir à distance, la répartition des rôles entre Paris, Versailles, la province, l'étranger bientôt, rendent nécessaires ces descriptions, ces tableaux, ces relations qui tiennent en haleine et donnent aux assemblées révolutionnaires l'aspect d'un théâtre permanent. L'Histoire est montée sur les planches. Demain encore, à Versailles, il faudra que Lally-Tollendal répète à ses collègues le discours qu'il prononce, ce 15 juillet, aux Parisiens de l'Hôtel de Ville, et qui a tiré les larmes (le siècle s'en abreuve!) à de nombreux auditeurs : « Vous êtes généreux, vous êtes Français. Vous aimez vos femmes, vos enfants, la patrie; il n'y a plus de mauvais citoyens parmi vous; tout est calme, tout est paisible. Nous avons admiré l'ordre de votre police; de vos distributions, le plan de votre défense; mais maintenant la paix doit renaître parmi nous... »

Moreau de Saint-Méry, président du comité des électeurs,

a fait une réponse « qui respirait le zèle et le patriotisme ». Et puis deux vœux sont montés vers les représentants, deux vœux qui sont devenus immédiatement des réalités : on a demandé à La Fayette de prendre le commandement de la milice parisienne, eu égard à ses prouesses américaines; et on a voulu faire de Bailly, député de Paris et premier président de l'Assemblée nationale, le maire de la capitale. Les deux hommes ont accepté, mais en réservant à l'Assemblée le soin de ratifier cette proclamation.

Tout le monde s'est ensuite rendu à Notre-Dame, pour entendre le *Te Deum*, comme l'avait proposé l'archevêque de Paris. En route, les députés ont entendu les cris de victoire de la foule mais aussi ses exigences : « Rendez-nous monsieur Necker, c'est notre père! Renvoyez les ministres! » Ils ont croisé un char de triomphe sur lequel on avait juché le garde-française qui s'était couvert de gloire en franchissant en tête la porte de la Bastille, et chacun de payer sa part à son apothéose. On a voulu ceindre aussi les fronts de Lally-Tollendal, de Bailly, de l'archevêque de Paris, mais ceux-ci, très dignes, ont refusé l'hommage antique, se contentant de prendre les couronnes pour les remettre à l'Assemblée. Enfin le cortège s'est dispersé au Palais-Royal « où un peuple immense » l'attendait. Quand quelqu'un s'est mis à crier : « Vive le Tiers », sa voix a été couverte par cent protestations : « Il n'y en a plus, il n'y a que la nation! »

Le 16 juillet, tout en faisant savoir qu'il renvoie ses ministres et rappelle M. Necker, le roi annonce qu'il se rendra le lendemain à Paris. L'Assemblée décide aussitôt de le faire accompagner par une centaine des siens, tandis que les quarante députés de Paris les précéderont pour accueillir le souverain. Nouvelle « journée », nouveau spectacle que le peuple va se donner à lui-même et à son roi, nouvel acte d'alliance entre le monarque et la nation.

Le 17, Louis XVI quitte Versailles, sans gardes du corps, accompagné par cinq gentilshommes, escorté par la milice de Versailles jusqu'à Sèvres, et à partir de là par la milice de Paris. Son départ est salué par les acclamations; tous les membres de l'Assemblée ont tenu à être présents sur son passage. A la barrière de Chaillot, Bailly, confirmé dans ses nouvelles fonctions de « maire », remet au roi les clefs de la ville, moyennant une petite allocution, où il a ciselé ce mot

« historique » : « Henri IV avait reconquis son peuple, ici le peuple a reconquis son roi. » De là à l'Hôtel de Ville, celui-ci doit traverser une mer humaine. Mais on n'entend plus : « Vive le roi! » La milice a formé deux haies impeccables : cent, cent cinquante mille hommes peut-être, armés de fusils ou de simples bâtons, d'épées ou de simples broches, permettent à la voiture du monarque d'avancer au pas, tandis qu'on entend de partout : « Vive la nation! » En approchant du Palais-Royal, rue Traversière, rue Saint-Nicaise, plus rien, pas un cri, pas un bravo; seulement des ordres : « Silence! paix! chut! » Adrien Duquesnoy, qui est tout près des garde-crotte de la voiture royale, observe la tranquillité de Louis, qui promène un air de « satisfaction » ahurissant dans ce silence lourd de menace.

A l'Hôtel de Ville, on a placé un trône dans la grande salle. Le roi y prend place sous les applaudissements de ceux qui ont la chance d'avoir pu y pénétrer. Moreau de Saint-Méry a prononcé le discours d'accueil. Et puis, Bailly s'est approché du monarque pour prendre ses ordres. Contrairement à l'usage, il ne s'est pas agenouillé. Le malheur de Louis est de ne pas savoir improviser; n'ayant rien préparé, il ne saura que bredouiller quelques mots. Lally-Tollendal, sollicité par lui, y va encore de son éloquence, sujette « aux larmes » si l'on doit en croire Chateaubriand. Celui-ci, qui a vu dehors « cent mille hommes armés comme les moines de la Ligue », jette un regard ironique sur la scène restée célèbre de la cocarde : « Le roi s'attendrit à son tour; il mit à son chapeau une énorme cocarde tricolore; on le déclara, sur place, *honnête homme, père des Français, roi d'un peuple libre,* lequel peuple se préparait, en vertu de sa liberté, à abattre la tête de cet honnête homme, son père et son roi. »

A vrai dire, la reconstruction est imaginaire. En cet instant, qui pourrait deviner la suite? Cette cocarde, faite d'abord des couleurs de Paris – le bleu et le rouge – s'est enrichie le 16, quand on a appris le retrait des troupes, du blanc royal : c'était le signe de l'unité nationale *dans* la monarchie. « Sire, dit Bailly, j'ai l'honneur d'offrir à Votre Majesté le signe distinctif des Français. » Lally-Tollendal, dans son discours, avait dit, lui : « Il n'est pas réservé à la génération actuelle, le malheur de détruire l'ouvrage de mille quatre cents ans, et il n'est pas un de nous qui ne verserait tout son sang pour le maintien de l'autorité légitime que nos ancêtres ont donnée, il y a huit cents ans à votre auguste famille. » Quand Louis XVI s'est montré à l'une des fenêtres de la grande salle de l'Hôtel de Ville, la cocarde nationale au chapeau, on a entendu parmi les vivats cette réflexion : « Il est du *Tiers*! » Louis avait retrouvé l'estime et la confiance de son peuple. Celui-ci ne lui était plus soumis par un décret de droit divin (le maire de Paris n'avait pas ployé les genoux devant lui); il le reconnaissait comme son représentant ultime, celui qui régnait par la volonté générale.

Quant à la milice, armée comme « des moines de la Ligue », son aspect rassure plutôt Duquesnoy. Il était un peu inquiet, notre député de Bar-le-Duc, en entrant à côté du souverain, dans ce Paris mi-figue mi-raisin, mais après la séance de l'Hôtel de Ville, il est ravi et il se rassure de voir dans cette milice parisienne tant de « bons bourgeois », non seulement « les meilleurs citoyens de la ville », mais « des chevaliers de Saint-Louis », « des chevaliers de Malte », des « financiers », des « avocats », tous « parfaitement bien disciplinés, ne quittant pas plus leur poste que des troupes réglées ». La Fayette s'est porté à l'avant-garde du cortège, au moment où celui-ci se remet en marche pour Versailles; et qu'a-t-on vu au long du même itinéraire emprunté qu'à l'aller? Cette même milice bordant les rues avait mis l'épée au fourreau et renversé la baïonnette : idée « sublime »! écrit Duquesnoy. Bref une bonne journée! Après tout, les Parisiens auraient pu se montrer plus méchants. Du reste, le Roi Très-Chrétien, avant de se mettre en route, avait fait ses dévotions et confié, en cas de malheur possible, la lieutenance générale du royaume à Monsieur, le comte de Provence. Restait, pour le monarque, cette humiliation, cette défaite, cette capitulation. « Canossa » s'appelait désormais « place de Grève ». Au moment où son frère cadet, le comte d'Artois, donnait le signal de l'émigration, Louis XVI pouvait-il vraiment admettre cette Révolution qui, selon l'ambassadeur d'Angleterre, le duc de Dorset, est « la plus grande... dont l'histoire ait conservé le souvenir... ». Ajoutant : « Dans ce moment, nous pouvons regarder la France comme un pays libre, le roi comme un monarque dont les pouvoirs sont limités et la noblesse comme réduite au niveau du reste de la nation. »

Cette scène débonnaire d'un roi arborant devant son peuple la cocarde de la liberté, d'aucuns la voyaient comme inaugurant les nouveaux rapports entre la monarchie et la nation. Mais ne s'agissait-il pas d'une « fausse paix », selon l'expression de Michelet? Louis XVI, à l'instar d'Henri IV selon qui Paris valait bien une messe, aurait pu se dire que l'avenir de sa couronne valait bien une cocarde tricolore. Mais il ne s'agissait plus de la couronne des Bourbons absolus; la Constitution attendue allait préciser les composantes du nouvel alliage. Le roi allait-il accepter de n'être plus qu'un rouage, même si c'était le principal, d'un système politique dont la légitimité ne venait plus d'en haut, mais d'en bas?

L'effet le plus immédiat du changement apporté par le 14 Juillet a été ce qu'on a appelé la « révolution municipale ». Paris avait montré l'exemple : une nouvelle autorité administrative et politique s'était imposée. La formation du comité permanent se substituant à la municipalité régulière allait être suivie d'une complète réforme. La Fayette, le 15, avait été désigné comme chef de la milice et Bailly comme maire de Paris par acclamation de l'assemblée des électeurs et du public présent. Ces deux hommes allaient se trouver au départ des transformations municipales.

Le souci premier était celui de l'ordre. Duquesnoy, dans son Journal, pose clairement la question : ou bien Paris réussit à maîtriser le problème de l'armement des citoyens, à éviter que celui-ci ne soit anarchique, à donner à la milice bourgeoise autorité et moyens pour réduire toutes les tentatives hostiles à l'Assemblée nationale, vraie source désormais de la légitimité, à faire en sorte que cette milice serve de modèle à toutes celles qui doivent garder toutes les villes du royaume, et alors les représentants du peuple pourront œuvrer pour résoudre la crise financière et donner une Constitution aux Français. Ou bien les têtes chaudes poussent aux « mesures extrêmes », Paris oublie qu'il n'est qu'une « portion du royaume », se livre à « une fureur inconsidérée », s'avise de « subjuguer l'Assemblée nationale », et alors on peut tout redouter. L'ordre donc, l'ordre d'abord!

La Fayette ne perd pas son temps. Dès le 16, il a proposé que chacun des soixante districts envoie un député à l'Hôtel de Ville pour désigner les seize membres d'un comité militaire, lequel l'aiderait, lui La Fayette, à rédiger un plan d'organisation de ce qu'il suggère d'appeler, plutôt que milice bourgeoise, « Garde nationale ». Le 31 juillet, le règlement en est fait : tout citoyen de vingt à cinquante ans serait sur la liste générale des soldats-citoyens; on y puiserait un effectif de trente mille hommes, répartis en soixante bataillons, formés de cinq compagnies de cent volontaires; l'une d'elles, dite « compagnie du centre » devait être toujours disponible, et pour cela loger en caserne. L'équipement était payable par chaque garde, ce qui assurait le rang social de l'ensemble; on accepta cependant que le district pût payer l'uniforme à certains braves et, comme d'autre part les bourgeois pouvaient s'acheter un remplaçant, la composition sociale de la garde nationale était variée. Enfin, le principe électif pour le commandement assurait la nature « citoyenne » de cette police municipale.

Parallèlement à la création de la Garde nationale, on transforma le comité permanent, chargé provisoirement de l'autorité civile. Si Bailly tout comme La Fayette s'étaient vus confirmés dans leurs fonctions par Louis XVI, lors de la séance du 17 à Paris, ils entendaient l'un et l'autre être confirmés aussi et surtout par les citoyens de la capitale. Bailly demande donc à l'assemblée des électeurs d'organiser la consultation dans les districts, lesquels sont en même temps priés de désigner des députés pour former une assemblée des représentants de la Commune. Cent vingt députés sont ainsi réunis le 25 juillet à l'Hôtel de Ville : leur rôle est de remplacer l'assemblée des électeurs pour administrer provisoirement Paris et de préparer la constitution municipale. Au cours des mois suivants, l'autonomie municipale allait donc se mettre en place. Auprès du maire, Bailly, élu directement par ses concitoyens dans les districts, étaient institués notamment un conseil de ville et un procureur de la Commune, secondé par deux substituts. La liberté se décentralisait.

Un peu partout, d'autres cités de France vont imiter Paris, se doter de nouveaux pouvoirs municipaux et de gardes nationales. Le mouvement ne fut pas universel, la réforme ne fut pas partout radicale, mais, quelles que soient ses limites, la « révolution municipale » fut observée comme une des conséquences majeures des grands événements qui avaient bouleversé le pays en juillet 1789. Michel Vovelle nous a invités à ne pas y voir cependant une simple imitation du modèle parisien. Le mouvement, dans certaines provinces, a été antérieur à la révolution parisienne; dans d'autres, simultané. Les émeutes de subsistance, la détestation des octrois, la grogne contre les impôts municipaux, les revendications des notables, autant de motivations qui ont contribué à faire naître l'exigence d'autonomie. Parfois, comme à Lyon, un véritable conflit éclate entre l'ancienne municipalité – « le consulat » – et la nouvelle, mais presque toujours le passage de l'une à l'autre a lieu sans heurt, sans intervention militaire, et très souvent un compromis est passé entre les autorités nouvelles et celles de la veille. Conséquence de poids : le retrait des intendants, agents par excellence de l'absolutisme, « les yeux et les oreilles du roi en province », l'instrument privilégié de la centralisation monarchique. Une nouvelle France était bien en train de naître : celle des citoyens.

Restait à savoir si tous les citoyens se valaient, si les purotins et les culs dorés, les gros bonnets et les gagne-petit, les marmiteux et les ventrus devaient avoir les mêmes droits : sujet épineux sur lequel on ne manquait pas de théoriciens. L'Assemblée constituante allait bientôt en délibérer.

XXIII

LE COMTE D'ARTOIS S'EN VA, NECKER REVIENT

Au lendemain du 14 Juillet, le plus clair est la crise de l'autorité publique. Qui gouverne en France? Là-dessus, on ne hasarde plus que des suppositions. Le pouvoir royal, déconfit et humilié, a perdu toute substance. Personne ne s'avise, comme le remarque Edgar Quinet, de l'impossibilité pour Louis XVI de régner désormais. Les chances de la monarchie constitutionnelle passaient probablement par le remplacement d'un monarque par un autre, comme avaient su faire les Anglais un siècle plus tôt. « Au contraire, dit Quinet, on s'obstina de tous côtés à laisser à Louis XVI la couronne, quand déjà on lui avait ôté la force de la porter. »

Le 17 juillet apparaît ainsi comme une nouvelle journée des dupes. Le roi, à force de restriction mentale, avait feint la réconciliation, esquissé des sourires et porté la cocarde tricolore, dans l'espoir de gagner du temps. La foule, selon la tradition, avait voué les ministres et les mauvais conseillers aux gémonies, pour mieux dire son respect à un monarque tiré des splendeurs versaillaises et venu quasiment s'agenouiller devant le peuple roi. L'Assemblée, qui avait donné l'assaut à l'absolutisme dès les premières réunions des États généraux, se flattait que les nobles et le clergé ne missent plus désormais la moindre résistance à siéger avec les représentants du Tiers : peut-être était-ce en son sein qu'on croyait le plus fermement encore au nouveau contrat que les Français devaient signer avec Louis XVI. Mais « contrat impossible », dit Quinet : peut-on parler de contrat entre le vaincu et son vainqueur?

On connaît la formule d'Hippolyte Taine : « Si mauvais que soit un gouvernement, il y a quelque chose de pire, c'est la suppression du gouvernement. » Qui gouverne alors, en effet? Personne et tout le monde, sauf la cour. Les ministres impopulaires ont été démis, ils ont pris la route de l'exil, ils se cachent. Necker, qui capitalise tous les espoirs, a été rappelé : encore faut-il le retrouver, le faire revenir, cela prendra quelques jours. Pour le moment, le pouvoir est déchiré entre l'Assemblée de Versailles, l'assemblée des électeurs de Paris, Bailly le maire, La Fayette et sa Garde nationale... autant d'instances, autant d'impuissances : « Je donnais des ordres, écrit Bailly, qui n'étaient ni suivis ni entendus... » Momentanément, la rue victorieuse a pris l'initiative. Ce n'est plus l'heure de la fête mais de la vengeance, – celle de la justice populaire.

Dans la nuit du 13 au 14, une liste de proscription a été composée au Palais-Royal : le comte d'Artois y figure, ainsi que les ministres Broglie et Breteuil, le chef des gardes-suisses Besenval, les administrateurs Foulon et Bertier qui s'étaient occupés matériellement du camp militaire contre lequel Paris s'est soulevé... Les noms circulent, les têtes sont mises à prix. Le 22 juillet, le conseiller d'État Foulon est arrêté. Qui est-il? Pour Michelet, un spéculateur éhonté, jouissant de sa position au Conseil pour mieux faire ses coups. Pour Taine, un « maître sévère », mais « intelligent et utile », qui donne du travail sur ses terres. Mais aucun des deux historiens n'ajoute foi à la rumeur qui court : Foulon aurait dit de ses vassaux qu'ils ne valaient pas mieux que ses chevaux, et d'ajouter : « S'ils ont faim, ils n'ont qu'à manger de l'herbe. » Le mot stéréotypé se retrouve dans toutes les jacqueries. Il n'importe : l'herbe, c'est lui qui en mangera! Ayant été découvert chez un ami, il est traîné à l'Hôtel de Ville, paré des attributs de sa légende noire : une botte de foin sur le dos, un bouquet d'orties dans les bras et un collier de chardons. Les droits de la symbolique sont respectés jusqu'au cœur du lynchage.

A l'Hôtel de Ville, Bailly et les électeurs, devant qui la foule a amené le coupable, décident qu'on mettrait désormais les ennemis du peuple accusés à la prison de l'Abbaye, où ils attendraient leur jugement. A la foule assemblée qui veut pendre Foulon, le maire veut expliquer les « principes». La Fayette raisonne à son tour les vociférateurs criant à la pendaison et entend conduire Foulon à l'abbaye. Mais un cri s'élève: «Pourquoi faut-il un jugement pour un homme jugé depuis trente ans?» Le temps n'est plus aux palabres, les formes n'ont plus cours; on a saisi Foulon, on le conduit à la poterne d'en face, on lui fait demander pardon à la nation, on le hisse par le cou... Par deux fois, la corde casse: on n'y voit nul signe d'un jugement de Dieu. On noue le cou de «l'accapareur» derechef, avec du chanvre neuf. Puis, l'on tranche la tête du pendu, on lui farcit la bouche de foin, avant de l'exhiber au bout d'une pique pour la donner à voir dans Paris.

Pendant ce temps, on avait retrouvé Bertier, gendre de Foulon, intendant de Paris, qui s'était enfui à Compiègne. Retour féroce: vitupéré, insulté, précédé de panneaux infamants, il est bombardé de morceaux de pain noir – «celui que tu nous as fait manger!» –, et, à la fontaine Maubuée, il manque de défaillir en découvrant la tête de son beau-père, du foin dans la bouche. Une fois encore, la rue l'emporte sur les fragiles pouvoirs qui se sont constitués à Paris. Une fois encore, Bailly a dit: «A l'abbaye», et Bailly n'a pas été écouté. Sur un mouvement de défense qu'il a esquissé face à ses bourreaux, Bertier a eu le ventre percé à la baïonnette. On le croyait sans cœur, on lui en découvre un, qui vient de cesser de battre; on le lui arrache, et on le porte, avec la tête, à l'Hôtel de Ville.

Comment rendre raison de cette barbarie? Michelet avance des explications à la fois sociologiques et historiques. Pour lui, le peuple n'est pas de lui-même féroce: il est poussé par des meneurs, des bourgeois, des hommes bien vêtus, les donneurs d'ordres du Palais-Royal. L'exemple vient de haut. Même à l'Assemblée, un Mirabeau s'égare à justifier le pire. «La colère du peuple, dit-il... Ah! si la colère du peuple est terrible, c'est le sang-froid du despotisme qui est atroce; ses cruautés systématiques font plus de malheureux en un jour que les insurrections populaires n'immolent de victimes pendant des années.» Lui, Duport, les Lameth et bien d'autres «plus modérés» justifient les violences. Et puis, dit Michelet – et nous retrouvons ici l'explication par l'exemple donnée par Babeuf –, la barbarie populaire n'a fait qu'imiter la barbarie des tribunaux réguliers de l'absolutisme : les supplices publics infligés aux condamnés ont accoutumé les gens simples à la cruauté. Ajoutons-y l'exaltation provoquée par la faim : cette violence déchaînée est souvent celle de fantômes, « ivres de jeûne », qui n'étaient plus des hommes.

Taine, pour sa part, veut bien admettre les causes conjoncturelles, les effets de la disette notamment, mais il entend surtout donner de la violence populaire une explication anthropologique. L'homme n'est pas bon naturellement; si d'ordinaire il ne se conduit pas comme un sauvage c'est que des freins, à la fois intérieur (la crainte de l'enfer) et extérieur (la peur du gendarme) l'en dissuadent. Or, immergé dans l'émeute, ces freins ne fonctionnent plus. Avant Gustave Le Bon et sa *Psychologie des foules*, Taine décrit l'individu qui, dans la multitude, se métamorphose : « La fièvre lui vient au contact des enfiévrés, et il suit des bandits qui sont devenus ses camarades. » Et Taine de reprendre la comparaison que faisait Mallet du Pan entre ces meutes, ces bandes improvisées, ces manifestants en délire et l'invasion de l'Empire romain au IVe siècle : « Les Huns, les Hérules, les Vandales et les Goths ne viendront ni du Nord ni de la mer Noire : ils sont au milieu de nous. »

Mirabeau lui-même, pris à partie par Michelet, connaît les dangers de l'anarchie. Dans le même discours où il prenait la défense des coupeurs de têtes, il disait aussi : « La société serait bientôt dissoute si la multitude, s'accoutumant au sang et au désordre, se mettait au-dessus des magistrats, et bravait l'autorité des lois. Au lieu de courir à la liberté, le peuple se jetterait bientôt dans l'abîme de la servitude, car trop souvent le danger rallie à la domination absolue, et dans le sein de l'anarchie un despote même paraît un sauveur. »

La liberté se révèle un alcool très fort pour ceux qui en ont toujours été sevrés; il faut en prendre à petites gorgées, pour habituer son palais. Au lieu de quoi, les Français avaient tendance, en ces journées de juillet 1789, à boire cul sec.

Certains n'entendaient nullement trinquer. Il s'agissait de ceux dont les noms faisaient l'objet de la vindicte publique et des listes de proscription, comme Foulon et Bertier, et qui ne voulaient pas partager le sort de ceux-ci. Le roi lui-même paraît avoir encouragé son frère, le comte d'Artois, à aller se mettre à l'abri, et lui a donné un passeport. Dès le 12 juillet, le prince de Conti s'était mis en route pour Bruxelles, moyennant un itinéraire compliqué, persuadé qu'il était qu'on empoisonnait les fontaines publiques le long de son chemin. Le soir du 16, le frère cadet du roi avait gagné Chantilly; de là il partit en direction de la Belgique, incognito, dans la nuit. A Valenciennes, il fut rejoint par le prince de Condé, qui avait fait préparer des voitures de poste et des relais jusqu'à la frontière.

Marie-Antoinette, de son côté, avait convaincu au départ sa favorite la duchesse de Polignac, détestée de l'opinion. Elle s'y résolut, sans oublier d'emmener dans sa voiture, outre son mari et leur belle-sœur, la comtesse de Polastron, maîtresse notoire du comte d'Artois, son propre amant le comte de Vaudreuil. Ainsi, les personnages les plus en vue de la cour quittaient la France, non sans légèreté, non sans amusement : le comte d'Artois ne croyait pas à un séjour prolongé, n'accordant aucune chance à l'ordre nouveau qui se mettait laborieusement en place à Paris et à Versailles. C'était, en attendant, un petit dépaysement.

C'est en fait le début de l'émigration. Le signal avait été donné. D'autres, un peu moindres, allaient suivre ces illustres : Lauzun, Beauvau, Harcourt, Mortemart... Les jours de la Grande Peur, suivie des assauts lancés contre les châteaux, verront le phénomène s'amplifier. Les partants n'étaient pas seulement de grands seigneurs; il leur fallait toute leur maison, leurs domestiques, leurs partenaires de lit et de jeu, et au-delà, bientôt, leurs fournisseurs, ceux qui vivaient de leurs largesses : artistes, comédiens, prostituées... Les émigrés, loin de perdre leurs habitudes dans la tourmente, entendaient sauver au contraire ce qui faisait les délices de leur vie. Ils reconstituèrent à l'étranger leurs salons, leurs intrigues, leurs querelles de préséance. Avant que l'émigration ne devînt un calvaire, elle fut une mode, comme en parle dans son *Journal* la marquise de la Tour du Pin : « On se mit à lever de l'argent sur ses terres pour emporter une grosse somme. Ceux, en grand nombre, qui avaient des créanciers, envisagèrent ce moyen de leur échapper. Les plus jeunes voyaient un motif de voyage tout trouvé, ou bien un prétexte d'aller rejoindre leurs amis et leur société. Personne ne se doutait encore des conséquences que cette résolution pouvait avoir. »

Après avoir séjourné aux Pays-Bas ou en Rhénanie, le gros de la vague se retrouva derrière le comte d'Artois à Turin. Le roi de Sardaigne Victor-Amédée III, beau-père d'Artois, sollicité, avait demandé l'autorisation à Louis XVI d'accueillir la troupe, à quoi se prêta bien volontiers le roi de France. Là donc une cour en exil s'organisa, sur laquelle régna le comte d'Artois, bien aise d'avoir été rejoint par Mme de Polastron. Tandis qu'à Versailles, comme l'écrit Mercy-Argenteau, « le château ressemblait à un désert ».

Cependant, Necker fit le chemin en sens inverse. Deux messages, l'un du roi, l'autre de l'Assemblée, le pressant de reprendre son poste aux côtés des autres ministres disgraciés, Montmorin et Saint-Priest, l'atteignent finalement à Bâle, le 23 juillet, alors qu'on l'avait cru à Bruxelles. L'épouse du Genevois tente de dissuader son mari, du reste hésitant. Il accepte finalement, pénétré du sens du devoir, victime de l'estime dont on l'honore, comme il en fait la confidence dans une lettre écrite le lendemain à son frère : « il faut se soumettre aux lois de la nécessité et aux enchaînements d'une destinée incompréhensible... Il me semble que je vais rentrer dans le gouffre. »

Au vrai, le voyage de retour est d'abord enivrant. Mme de Staël, qui en était, a laissé une belle description de l'enthousiasme des populations sur leur passage : « Les femmes se mettaient à genoux de loin, dans les champs, quand la voiture passait; les premiers citoyens des lieux que nous traversions prenaient la place des postillons pour conduire nos chevaux sur la route et, dans les villes, les habitants les dételaient pour traîner eux-mêmes la voiture... »

Pourtant, à la veille de son arrivée à Versailles, le 28 juillet, à Nogent-sur-Seine, Necker apprit qu'on venait d'arrêter à Villenauxe-en-Brie son ami Besenval, lequel, muni d'un passeport du roi, avait tenté de regagner sa patrie helvétique. Le ministre fait savoir aussitôt aux officiers municipaux de Villenauxe que Besenval, en règle, doit avoir la liberté de regagner la Suisse; mais ceux-ci refusent de relâcher leur prisonnier : c'est de la ville de Paris qu'ils attendent les ordres.

Le 29 juillet, Necker rend visite successivement à la

famille royale et à l'Assemblée. Les députés font à l'« ange tutélaire du peuple et du trône », au « sauveur et (...) martyr de la patrie », à « l'idole des vrais amis de l'État », l'ovation la plus inoubliable, après quoi, croyant se dérober aux transports de joie, il en reçoit mille autres en son hôtel, où les délégations les plus variées se succèdent pour lui rendre un hommage qui n'a de comparable « dans les annales de l'histoire », selon *le Moniteur*, que le retour à Rome de Cicéron, après l'affreuse cabale qui l'en avait éloigné.

L'espoir d'un redressement gouvernemental était-il fondé? Les jours suivants allaient, malheureusement, démontrer que la « multitude » restait dans la rue, que la « colère du peuple » n'était pas retombée, que le retour à l'ordre légal souhaité par Mirabeau n'était pas encore effectif. Necker, en effet, avait, peut-être imprudemment, accepté de se rendre à Paris, selon le vœu de la nouvelle municipalité. La volonté de sauver son ami Besenval l'y encouragea. Il fut donc à Paris le 30 juillet. Necker était un dieu; on le reçut avec dévotion. Las! la divinité de Necker ne valait pas l'autorité d'un préfet de police. Les assemblées communales eurent beau, sur sa demande, ordonner l'élargissement de Besenval : devant la réaction populaire, Bailly ne signa pas l'arrêté libérateur. Le lendemain, l'Assemblée ratifia le refus des assemblées de districts. Besenval restait prisonnier.

Necker mit pavillon bas. Il bénéficiait d'un prestige sans égal; il pouvait menacer de remettre sa démission, faute de voir Besenval libéré. En se résignant finalement devant la volonté anonyme, il laissa deviner sa faiblesse. On demandait un ministre, un gouvernement, un État. Dans la décomposition de l'ancien pouvoir, on attendait un caractère, pour accoucher la France du nouveau. Devant la mère dans les douleurs, on n'héritait que d'une sage-femme irrésolue.

XXIV

LA GRANDE PEUR (JUILLET 1789)

La « Grande Peur » est le mot que les historiens ont inventé pour désigner les troubles qui ont affecté les campagnes, dans la seconde quinzaine du mois de juillet 1789, et qui ont révélé la puissance de l'imaginaire collectif soudainement débridé. *L'anno de la paou*, diront aussi pendant longtemps les paysans de l'Aquitaine, en évoquant 1789. Ailleurs, on a parlé d'« alarme », d'« effroi », de « terreur panique »... qui s'est emparée de la population des bourgs et des villages dans les jours qui ont suivi la prise de la Bastille. Un bruit a traversé le pays : les brigands attaquent. Des bandes de plusieurs milliers de personnes ont été vues ici et là; des témoins confirment; on s'affole; on sonne le tocsin; certains font leurs dernières prières; on se réfugie dans les bois; on se cache où l'on peut... Mais le résultat le plus clair est qu'on s'arme, qu'on organise l'autodéfense et qu'au-delà de son propre village on se porte vers les autres communes pour prêter main-forte. « Grande peur » peut-être, nous dit Georges Lefebvre, son historien, mais aussi immense ardeur, progrès de l'esprit national, prélude de la levée en masse.

Le phénomène est étrange, difficile à saisir, souvent mal interprété. L'alarme souvent vient de la ville, et pas forcément de Paris. Par exemple, à la nouvelle du renvoi de Necker, un soulèvement se produit à Nantes. Là-dessus, une onde de panique parcourt la ville : des dragons arriveraient par la route de Montaigu pour mater le mouvement. Alors, des armes sont distribuées, le pont de Pirmil est placé sous bonne garde, des cavaliers battent la campagne jusqu'au lac de Grandlieu. Cette sortie en force jette elle-même la frayeur dans les environs : prend-on ces bourgeois nantais pour des « brigands » ? Craint-on qu'ils viennent prendre les blés encore disponibles? Toujours est-il que, à partir de la nuit du 20 au 21 juillet, la panique se répand au sud de la Loire de proche en proche, de Clisson à Cholet, de Cholet à Mortagne, et à travers les Mauges... A peu près en même temps, le Maine est gagné, la peur, cette fois, venant on ne sait d'où : Chartres? Dreux? Nonancourt? Laigle? De Bonnétable, où elle est repérée, elle gagne surtout vers l'ouest : Mamers, Ballon, La Flèche... A Ballon, le 23 – « jeudi fou » –, un lieutenant de maire au Mans ainsi que son gendre sont massacrés par des paysans attroupés. Autre foyer de diffusion : la Franche-Comté, à partir de laquelle la peur va gagner progressivement la Méditerranée, courant le long des vallées, contournant les montagnes, soufflant bientôt comme le mistral. Dans le Clermontois, en Champagne, dans le Sud-Ouest encore, on assiste à la propagation rapide, de paroisse en paroisse, de cette fable – car c'est une fable, on le saura bientôt – que les vies et les propriétés sont menacées par les « brigands ».

Qui répand la rumeur? Tout le monde et chacun : des voyageurs, des médecins, des curés, les employés des messageries... Voici Rochechouart, dans l'actuelle Haute-Vienne. Nous sommes le matin du 29 juillet. Un cavalier arrive par la route de Chabanais; il vient de Champagne-Mouton où il a vu, dit-il, égorger femmes, vieillards et enfants, le pays mis à feu et à sang; il se hâte vers Oradour-sur-Vayres, pour y défendre les siens. Il crie : « Soutenez-vous! Soutenons-nous! Adieu, adieu! pour la dernière fois peut-être! », avant de repartir au galop. Ailleurs, où les lignes régulières sont assurées, par exemple dans la vallée du Rhône, ce sont les courriers et les postillons de la poste qui diffusent la panique.

Cependant, les autorités s'en mêlent. Dans la crainte d'une attaque imminente, elles informent elles-mêmes les villages du danger : les municipalités et les comités envoient des exprès, des circulaires imprimées; les autorités d'Ancien Régime, juges royaux et subdélégués, entendent aussi faire preuve de vigilance, invitent les curés à sonner le tocsin, expédient des lettres alentour... et les autorités militaires ne sont pas de reste. La rumeur frappe parfois à la borne du scepticisme. Mais gare à celui qui prendrait la menace à la légère! Le colporteur du message, fort dépité de n'avoir pas été pris au sérieux, se répand en accusations contre celui qui a voulu faire la sourde oreille. C'est le cas de Limoges, où un moine de Rochechouart est venu alerter l'intendant d'Ablois. Celui-ci, goguenard, accueille le prieur en plaisantant, et, comme il était à table, lui offre de prendre une côtelette: «Les brigands vous en donneront le temps.» Mais l'autre, piqué au vif, raconte incontinent à travers la ville que d'Ablois veut la livrer, au point que celui-ci doit prendre des mesures à son corps défendant. Le même, le lendemain, recevait un architecte qui, cette fois, annonçait l'arrivée de «quarante mille Espagnols»! Car aux brigands s'ajoutait ici et là la peur des soldats étrangers, depuis les Pandours jusqu'aux Polonais ou aux Anglais.

La panique nourrit la panique. Ces mouvements de foule, ces armements, ces déplacements déconcertent. Ceux qui marchent contre les brigands sont pris pour des brigands, les racontars s'amplifient, les langues brodent à l'infini. Il suffit d'un rien: un vagabond, un étranger à longue barbe, des contrebandiers, un homme surpris par la pluie et qui demande asile, la fumée des mauvaises herbes qu'on brûle, les jeux du soleil qui miroite dans les vitres d'un château, le bruit d'un carrosse dans la nuit... On fait peur du moindre indice. L'autosuggestion est à son comble. Une certitude sans preuve s'ancre dans les esprits: tout le monde a vu ou entendu des «brigands», ou vu ou entendu celui ou celle qui a vu ou entendu les «brigands». Rien ne peut ébranler la crédulité publique dans ces temps de tradition orale; le bouche à oreille transmet l'alarme sans réserve, sans méfiance, grossissant à chaque relais le contenu de la rumeur.

Très vite, un peu partout, l'arrivée soudaine de ces «brigands» a été interprétée comme le fruit d'un complot. Sur le coup, on parla du *complot aristocratique*. A Paris, le renvoi de Necker avait éveillé tous les soupçons. Menée par les princes, une contre-offensive armée contre l'Assemblée était attendue: il s'agissait ni plus ni moins que de «faucher Paris». Le prince de Condé et le comte d'Artois devaient rentrer dans la capitale à la tête de nombreuses troupes pour amener le peuple à résipiscence. Babeuf, dans une lettre du 23 juillet, écrit : « A mon arrivée (à Paris), on ne s'entretenait que d'une conspiration, dont M. le comte d'Artois et d'autres princes étaient les chefs. Il ne s'agissait rien moins, pour eux, que de faire exterminer une grande partie de la population parisienne... »

L'émigration des princes après le 14 Juillet confirmait la thèse : ils reviendraient avec des régiments étrangers. L'aristocratie voulait se venger! Elle a donc enrôlé des milliers d'hommes sans aveu dans Paris et les grandes villes. Il s'agit pour elle d'affamer le peuple, de couper le blé en herbe, de faire passer les grains à l'étranger, afin de provoquer une immense colère contre l'Assemblée nationale et l'abattre. On cite des faits à l'appui. Par exemple, au château de Quincey, en Franche-Comté, un baril de poudre a explosé dans une resserre, et a fait plusieurs tués et de nombreux blessés parmi les soldats de la garnison de Vesoul, lesquels, mêlés à des habitants du lieu, étaient venus se faire servir à boire. Il est probable qu'un des hôtes improvisés et épris de boisson s'était rendu dans la resserre pour faire le plein muni d'une lumière qui fit tout le mal. Mais une seule version s'imposa, celle du guet-apens contre le Tiers État! Des meneurs, en divers endroits, surent aussi chauffer les esprits en faisant circuler de faux placards du roi. Quand il fut avéré que les « brigands » n'avaient fait des ravages que dans les imaginations, on mit encore au compte du « complot aristocratique » la fausse rumeur qui avait bouleversé tant de lieux : on avait joué aux paysans un mauvais tour et on leur avait fait perdre une journée de travail.

L'idée du complot fait florès aussi chez les adversaires de la Révolution. L'événement s'étant montré défavorable aux tenants de l'Ancien Régime, ceux-ci s'employèrent à démontrer – à qui le crime profite? – que la grande peur avait été machinée par les états-majors parisiens en vue de l'armement général de la population. Arthur Young s'entend dire, le 25 septembre à Turin, par un commensal, que les atrocités commises avaient résulté d'« un plan formé par quelques meneurs de l'Assemblée nationale, avec l'argent d'un grand personnage ». Autrement dit le duc d'Orléans. Le raisonnement était simple : les événements étant simultanés dans toutes les provinces, toute spontanéité était exclue, il fallait bien qu'il y eût complot. Dès l'été 1789, cette interprétation « diabolique » était donc émise; elle devint une « vérité historique » pour l'école contre-révolutionnaire. Le XIXe siècle la répéta. En 1910, Édouard Forestié, « lauréat de l'Institut », entend prouver une fois pour toutes, dans un ouvrage consacré à *la Grande Peur de 1789*, que celle-ci a été « le résultat d'un complot organisé pour qu'elle éclatât au même instant dans toute la France ». Organisé par qui? L'auteur reprend la dénonciation du duc d'Orléans, expédiant ses courriers à travers le pays pour susciter l'épouvante et encourager l'armement du peuple. Mais ce n'est qu'un nom, et derrière ce nom il y avait un parti : le duc d'Orléans « était le prisonnier des loges qui l'avaient mis à leur tête probablement sans lui faire connaître leur dessein... ». Tout devenait clair. La franc-maçonnerie avait fomenté dans l'ombre la désorganisation du royaume, semé la panique, continuant l'œuvre entreprise par elle depuis « près d'un demi-siècle »: étendre ses ramifications, coloniser l'Assemblée, distiller partout son influence, « de façon à détacher les esprits des Français de leurs vieilles traditions de foi religieuse et de fidélité dynastique ».

Georges Lefebvre, reprenant la question à travers toutes les sources disponibles, a su faire, au début des années trente, une mise au point qui reste la plus solide. Il met en cause la double affirmation de la version contre-révolutionnaire : l'universalité et la simultanéité du phénomène. Ainsi bien des régions françaises, tout en connaissant la crainte endémique des brigands, ont été épargnées par la grande peur : une bonne partie du Nord, de la Lorraine, de la Normandie, les Landes, le pays basque, le bas Languedoc, le Roussillon, l'Alsace, voilà, entre autres, des terres indemnes ou à peine effleurées. D'autre part, l'éclatement du phénomène au même moment tendrait à laisser croire à l'organisation occulte, mais, en réalité, son apparition s'étend du 20 juillet au 6 août. La propagation ne s'en fait pas à partir d'un unique épicentre, qui serait Paris en l'occurrence : pour l'attester il faudrait que la peur se fût répandue comme une onde, un raz-de-marée, au lieu qu'on la voie se diffuser à partir de plusieurs lieux d'origine – six principaux –, et que Paris même reçoit le choc plutôt qu'il ne le provoque.

L'explication par le complot rassure autant qu'elle inquiète. Elle tire son succès de ce qu'elle rend intelligibles les situations qui défient la raison par leur complexité. Là où l'historien se perd, noyé dans une documentation contradictoire, elle utilise la puissance émotive de la causalité unique et occulte. Tout devient lumineux, du moment qu'on a élucidé ce qui est tramé dans l'ombre. Le « complot aristocratique » ne manque pas de fondement, si l'on entend par là une volonté délibérée des grands vaincus de 1789, au premier rang les privilégiés, de ne pas rendre les armes. Mais, en juillet 1789, au moment où la première émigration commence, cette volonté n'est ni active ni organisée. La cour elle-même, en provoquant la démission de Necker, est sans plan; elle improvise.

Le complot parisien et franc-maçon peut lui aussi se prévaloir de quelques corrélations, même si quelques illustres frères ont versé dans la contre-révolution. Mais la thèse est flatteuse : dans sa spontanéité, le peuple de France n'aurait jamais désavoué ses maîtres traditionnels. Le ver n'était pas dans le fruit de l'Ancien Régime mais dans la tête malade des sectateurs conjurés. Il est d'un grand réconfort de ne voir dans la Révolution qu'un mouvement « concerté par une minorité de gens habiles, dissimulant leurs intentions sous des dehors trompeurs ». On se console ainsi de l'effondrement de l'autorité royale et on innocente ses responsables visibles : le duc d'Orléans lui-même n'est qu'un jouet manipulé par l'entreprise souterraine qui a juré de débarrasser la France de la royauté et de la religion catholique.

Lefebvre a tenté d'éclaircir l'événement en le replaçant dans le contexte inquiétant de 1788-1789; la faim, l'appréhension de la famine, les émeutes, les errants... La tension monte depuis des mois à cause des mauvaises récoltes et du prix du pain qui atteint son point culminant en juillet. Bien des habitants des campagnes en souffrent comme ceux des villes. La fin de la réglementation du commerce des grains, décidée en 1787, était sans doute à terme facteur de progrès, mais dans l'immédiat elle touche ces gens hantés par le manque. Près d'un dizième de la population est composé de mendiants permanents. Certains parcourent les campagnes, quémandant de ferme en ferme. Population flottante, qui se confond avec tous les migrants de l'intérieur, travailleurs saisonniers, colporteurs, rouliers, charlatans, montreurs d'ours, chaudronniers ambulants, chômeurs de toute espèce, tout un monde qui s'attarde dans les cabarets, qui force les clôtures des champs, qui prend gîte dans les granges. Population menaçante, qui s'accroît avant les moissons, coupant le grain, à peine mûr, glanant avant même que le blé ne soit en gerbe, entretenant l'inquiétude du fermier. Certains de ces errants sont de vrais criminels, comme ces « sommeurs » de Picardie qui rançonnent les cultivateurs, en clouant à leur porte un paquet d'allumettes soufrées et le chiffre du chantage à l'incendie. Devant ces faits, la maréchaussée, trop peu nombreuse, est impuissante. L'isolement, le défaut d'information, l'interdiction de porter des armes : autant d'éléments qui renforcent l'insécurité des campagnes. La peur des « brigands » n'était pas tombée de la lune.

Pourtant, il y a du chemin, de la peur à la panique. Une conjoncture particulière favorisa celle-ci; que l'insurrection parisienne eût lieu au moment de la récolte. Les mesures de sécurité qui s'ensuivirent donnèrent l'idée que Paris et les grandes villes s'étaient purgées de leur population criminelle, une véritable armée de mercenaires qui s'offrait aux chefs de l'aristocratie vaincue et en mal de revanche! La crise politique intensifiait les effets de la crise économique. Il suffisait partout d'une étincelle pour faire monter la frayeur. Mais, cette fois, l'émotion populaire cessait d'être locale. Une solidarité s'était créée entre les communes voisines, entre les villes et les villages environnants, et les « Vaincre ou mourir » et autres devises des milices en formation annoncent un patriotisme guerrier, tous sentiments dont les nobles et le haut clergé allaient être victimes.

La Grande Peur avait fait peu de morts mais elle était mieux qu'un avorton d'événement : au cours de ces journées folles, les paysans s'étaient joints de manière active au mouvement national. L'armement des campagnes, déjà commencé au printemps, s'est accéléré. Le régime seigneurial était définitivement condamné.

XXV

LA NUIT DU 4 AOUT

Les « brigands » n'étaient que dans les têtes, mais une autre inquiétude, autrement fondée, et que la Grande Peur a redoublée, parcourait les provinces : celle de la révolte paysanne. Au cœur de la Révolution générale, qui visait au premier chef l'absolutisme dans l'ordre politique et la fermeture des castes privilégiées dans l'ordre social, une révolution populaire, plus ou moins autonome, menaçait déjà de déborder l'œuvre de l'Assemblée nationale dans les villes; la fin de juillet et le début d'août virent l'explosion d'un mouvement parallèle, ayant ses caractères propres, et dont les campagnes retentirent plusieurs semaines.

Depuis le printemps, la crise des subsistances aussi bien que les espoirs venus de la convocation des États généraux avaient entraîné de nombreux paysans à l'insoumission, au refus de payer redevances, taxes et impôts. La nouvelle de la prise de la Bastille ne fit qu'aviver leur désir d'en finir avec les « droits féodaux » qui pesaient sur leurs travaux et leurs jours. Quand bien même ils étaient propriétaires de leurs champs (on estime qu'à la veille de la Révolution la paysannerie détient environ 40% de la terre), ils devaient acquitter au nom d'une propriété éminente, dont la justification remontait à la nuit des temps, de multiples redevances à leurs seigneurs, sans compter la dîme pour l'Église et les impôts pour le roi. En finir avec la « féodalité », c'était d'abord, pour les paysans, se libérer de ce fardeau ancestral. Mouvement complexe que celui des campagnes, car la communauté paysanne n'est pas homogène (les « riches laboureurs» ne donnent pas leurs filles aux journaliers), mais, au cours du printemps et de l'été 1789, le mot d'ordre antiféodal peut faire l'unanimité.

La rumeur du «complot aristocratique» a encore soufflé sur le feu antiseigneurial. En juillet, après les événements parisiens, plusieurs provinces brûlent: le Dauphiné, le Mâconnais, la Franche-Comté, le bocage normand. Le moment est bien choisi, c'est en cette saison que sont perçus d'ordinaire les droits les plus lourds, aussitôt après les moissons: fermage, champarts, tierces, terrage, agriers, adjudication des dîmes ou début de leur ramassage... L'assaut qu'on donne aux châteaux a certes pour but la destruction des terriers et autres parchemins justifiant les titres seigneuriaux; mais c'est aussi aux greniers qu'on s'en prend. Autrement dit, la féodalité n'est pas seule en cause. Dans les violences qui se déchaînent alors, la part que prennent les paysans sans terres laisse planer un danger évident: la grande alliance des roturiers – possédants et indigents – contre les ordres privilégiés risque de voler en éclats dans la renaissance de la guerre séculaire entre les pauvres et les riches.

Arthur Young est dans la région de Besançon le 27 juillet. Il y rencontre la garde bourgeoise avec la cocarde tricolore. Elle est arrivée à la demande d'un *paysan*, «riche propriétaire», pour protéger sa maison, dans un village où les incendies le disputent aux pillages. Le voyageur décrit le glissement: des *seigneurs*, on passe vite aux *riches*: «Les méfaits commis dans le pays, du côté des montagnes et de Vesoul, sont nombreux et horribles. Bien des châteaux ont été brûlés, d'autres pillés, les seigneurs traqués comme des bêtes sauvages, leurs femmes et leurs filles enlevées, leurs papiers et leurs titres mis au feu, tous leurs biens ravagés; et ces abominations n'ont pas atteint des personnes marquantes, que leur conduite ou leurs principes auraient rendues odieuses; c'est une rage aveugle, sans distinction de personne, c'est la soif du pillage.»

L'historien de *la Grande Peur en Dauphiné*, P. Conard, nous décrit, lui, une scène qui se déroule, le 30 juillet, sur la place publique de Saint-Alban. Le notaire, Me Antoine Bertray, qui est aussi châtelain, entouré de quelques notables, dont le curé du village, harangue la population. On a d'abord parlé de brigands, dit-il en substance, et les brigands n'ont pas paru. Mais voici que cette « fausse alarme », cette « terreur panique », a suscité des horreurs. « Au calme, qui devait suivre la disparition du danger, a succédé un désordre affreux, et je peux le dire, un brigandage inouï; mais, dites-vous, la cause en est connue et elle est juste, je vous entends. Le poids de la féodalité, dites-vous encore, pesait sur vos têtes, et vous en avez voulu secouer le joug; très bien! » Seulement, dit le notaire, il y avait une voie « plus douce » que l'usage du fer et du feu. Et il achève la semonce en formulant des résolutions pour « la conservation des propriétés » et « la tranquillité publique ».

Ainsi, ce n'était pas seulement « l'abbé et le noble » qui pouvaient se sentir menacés: outre les roturiers qui vivent d'une manière ou d'une autre de la machine « féodale », tous ceux qui donnent prise à l'accusation, fondée ou non, d'« accapareurs », sont mis en danger par le soulèvement paysan. De même que dans les villes les milices bourgeoises, vite constituées au lendemain du 14 juillet, se sont employées au retour à l'ordre, de même les notables des campagnes, gens de loi ou riches fermiers, prennent à cœur d'éteindre un incendie qui risque de gagner leurs propres toits. Les possédants du Tiers et les nobles ont ainsi quelque raison de faire front contre le déchaînement d'une violence paysanne devenue « aveugle ». Les milices bourgeoises et l'armée mêlent leurs forces dans la répression. Dans le Mâconnais, vingt-six paysans insurgés sont jugés par un tribunal improvisé et condamnés à être pendus. « Dure alliance de la peur », nous dit Jean-Pierre Hirsch, dans son livre sur *la Nuit du 4 août*. Déjà Georges Lefebvre, qui s'était fait l'historien de la révolution paysanne, nous avait mis en garde contre l'idée trop courante d'un Tiers État soudé contre la cour et l'aristocratie. Bien des membres de la Constituante, quoique roturiers, bénéficiaient du régime « féodal »: des juges, des feudistes, des receveurs, des hommes d'affaires des seigneurs. « Au surplus, les nobles n'étaient plus seuls à posséder des seigneuries: il en était passé aux mains des bourgeois. » En clair, l'abolition des droits féodaux n'avait pas été considérée comme une des urgences de l'Assemblée nationale. Ce sont les journées enfiévrées du mois de juillet 1789, l'anarchie généralisée, la peur qui s'ensuit, qui vont, plus que le danger initial de la banqueroute, provoquer la célèbre nuit du 4 août. Il fallait, pour mettre un terme aux ravages des châteaux, aux pillages tous azimuts et aux émeutes des pauvres, trouver une solution à la mesure du bouleversement en cours. Première visée, la noblesse prend l'initiative: deux des siens, le vicomte de Noailles et le duc d'Aiguillon proposent qu'elle renonce à une partie de ses droits.

La démoralisation de l'aristocratie est alors sensible. La capitulation du roi, le début de l'émigration déclenchée par le comte d'Artois, et là-dessus l'insurrection paysanne contre les châtelains ont ébranlé les caractères les plus vaillants. Le duc de Castries nous a raconté l'histoire de son aïeul, le maréchal, qui s'était retiré le 13 juillet dans son château d'Ollainville, près d'Arpajon, où sa popularité l'avait mis à l'abri de tout risque. Le 27 juillet, il s'était avisé d'aller prendre les eaux à Bourbonne, selon son habitude, en compagnie de sa fille. Or, à peine vingt kilomètres parcourus, son équipage est pris d'assaut par les habitants de Mennecy, qui brandissent piques et faux. Le maréchal de Castries fait reculer les assaillants, en rappelant ses services rendus à la patrie, mais l'un d'eux, d'un mot, résume l'inexcusable : « C'est un aristocrate! » Finalement, grâce à l'éclatement d'un orage opportun, la berline peut échapper à ses agresseurs. Au même moment, Arthur Young en voyage dans l'est du pays, doit sans arrêt prouver à ceux qui l'arrêtent et le suspectent qu'il est du Tiers, pour continuer son chemin. La haine de l'aristocratie s'était répandue en même temps que le mythe du « complot » qu'elle avait ourdi contre la nation.

Le marquis de Ferrières, député du bailliage de Saumur, a laissé une page terrible sur la « fureur du peuple » : « Cent cinquante châteaux dans la Franche-Comté, le Mâconnais, le Beaujolais étaient déjà brûlés! L'incendie menaçait de consumer toutes les propriétés... Parlerai-je des meurtres, des atrocités commises contre les nobles?... » Oui, il en parlera : il décrit l'un coupé en morceaux devant sa femme prête d'accoucher, l'autre suspendu dans un puits; ici, on brûle les pieds, là on arrache les sourcils et les cheveux; partout, on utilise la contrainte des armes, le pistolet ou la fourche... « Ces odieux moyens, dit-il, préparaient la séance du 4 août. Ce fut entourée des cadavres des nobles massacrés à la lueur des flammes qui consumaient leurs châteaux, que l'Assemblée prononça les décrets violateurs des droits sacrés d'une propriété légitime! »

L'initiative, disions-nous, est pourtant venue de deux membres de la noblesse, dont l'un, le duc d'Aiguillon, était un des grands du royaume. Moins bornés sans doute que le marquis de Ferrières, ils jugeaient que dans pareille situation de détresse le bon sens était de jeter du lest, quitte à sauver le principal. La noblesse avait déjà, comme le roi, subi une défaite, en étant contrainte de renoncer au vote par ordre. Elle s'apprêta à faire un nouveau sacrifice, à certaines conditions : l'important pour elle était d'être assurée de garder la prééminence dans l'État et dans la société. Toutefois, il serait erroné de ne voir dans la folle « nuit d'août » que l'effet d'un savant recul tactique de la part des privilégiés. A partir du moment où le vicomte de Noailles a pris la parole, l'Assemblée, électrisée, chauffée par les interventions qui se succèdent, est portée peu à peu à l'incandescence. Les députés n'appartenaient pas à des partis organisés, aux votes disciplinés, aux consignes contraignantes. On a dit les premiers signes d'un conditionnement par l'extérieur, les tribunes, le Palais-Royal, la rue... Néanmoins, la plupart des députés sont pénétrés par la grandeur de leur mission. Une dynamique de la générosité peut gagner leurs rangs aussi bien que la contagion de la peur. Nul doute, sauf à le regretter le lendemain, qu'ils portent, à certaines minutes, leurs vues plus haut que leur intérêt personnel et immédiat. On peut sourire de l'enthousiasme des contemporains; on peut à loisir minimiser l'événement, montrer les limites des résolutions, décrypter les défenses de classe derrière les proclamations de fraternité. Il n'empêche : l'histoire parlementaire a connu dans cette nuit quelques-unes de ses plus grandes heures.

La séance de nuit du mardi 4 août a été ouverte sous la présidence nouvelle du député breton Le Chapelier. La veille, on avait lu un rapport sur les troubles des provinces. Une commission avait été chargée d'un projet d'arrêté visant le retour à l'ordre. Target en fait la lecture. Il y est question de garder les lois anciennes et les impôts d'hier, tant que l'Assemblée ne les aura pas changés. Lecture faite de ce texte qui accorde un sursis au passé, le vicomte de Noailles demande la parole : « Le but du projet d'arrêté que l'Assemblée vient d'entendre est d'arrêter l'effervescence des provinces, d'assurer la liberté publique, et de confirmer les propriétaires dans leurs véritables droits. Mais comment peut-on espérer d'y parvenir, sans connaître quelle est la cause de l'insurrection qui se manifeste dans le royaume? et comment y remédier, sans appliquer le remède au mal qui l'agite? »

Pour ramener « la tranquillité publique », Noailles préconise quatre résolutions : 1. L'égalité devant l'impôt. 2. L'accessibilité des charges publiques à tous les Français. 3. Le rachat des droits féodaux par les communautés. 4. L'abolition des corvées seigneuriales, des mainmortes « et autres servitudes personnelles ». Les deux premiers points avaient déjà été annoncés par le roi lui-même; mais les deux suivants, voilà la nouveauté que l'Assemblée accueille sans ménager son émotion.

A la suite de Noailles, le duc d'Aiguillon prononce un grand discours pour appuyer et détailler les idées de son collègue. Oui, il faut mettre un terme aux horreurs dont les provinces sont le théâtre, en arrachant le mal à la racine. L'orateur trouve une excuse aux agissements du « malheureux cultivateur » dans les vexations qu'il endure (moins, il est vrai, de la part des propriétaires de fiefs que de leurs agents, souvent impitoyables). Aussi faut-il en arriver à l'égalité des droits. Cependant, comme les droits féodaux sont des droits historiques et légitimes, ils doivent être rachetés. Et J.-P. Hirsch de se prêter à un malin calcul : le remboursement, proposé à trente fois l'année commune, pourra trouver un placement aisé à 3,33 % l'an : l'affaire n'était pas mauvaise. Certes, mais si les fortunes étaient préservées, un principe inique était détruit. Outre que le rachat des droits féodaux n'aurait jamais lieu (mais qui pouvait alors le savoir?), on ne pouvait pas minimiser la portée de l'offre; qu'elle fût assortie d'une clause de sauvegarde était, du reste, assez politique. Saint-Just, qui n'est pas un tiède, explique ainsi : « Les droits utiles ont été rachetables, parce que le mal s'était à la longue érigé en maximes, qu'on devait limer lentement, mais qu'il eût été funeste de rompre. »

En tout cas, voilà l'Assemblée entraînée, emportée, soulevée par le bruit des enchères et la clameur des concessions. Tour à tour, nobles et évêques veulent sacrifier sur l'autel de la nation les profits qu'ils tirent des abus. Qu'on en finisse avec les privilèges pécuniaires! l'inégalité fiscale! le monopole de la chasse! les colombiers! la confiscation des places!... Un député du Tiers, Le Guen de Kérangal, en appelle à la destruction de tous les titres humiliants, comme ceux qui obligent les vassaux « à passer les nuits à battre les étangs pour empêcher les grenouilles de troubler le sommeil de leurs voluptueux seigneurs ». Outre les privilèges personnels, le marquis de Blacons, dans « l'esprit de Vizille », a demandé l'abandon des privilèges de toutes les provinces. L'archevêque de Paris a proposé un *Te Deum* dans la chapelle du roi, le duc de Liancourt une médaille pour perpétuer l'événement, et le comte de Lally qu'on proclame Louis XVI « restaurateur de la liberté française ». Tout sera décrété en bonne et due forme le 11 août.

Qu'en dit notre témoin Duquesnoy? Ému, notre député, ému aux larmes : « Jamais, sans doute, aucun peuple n'a offert un tel spectacle; c'était à qui offrirait, donnerait, remettrait aux pieds de la nation (...). Grande et mémorable nuit! On pleurait, on s'embrassait. Quelle nation! Quelle gloire, quel honneur d'être français! » Mais aussi, dit-il plus loin : « Quel moyen de faire taire les incendiaires et les déclamateurs! » Car la Nuit du 4 août doit être comprise à travers ses deux réalités : un élan de réconciliation nationale, vrai, généreux, exemplaire (les échos de cette nuit retentiront dans toute l'Europe) et la défense intelligente de la propriété. Non pas la fin des « classes », comme le croyait Michelet, mais la fin de l'ordre ancien.

XXVI

LE PLOMB VOLE, L'ARGENT MANQUE! (AOÛT 1789)

Les embrassades de la nuit d'août avaient démontré l'enthousiasme patriotique des députés; elles n'avaient pas eu le pouvoir magique de régler tout. Déjà, entre la proclamation des principes le 4 et le vote du texte final le 11, on assista à quelques empoignades qui n'avaient rien de philadelphique. La plus vive eut pour cause la réglementation de la chasse et le sort des colombiers. Pendant quelques heures ardentes, les pigeons tapis dans leurs boulins attendirent le verdict.

L'abbé Sieyès lui-même crut devoir y aller d'un projet meurtrier: « Tout propriétaire aura le droit de tuer les pigeons sur ses terres », mais il ne fut pas suivi. Un certain nombre de députés dissimulaient mal leur envie de préserver les colombiers, dont le droit, en certains États, n'était pas un privilège de la noblesse. Un des cultivateurs de l'Assemblée se récria que la question avait été tranchée. Ce fut un grand tumulte, un battement d'ailes, on cessait brusquement de s'aimer d'amour tendre; il fallut les menaces du président pour rétablir le calme. Enfin, on vota à une grande majorité l'arrêté suivant: « Le droit exclusif de fuies et de colombiers sera aboli; les pigeons seront renfermés aux époques fixées par les communautés, et durant ce temps ils seront regardés comme gibier. Tout le monde aura le droit de les tuer. »

A la séance suivante – c'était le vendredi 7 août –, on aborda la suppression du droit de la chasse. On mesura les conséquences d'une pareille décision: tout le monde allait avoir des fusils! C'est pourquoi l'évêque de Chartres fit cette recommandation qu'on ne détruisît le gibier « qu'avec des *armes innocentes* », ce qui fit d'abord bien rire. Après quoi il lui fut répondu que les armes à feu n'étaient pas plus dangereuses que les divers engins, pièges et filets, dont on couvrirait les champs et qui risqueraient de blesser tous les voyageurs. On s'avisa de ne pas s'attarder sur le choix des armes : les droits de police en décideraient. Mais la question de la chasse devint politique dès lors qu'on aborda la prérogative royale. Mirabeau s'y installa comme sur un sujet digne de lui : « Tout homme a droit de chasse sur son champ, nul n'a droit de chasse sur le champ d'autrui : ce principe est sacré pour le monarque comme pour tout autre. » Le roi devait se plier à la loi commune...

Cependant que les membres de la Constituante s'évertuaient à formuler les droits du chasseur et du ramier, le pays qui n'avait retenu de la nuit inoubliable que la fin d'un monopole odieux à ses instincts profonds se lança, comme dit *le Moniteur*, dans « une insurrection d'une espèce nouvelle ». Avant même la promulgation des décrets, le sang de Nemrod ne fit qu'un tour chez tous ces paysans qui, depuis des siècles, devaient refouler leurs appétits homicides, en même temps que leur appétit tout court. Propriétaires, grands ou petits, durent subir l'offensive cynégétique. Ce ne fut, du Nord au Sud, qu'un long crépitement, qu'un immense massacre. Rien ne fut respecté, pas même les moissons encore sur pied. On démolit les murs qui clôturaient les parcs, on détruisit les colombiers, on dévasta les forêts. Une longue plainte monta de la terre : un peuple affolé de lièvres et de lapins, de cerfs et de biches, de sangliers et de daims, courait dans tous les sens pour échapper à la plus gigantesque battue qu'il avait jamais vue. Partout, les broches tournaient et embaumaient les clairières à partir de feux improvisés. Pascal avait écrit que le plaisir était la chasse et non la capture, mais ce n'était pas une « pensée » pour ventre-creux.

Le roi lui-même en son château fut réveillé par les coups de fusil qu'un vain peuple adressait aux perdreaux de son propre parc. Même les Parisiens voulurent participer à la grande traque : le fusil à l'épaule on se porta aux barrières et on tira sur poil et plume de banlieue. L'esprit de vengeance n'était pas de reste; on savourait de saccager les réserves des princes de Condé et de Conti. En revanche, la partie du bois de Vincennes qui était attribuée au gibier du duc d'Orléans garda son statut inviolable, ce qui en disait long sur le respect populaire dont jouissait encore le maître du Palais-Royal.

En pleine discussion sur les décrets consécutifs à la nuit du 4 août, les députés furent ramenés à la délicate question du Trésor public. Il fallait construire l'avenir et, tout à la fois, colmater les brèches du présent. Le 7, Necker, devenu ministre principal sans le titre trois jours plus tôt, se présenta à l'Assemblée pour lui demander son accord sur un projet d'emprunt. Le Genevois, décidé à restaurer le pouvoir royal par l'appui des représentants du peuple, vint faire devant ceux-ci, en compagnie de son garde des Sceaux Champion de Cicé, le bilan de la situation. La crise de juillet avait accru les dépenses et tari nombre de recettes : le roi avait dû acheter du blé à l'étranger pour le revendre à perte, à moins qu'il ne fût pillé; augmenter sensiblement ses secours aux nécessiteux; donner du travail aux chômeurs en lançant des travaux extraordinaires autour de Paris. Dans la colonne des rentrées, on avait subi les effets des troubles, les refus de payer l'impôt, la destruction des barrières, la vente du faux sel et du tabac... C'était accablant. Il fallait d'urgence trente millions, disait Necker, pour parer aux besoins indispensables. C'est pourquoi il proposait un emprunt à 5 %. L'intérêt n'était pas faramineux dans un temps où les capitalistes pouvaient placer à plus de 6,5 %; aussi le responsable des Finances ornait-il l'emprunt d'avantages compensatoires : d'une part, il offrait des effets *au porteur*, plus favorables aux négociations rapides; ensuite, misant sur la vanité des épargnants, il proposait de dresser une liste des vaillants souscripteurs qu'on garderait en gage de leur attitude patriotique.

La demande de Necker rencontrait un obstacle, que le ministre tenta lui-même de tourner, en prévenant l'objection. Bien des cahiers de doléances avaient enjoint aux députés de ne voter aucun emprunt ou impôt nouveau avant que ne soit établie la Constitution : « Mais, dit Necker, pouvait-on prévoir les difficultés qui ont retardé vos travaux? pouvait-on prévoir la résolution inouïe arrivée depuis trois semaines? vos commettants vous crieraient, s'ils pouvaient se faire entendre : " Sauvez l'État, sauvez la patrie, c'est de notre repos, c'est de notre bonheur dont vous êtes comptables! " »

Malgré l'intervention du marquis de Clermont-Lodève qui demanda à ses collègues de voter séance tenante l'emprunt par acclamation, les ministres durent repartir, applaudis, certes, mais sans avoir pu éviter la discussion. C'était le minimum pour une majorité, à qui l'on demandait de violer un de ses engagements solennels. En fait, il s'agissait d'un dilemme entre le réalisme et la morale. A plus long terme, tout le problème de la députation était posé. Un élu devait-il être contraint par des engagements passés auprès de ses électeurs, quand bien même sa raison les lui faisait tenir comme dépassés? Devait-il, au contraire, jouir d'une suffisante autonomie de jugement pour apprécier le bien-fondé d'un projet qui, au départ, eût été rejeté par ses commettants? Jusqu'où allait le caractère impératif du mandat? A partir d'où commençait la liberté du mandataire?

Lally-Tollendal parla avec le plus de chaleur en faveur du projet Necker. Ce membre de la noblesse libérale avait acquis de la sympathie jadis en menant bataille en faveur de la réhabilitation de son père, ancien commandant aux Indes, injustement condamné à mort, et qu'il avait embrassé au pied de l'échafaud; il avait acquis du prestige naguère, depuis la réunion des États généraux, par son éloquence et sa sincérité. Son apparence n'était pas flatteuse : on l'appelait le plus gras des hommes sensibles, en raison de son embonpoint et de sa larme facile (il traversa sa vie « le mouchoir à la main », dit Michelet). Il n'avait pas été tellement habile, le 17 juillet, à l'Hôtel de Ville, en tentant de combler les silences de Louis XVI par ses mots emphatiques, mais, sur le coup, il avait obtenu un joli succès. Lally, depuis ce jour, se sentait une responsabilité supplémentaire. Dans son ardeur à défendre la bonne entente entre le roi et le peuple, il appuya le projet d'emprunt, au nom des « circonstances ». Il y a nos mandats, nos cahiers, dit-il en substance, mais il y a aussi notre conscience. Et celle-ci nous ordonne de prendre dès aujourd'hui les mesures propres à éviter la banqueroute qui menace.

Dans ce débat, qui devait durer jusqu'au lendemain, un

autre ténor de l'Assemblée fit entendre un avis contraire : le fringant Barnave. Depuis ses premières heures de gloire, à Grenoble et à Vizille, le jeune homme s'était émancipé de son maître Mounier. Il frayait désormais avec Duport et Lameth : on les appellera bientôt le *triumvirat*. Ils ont trente ans, ils s'aiment d'une vraie amitié, ils seront solidaires jusqu'à la mort. Des trois, Barnave était le plus doué pour la tribune. Très tôt il avait séduit l'Assemblée, en parlant d'abondance sans aucune note. Trop doué, trop beau, trop brillant pour plaire à tous, il se fera beaucoup d'ennemis. Il est vrai qu'il a eu un mot malheureux, qui dépassait sa pensée, lorsqu'on apprit la mort affreuse de Foulon et de Bertier : « Le sang qui coule est-il donc si pur ! » Petite phrase qu'on tirera de son contexte pour marquer le jeune homme au fer rouge. Mais, pour l'heure, il est écouté. A ses yeux, il convient de rester fidèle à ses mandants. Voter un nouvel emprunt, c'est aggraver les impôts : le peuple n'en peut plus.

Mirabeau, quant à lui, dont chaque intervention est un spectacle apprécié, exprime d'abord son embarras, « pressé » qu'il est « entre la nécessité d'un emprunt et la lettre impérieuse des mandats ». Pour sortir du dilemme, il propose alors d'engager les trente millions réclamés par les souscriptions personnelles des députés, au prorata de leurs possibilités (celles de l'orateur, endetté pour la vie, étaient, comme on sait, assez limitées) : une magnifique caution à l'emprunt. Et quelle preuve de patriotisme, quel exemple, et quelle conquête d'autorité !

La proposition de Mirabeau jette une lumière vive dans une Assemblée qui s'est déjà montrée prompte aux élans du cœur. Mais voici le marquis de Lacoste, qui a une autre idée. Une idée qui a déjà été présentée, du reste, le 6 août, par Buzot, lorsque celui-ci, à propos de la dîme, s'était écrié : « Je soutiens que les biens ecclésiastiques appartiennent à la nation. » C'est ce que Lacoste engagea ses collègues à mettre en application en présentant un projet de décret qui annonçait déjà la Constitution civile du clergé : suppression de la dîme, suppression des ordres monastiques, nationalisation des biens de l'Église et prise en charge matérielle des membres du clergé. Ceux qui, parmi les présents, en étaient, murmurent violemment contre une proposition qui commença à recevoir l'approbation explicite d'Alexandre de Lameth.

Il faut attendre le dimanche 9 août pour arriver au terme de la discussion. Notre témoin Adrien Duquesnoy exprime le sentiment du plus grand nombre, en écrivant : « Il est temps de venir au secours de l'État, si l'on ne veut pas une dissolution de toutes ses parties. » Mais si l'emprunt de 30 millions est voté, l'intérêt a été ramené à 4,5 %. D'autre part, les effets au porteur, clause par laquelle Necker avait voulu séduire, se trouvaient écartés, de même que la distinction honorable suggérée pour récompenser les souscripteurs. L'emprunt fut un fiasco. Le 27 août Necker en fit le maigre bilan : « Il n'a été porté au Trésor royal, depuis l'époque de l'ouverture de cet emprunt jusqu'à présent, qu'une somme de 2 800 000 livres et la recette des derniers jours a été si modique qu'on peut considérer le succès de cet emprunt comme entièrement manqué... » Alors, Necker proposa d'en émettre un nouveau, assorti de meilleurs avantages; l'Assemblée le lui vota. Ce fut un nouvel échec : il ne produisit que 27 millions en espèces sur un total de 52 millions souscrits. Il fallait décidément trouver autre chose. Les regards se tourneront de nouveau vers les biens ecclésiastiques.

En attendant, un autre sujet de préoccupation retenait l'attention de l'Assemblée, en liaison avec le problème financier. Il s'agissait de la restauration de l'ordre : les mauvaises rentrées d'impôts tenaient à l'anarchie généralisée par la crise de juillet. La protection des propriétés avait d'abord incité aux mesures d'ordre, mais l'ordre public était également nécessaire aux finances de l'État. Chaque jour, des nouvelles alarmantes arrivaient des provinces. Le 8 août, en pleine discussion sur l'emprunt, le comte de Virieu eut un cri pathétique : « Je vous en conjure, au nom de la patrie, rendons au pouvoir exécutif et au pouvoir judiciaire la force dont ils ont besoin. Il faut ordonner aux troupes de maintenir l'ordre et de soutenir les municipalités, et prier le roi de prêter son pouvoir dans ces circonstances malheureuses. »

Le 10, on s'occupa donc de la « tranquillité publique ». Target proposa un décret pour son rétablissement, au nom du comité qui en avait été chargé. Le grand avocat parisien, d'une suffisance désormais avérée, avait déçu depuis ses premiers discours. On attendait Démosthène, on ne rencontra qu'un argumenteur vaniteux et pédant qui devint la cible des moqueurs. Ratant la tribune des grands orateurs, il devait se consacrer aux tâches plus modestes de rapporteur. Meilleur légiste que tribun, il rendit des services au comité de Constitution qu'il présida. Ce jour-là, il présenta un projet de serment à exiger des troupes, en plus d'une proclamation générale pour le rétablissement de la quiétude. Barnave soutint ce serment comme « indispensable dans un moment où tous les liens de la subordination paraissent rompus, où les troupes elles-mêmes pourraient devenir dangereuses ». La formule du serment « à la nation, au roi et à la loi » fut adoptée. La proclamation qui l'accompagnait explicitait, de manière détaillée, les ravages « du désordre et de l'anarchie ». Elle confiait aux municipalités le soin de réquisitionner les milices, les maréchaussées et les troupes pour dissiper les « attroupements séditieux, soit dans les villes, soit dans les campagnes, même sous prétexte de chasse »; de dresser le rôle « des hommes sans aveu », pour les désarmer. Les soldats devaient prêter serment entre les mains de leurs commandants; les officiers devaient jurer à la tête de leurs troupes. Les curés des villes et des campagnes devaient lire en chaire le présent arrêté à leurs paroissiens. Le roi, enfin, était prié de donner les ordres nécessaires à son exécution.

A cette nouvelle, les lapereaux de France risquèrent un museau hors de leur terrier, les chevreuils hasardèrent leurs andouillers au-delà du cercle familial, et les cailles se remirent à margoter.

XXVII

LA DÉCLARATION DES DROITS DE L'HOMME ET DU CITOYEN (26 AOUT)

Lumière d'août : dans le huitième mois de l'année 1789, alors que Paris et les provinces sont en proie à l'immense convulsion qui préside au passage de l'absolutisme à l'ordre nouveau, l'Assemblée constituante à Versailles, après avoir voté l'abolition du régime féodal, proclame la Déclaration des droits de l'homme et du citoyen.

Un certain nombre de cahiers de doléances avaient suggéré une sorte de charte de l'humanité, qui devait se différencier de la Constitution proprement dite. Celle-ci ressortissait largement au droit positif, aux conditions historiques, aux divers héritages de la nation. En ce sens, elle n'avait pas à être fixée pour l'éternité : même Rousseau, qu'on prend toujours pour le plus abstrait des philosophes politiques, affirmait le caractère révisable de toute Constitution. En revanche, l'idée s'était imposée qu'à celle-ci il fallait un préliminaire, une affirmation des droits naturels de l'homme, ceux qui valent pour tous les hommes, pour toutes les générations, pour tous les pays. Depuis le Hollandais Grotius jusqu'aux philosophes français du XVIIIe siècle, la conception de ces droits immuables avait été approfondie. Au yeux des constituants, il s'agissait de les formuler clairement avant même de rédiger les nouvelles règles institutionnelles : tout devait dépendre de cette *loi suprême*.

Les Américains, d'autre part, avaient montré l'exemple. Ce n'est pas un hasard si ce fut un ancien combattant de leur guerre d'indépendance, La Fayette, qui, le 11 juillet, avait fait le premier la proposition d'une déclaration solennelle.

En ce même mois de juillet, l'abbé Sieyès, sollicité par le comité de Constitution, s'était attaché à faire la synthèse des différents textes existants, et avait publié une petite brochure sous le titre de *Préliminaire de la Constitution.* Sieyès devait reprendre son travail et présenter une seconde version, riche de quarante-deux articles. Malgré la qualité première de ce texte, qui est sa rigueur logique, on n'y trouvait pas la concision, la formule lapidaire qu'on retient, l'éclat de la maxime qui avait fait le succès des précédents écrits de l'auteur. Quand les députés en viennent le 12 août à examiner la Déclaration, ils sont saisis finalement de plusieurs projets, parmi lesquels aucun n'impose sa supériorité. On décide donc d'un comité de cinq membres pour préparer une nouvelle formulation.

Le vendredi 14 août, Mirabeau, au nom du comité des cinq, le présente, en s'excusant de l'imperfection d'un travail exécuté en trois jours, à partir de vingt projets, et en insistant sur la difficulté éprouvée à distinguer « ce qui appartient à la nature de l'homme, des modifications qu'il a reçues dans telle ou telle société ». Bref, l'enthousiasme lui manque. Il parle de ce projet avec, dit-il, une « extrême défiance »; l'important, pour lui, est la Constitution qui suivra, ce qui ne l'empêche pas, une fois lus les dix-neuf articles proposés, d'enflammer la salle par une de ces péroraisons dont il sait flatter l'idéalisme de son auditoire : « Elle vous sera due, cette époque fortunée, où tout prenant la place, la forme, les rapports que lui affirme l'immuable nature des choses, la liberté générale bannira du monde entier les absurdes oppressions qui accablent les hommes, les préjugés d'ignorance et de cupidité qui les divisent, les jalousies insensées qui tourmentent les nations, et fera renaître une fraternité universelle, sans laquelle tous les avantages publics et individuels sont si douteux et si précaires. C'est pour vous, c'est pour nos neveux, c'est pour le monde entier que vous travaillez... »

La discussion est ouverte, le mardi 18. Les objections pleuvent. Duport fait remarquer l'insuffisante distinction qui a été faite par le comité entre ce qui appartient à la Déclaration et ce qui appartient à la Constitution. L'abbé Grégoire lui reproche de ne pas évoquer la divinité, source de tous les droits. Mirabeau-Tonneau, porte-parole agité de la réaction, réfute même le principe de la Déclaration : « Ce n'est pas, dit-il, en faisant retentir le cri de liberté que l'on apaisera le feu des provinces. » Rabaut Saint-Étienne critique le défaut de plan; il voudrait de la clarté, des phrases assez nettes pour qu'elles « devinssent l'alphabet des enfants ». Lui, Rabaut, voudrait qu'on en revienne au texte de Sieyès. Cependant, Mirabeau reprend la parole et lui, le rapporteur du comité, propose, en son nom propre, de laisser là le texte qu'il a lu, d'en renvoyer la rédaction après l'établissement de la Constitution, dont la Déclaration serait partie intégrante. Pareille intervention ne pouvait qu'animer la majorité de l'Assemblée contre son meilleur orateur. Ils sont dix, quinze à monter à l'assaut. On accuse le tribun d'entraîner ses collègues « avec cette supériorité des talents » dans des « opinions contraires ». Certains jugent plus efficace de l'attaquer sur sa vie passée. Alors, le « tigre » se redresse : « Sans doute, dans le cours d'une jeunesse très orageuse, par la faute des autres, et surtout par la mienne, j'ai eu de grands torts, et peu d'hommes ont, dans leur vie privée, donné plus que moi prétexte à la calomnie, pâture à la médisance; mais j'ose vous en attester tous : nul écrivain, nul homme public n'a plus que moi le droit de s'honorer de sentiments courageux, de vues désintéressées, d'une fière indépendance, d'une uniformité de principes inflexibles. Ma prétendue supériorité dans l'art de vous guider vers des buts contraires est donc une injure vide de sens, un trait lancé du bas en haut, que trente volumes repoussent assez pour que je dédaigne de m'en occuper. »

Douze cents députés s'occupaient des droits de l'Homme; un homme devenu seul parmi eux défendait son droit à la vérité : « C'est sans cesse son *moi* tragique et superbe qui occupe la scène », dit Aulard. Ses discours ne sont ainsi qu'un éternel plaidoyer, la quête impossible de l'estime à laquelle a droit l'ange déchu, la recherche d'une réhabilitation digne de son patriotisme. Ses intrigues mêmes visent encore la conquête de cette considération, dont l'absence est si douloureuse à son orgueil. Or Mirabeau rate une occasion. Cette question des droits importe à la plupart des députés. Lui, plus familier de Machiavel que de Rousseau, n'est pas au diapason ce jour-là. Déjà, il avait été absent lors de la nuit du 4 août...

Le 19, on n'a guère avancé. Les objections continuent. Lally-Tollendal, en renouvelant sa profession de foi anglophile, rappelle que les Anglais («le peuple du monde entier qui entend le mieux la science du gouvernement») ont évité dans leurs déclarations des droits les «questions métaphysiques», les «maximes générales», pour leur préférer des «vérités de fait», des articles concrets, sans équivoque. Au bout du compte, on met aux voix les différents projets en concurrence: c'est sur la base de celui qui aura obtenu le plus de suffrages qu'on mènera la discussion. Les projets de Sieyès et de La Fayette sont alors devancés par le texte anonyme du sixième bureau. Le lendemain, 20 août, on commence à en discuter les vingt-quatre articles.

Des dix premiers, Target en fait cinq, que Mounier, au terme d'une séance épuisante, réduit à trois, ces trois premiers articles qui contiennent en substance tous les autres, et dont les deux mots principaux sont «liberté» et «égalité». La méthode était trouvée: on allait suivre tout le projet du sixième bureau, article par article, et, à coups d'amendements, le transformer jusqu'au dernier.

Un des points les plus sensibles et les plus discutés fut la question de la liberté religieuse. Certains membres du clergé demandent que la religion soit considérée comme une base indiscutable de la Constitution. Leurs voix sont couvertes au nom de la tolérance. La Borde défend la neutralité: «J'avoue que je suis affligé de voir des chrétiens invoquer l'autorité civile pour une religion qui ne doit se maintenir que par la pureté de sa doctrine.» Mirabeau va plus loin: il ne faut pas parler de *tolérance*, car le mot implique déjà la tyrannie, «puisque l'existence de l'autorité qui a le pouvoir de tolérer, attente à la liberté de penser, par cela même qu'elle tolère, et qu'ainsi elle pourrait ne pas tolérer».

L'intervention la plus remarquée dans ce débat fut celle de Rabaut Saint-Étienne. Ce pasteur du désert, envoyé par Nîmes aux États généraux, s'était fait connaître par quelques publications, dont *le Vieux Cévenol*, où il retraçait l'histoire des protestants au XVIIIe siècle, et par la part qu'il avait prise auprès de La Fayette et de Malesherbes pour faire prendre par le roi l'édit de 1787, qui restituait quelques-uns de leurs droits aux protestants français, à commencer par l'état civil. La défense qu'il fit de la liberté des cultes, au cours de cette discussion du mois d'août, fut certainement un de ses plus beaux titres de gloire. Il évoqua les limites de l'édit de 1787, « plus célèbre que juste », puisque les lois pénales pesant sur le culte réformé n'étaient pas abolies. Lui non plus ne voulait pas de la *tolérance*, mot qui implique l'idée avilissante de compassion; il réclamait la *liberté*, qui doit être une pour tout le monde.

Rabaut ne parlait pas seulement pour les protestants, mais aussi pour les Juifs : « Peut-être vous représentera-t-on que les nations qui nous environnent font exception de ceux qui ne professent pas la religion du plus grand nombre. Nation française, vous n'êtes pas faite pour recevoir l'exemple, mais pour le donner; mais si vous voulez imiter, imitez les Pennsylvaniens. Ils n'ont fait exception de personne. L'homme d'une religion quelconque a droit de jouir de tous les privilèges sacrés attachés à l'homme. » Et Rabaut de proposer l'article suivant : « Que nul homme ne peut être inquiété sur ses opinions religieuses, et que nul ne peut être troublé dans son culte. »

Cependant, sur la demande d'un prélat, l'évêque de Lydda, la majorité vota l'amendement : « pourvu que leur manifestation ne trouble point l'ordre public ». Une minorité avait protesté bruyamment. Mirabeau, dans son journal, *le Courrier de Provence*, fit valoir qu'un gouvernement pourrait ainsi interdire la célébration publique du culte des non-catholiques. Il aurait pu ajouter : des catholiques aussi, mais personne n'imaginait encore l'État en guerre contre l'Église. Le principal paraissait obtenu : la liberté de conscience était proclamée, cependant que le catholicisme, contrairement aux vœux du clergé, n'était pas reconnu comme religion d'État.

Cet article 10, ainsi que le suivant, consacré à la liberté d'expression, devait peser lourd par la suite dans le contentieux qui s'alourdit entre le pape et la Révolution. Avant que Pie VI ne condamnât la Déclaration, l'évêque d'Amiens exprima ses réserves : « Il y a du danger, disait-il, pour la religion et les bonnes mœurs dans la liberté indéfinie de la presse. Combien la religion n'a-t-elle pas souffert des attaques que la licence des écrits lui a portées! Combien le repos de la société n'a-t-il pas été compromis! Combien de pères de famille peuvent être alarmés pour leurs enfants des mauvais principes de certains ouvrages!... Je termine en proposant un amendement pour la conservation des mœurs et l'intégrité de la foi. »

Au total, le 26 août, le dernier des dix-sept articles de la Déclaration était voté. Par ce texte solennel, les Constituants avaient affirmé ce qu'on appellera les « immortels principes » : la liberté, l'égalité, la propriété, la « sûreté » et la résistance à l'oppression, le droit de croire, de penser, d'exprimer ses convictions, la présomption d'innocence pour tout homme arrêté avant d'avoir été déclaré coupable, la séparation des pouvoirs... Toutefois, Sieyès avait prévu un autre article, que les Constituants n'ont pas retenu, qui devait devenir ce droit au travail de 1848, et qu'il avait ainsi rédigé : « Tout citoyen qui est dans l'impuissance de pourvoir à ses besoins ou *qui ne trouve pas de travail* a droit aux secours de la société en se soumettant à ses ordres. »

Du même coup, on hésite à qualifier cette Déclaration de *sublime*, puisque le refus de l'addition proposée par Sieyès en marque littéralement la *limite*. Quoi qu'il en soit, ces articles qui ont fait le tour du monde ont plus œuvré pour le prestige de la France que tous les coups de canon de ses armées. En janvier 1988, selon un sondage SOFRES-*Figaro Magazine*, nos compatriotes eux-mêmes, interrogés sur les événements qui symbolisent le mieux, à leur avis, la Révolution, placent largement en tête la Déclaration des droits de l'homme et du citoyen.

Une controverse a eu lieu jadis sur ses origines intellectuelles. Un historien allemand, Jellinek, montra qu'elle était calquée sur diverses déclarations américaines (en particulier celle de l'État de Virginie), lesquelles s'inspiraient du droit public anglais, qui, lui-même, était redevable aux traités luthériens allemands. Émile Boutmy, fondateur de l'École libre des Sciences politiques, défendit l'honneur français, en faisant valoir la dette redevable par les déclarations d'outre-Atlantique aux philosophes français.

L'exemple américain, en tout cas, n'est guère contestable. Le rôle de La Fayette et les formules de son propre projet l'attestent. L'étude comparative des articles de la Déclaration française avec les divers articles des déclarations américaines antérieures est une autre manière de mesurer l'influence qui s'exerça d'Ouest en Est, même si elle fut auparavant d'Est en Ouest. La différence entre la Déclaration de Jefferson et celle des Constituants français tient, nous dit Jacques Godechot, à la volonté de ceux-ci de poser des droits de valeur universelle, là où leur modèle s'arrêtait à « l'expression de l'esprit américain ». Comme l'avait dit, le 8 août, Dupont de Nemours : « Il ne s'agit pas d'une déclaration des droits qui doive durer un jour. Il s'agit de la loi fondamentale des lois de notre nation et de celle des autres nations, qui doit durer autant que les siècles. »

La démarche de l'Assemblée était bien dans le style rationnel et dans l'ambition universaliste des philosophes. Avant de construire le nouvel État, on avait voulu énoncer les droits naturels qui devaient en être le fondement et le but. La Déclaration avait aussi une valeur pédagogique : en montrant aux hommes quels étaient leurs droits, par le seul fait qu'ils étaient des hommes, les Constituants leur apprenaient à ne plus supporter ce qu'ils avaient supporté pendant des siècles. Le nouvel Évangile, une nouvelle Bonne Nouvelle était proclamée à toutes les nations. « Les anciens législateurs, dira Saint-Just, avaient tout fait pour la république, la France a tout fait pour l'homme. »

Incroyable présomption, dira-t-on, que de vouloir parler au nom de l'humanité! Et Joseph de Maistre dira avec le plus d'éloquence son scepticisme : « J'ai vu dans ma vie des Français, des Italiens, des Russes, etc.; je sais même, grâce à Montesquieu, qu'on peut être Persan : mais quant à *l'homme*, je déclare ne l'avoir rencontré de ma vie; s'il existe, c'est bien à mon insu. » Cette prétention à l'universel, cette ambition humaniste était pourtant ce qui rendait la Révolution française non seulement unique mais dangereuse pour tous les despotismes : elle se faisait, non point contre des personnes, un tyran abhorré, mais au nom de principes audibles sous toutes les latitudes. La contagion était à redouter. L'événement, dira Kant, était trop grand, trop « lié aux intérêts de l'humanité », pour que, la Révolution française dût-elle échouer, son exemple ne reste pas gravé dans la mémoire des peuples.

XXVIII

LE VETO, LA DROITE ET LA GAUCHE (AOÛT-SEPTEMBRE 1789)

L'été 1789, déjà si fertile, allait donner carrière à l'une des pratiques les plus ancrées de notre vie politique : le partage de la *droite* et de la *gauche*. Depuis les journées insurrectionnelles de la mi-juillet, il n'y avait plus qu'une seule Assemblée nationale. Certains membres des deux ordres privilégiés la boudent, mais, vaille que vaille, les évêques récalcitrants ont suivi les curés patriotes, et les chevaliers de la réaction ont mis leurs talons rouges dans le pas des nobles libéraux. Cependant, les trois ordres ne se sont pas coulés en trois partis. Lorsque le débat sur la Constitution est entré dans le vif, à partir du 28 août, on s'est aperçu que les députés, sans souci d'origine, s'étaient peu à peu regroupés autour de quelques bouches d'or.

Le 18, notre ami Duquesnoy (on peut bien l'appeler « notre ami » depuis qu'il nous confie ses pensées!) n'aperçoit pas encore dans l'Assemblée « un esprit de parti dominant ». Longtemps, on a cru à une puissante intrigue autour de Mirabeau, mais les échanges sur la Déclaration des droits de l'homme viennent de révéler, sinon son isolement – car la puissance de sa séduction et la justesse si fréquente de ses idées lui valent toujours des applaudissements –, tout au moins la singularité de son attitude. Il va encore le montrer dans la discussion très vive sur la question du veto royal.

Pourtant, cinq jours plus tard, notre député de Bar-le-Duc observe « que la salle est partagée ». Dans « une partie », dit-il, on voit les partisans les plus résolus de la liberté et de l'égalité. On sait que cette partie-là était celle qu'avait sur sa gauche le président Stanislas de Clermont-Tonnerre. Les habitués du côté droit raillaient leurs vis-à-vis comme « le coin du Palais Royal ». Mirabeau y siégeait donc sans véritable parti à lui; on y voyait aussi La Fayette, mais le chef de la Garde nationale respectait une sorte d'obligation de réserve que lui ordonnaient ses fonctions militaires. Plus actifs, plus influents, au milieu d'un certain nombre de jeunes nobles d'esprit avancé, s'agitaient les « triumvirs », Duport, Barnave et Alexandre de Lameth, « homme très purs sous le rapport de l'argent, nous dit Mme de Staël, mais très avides de jouer un rôle ». Plus radicaux étaient Pétion, Robespierre, Buzot, Reubell : démocrates à tous crins, défenseurs inflexibles des grands principes, « vertueux », « incorruptibles », comme disaient les admirateurs des deux premiers.

Robespierre, néanmoins, n'avait pas encore acquis l'autorité qui sera la sienne. Ses débuts à la Constituante ont été malheureux. Timide, gauche, gourmé, faisant des phrases à la tribune comme dans une distribution des prix au collège, il était l'objet des quolibets de la presse de droite et nombre de ses collègues lui marquaient leur ironie. Dans les comptes rendus des débats, on déformait son nom quand on ne l'oubliait pas. Selon Aulard (qui n'aime pas Maximilien, il est vrai), son caractère revêche, sa mine rechignée et son manque de cordialité seraient dus en large partie aux blessures portées à sa vanité littéraire, lui, si prisé à l'académie d'Arras, et là persiflé sur son style!

La droite, et même le sommet de la droite (puisqu'on avait monté les bancs en forme d'amphithéâtre), est occupée par les « aristocrates », les défenseurs de l'absolutisme. On y cherche en vain de vraies têtes pensantes, mais on y rencontre quelques personnages. Le plus tapageur est le vicomte de Mirabeau : en face de Mirabeau-Tonnerre, le frère Mirabeau-Tonneau, le cadet chéri du papa, malgré sa nullité, son ivrognerie, ses dévergondages. Il a pour lui le courage physique et ce qui passe parfois pour du courage moral : un entêtement de mule. Ancien combattant d'Amérique, il entretient joyeusement son goût des armes dans une réputation de ferrailleur. A l'Assemblée, où il jalouse la gloire de son frère, il devient l'obstructeur : se gaussant, chahutant, proposant des amendements pour rire. Dans la rue, il provoque des attroupements, apostrophe les passants, entraîne des admirateurs dans les cafés dont il est un pilier sonore. Il fait du train où il passe, la joie des gazettes, le gagne-pain des caricaturistes, et l'amusement de ses adversaires, qu'il déride au milieu de leurs graves travaux.

Dans cette partie, l'abbé Maury est sans doute le plus éloquent. Fils d'un cordonnier de Valréas, il a gardé de ses origines le tour populaire, la pétulance et le goût de la provocation. Il se tient à quatre pour ne pas exploser, sans y réussir souvent. Mais il a prêché devant le roi, il se flatte de belles lettres, rêve d'un chapeau de cardinal : toutes choses qui l'attachent à un régime qui sombre et qu'il veut défendre avec ses 20 000 livres de rente. Il faudrait ajouter quelques noms : d'Éprémesnil, qu'on avait pris pour un libéral parce qu'il avait été emprisonné lors du conflit entre le roi et le Parlement de Paris. Il était de ceux qui avaient lancé la Révolution et ne s'en consolaient pas. Le plus écouté de la compagnie était sans doute Cazalès, dont la fraîcheur de l'anoblissement était sans doute à l'origine de son zèle de néophyte. Costaud, la tête énorme, l'air fruste, débraillé, relevant régulièrement d'un geste machinal une culotte qui glissait sur ses cuisses, il avait la voix puissante et gardait jusqu'au bout un franc-parler qui en imposait même à ses adversaires et attisait toujours la rivalité de l'abbé Maury.

« Quelques-uns tiennent le milieu », ajoute Duquesnoy. Ils étaient abonnés aux banquettes les moins élevées du côté droit : modérés, « impartiaux », ils deviendront les « monarchiens ». Presque tous sont partisans d'une constitution à l'anglaise, avec deux chambres et veto du roi. Ils comptent dans leurs rangs deux des meilleurs orateurs de l'Assemblée : Lally-Tollendal et, plus encore, Clermont-Tonnerre, qui avait cultivé ses intonations dans les loges maçonniques. Ayant achevé le 28 août son mandat de président (celui-ci était de quinze jours), il dut reprendre la direction des débats par intérim quelques jours plus tard, après que son successeur La Luzerne, évêque de Langres, eut démissionné dans le vacarme de la délibération sur le veto.

Mounier, tête pensante de ce groupe, présente, le 28, les propositions du comité de Constitution, que lui et ses amis ont noyauté. Il suggère un ordre logique de discussion : après la Déclaration des droits, il convient de s'accorder sur les principes du gouvernement monarchique. Vous avez dit «monarchie»? Mais encore? Chacun y va de sa définition, des abbés rappellent les droits de la religion catholique, on les renvoie avant Clovis, les amendements se succèdent, on va entendre plus de quarante définitions différentes sans qu'aucune satisfasse. On s'aperçoit, en effet, que l'acception du mot implique au préalable la connaissance du rôle exact du roi dans l'organisation des pouvoirs. Aurait-il ou non une part dans le rôle législatif, autrement dit devrait-il donner sa *sanction* aux lois votées? pourrait-il leur opposer son veto? Dans ce cas, le veto serait-il définitif ou seulement suspensif? Et suspensif pendant combien de temps? Là-dessus, l'Assemblée était complètement divisée. On devait trancher d'abord sur ce point.

Ce premier grand débat constitutionnel est grave. Sur la proposition de Mirabeau, on décide de voter par appel nominal, et non plus par *assis, levé*. C'est le minimum qu'on puisse faire dans une agitation de plus en plus fiévreuse. Les tribunes donnent de la voix, les listes des «mauvais députés» continuent à circuler et le président s'égosille dans la tempête. A Paris, la marmite du Palais-Royal bout de nouveau. On y dénonce le projet du comité de Constitution défendu par Mounier: on conspue les deux chambres, on vitupère le veto, les «amis de la liberté» redoutent que la France ne retombe sous le joug des nobles et des prêtres. Une rumeur court, reprise par Camille Desmoulins: Mirabeau est menacé, il faut lui donner une garde de deux cents hommes! Le paradoxe était que Mirabeau n'avait jamais caché qu'il était partisan du veto absolu. Voulait-on ainsi lui forcer la main? «A Versailles!», crie-t-on de toutes parts. Dans le café Foy, état-major du parti populaire, quelques-uns se sont mis à rédiger une motion, déclarant «que l'on n'ignore pas quelles sont les menées de l'aristocratie pour faire passer le veto absolu; que l'on connaît tous les complices de cet odieux complot; que s'ils ne renoncent dès cet instant à leur ligue criminelle, quinze mille hommes sont prêts à marcher...».

Le marquis de Saint-Hurugue, cornac du parti patriote, prend la tête d'un cortège qui veut porter à Versailles ce message comminatoire. Nous sommes le dimanche 30 août. Il est vingt-deux heures. Quinze cents personnes environ se pressent derrière le meneur. Mais, dès la rue Saint-Honoré, la Garde nationale, alertée, leur barre le passage. Changement de direction: c'est à l'Hôtel de Ville, là ou siège la Commune, qu'une délégation ira porter les revendications populaires. Les portes restent closes: on n'ouvre pas à des particuliers. Mais des renforts arrivent, précédés par un commandant de la Garde nationale. Cette fois, on laisse entrer la députation. Elle réclame une autorisation légale, pour formuler ses craintes devant l'Assemblée. De quel droit? Les membres de la Commune présents lui objectent qu'elle n'a aucun mandat de la nation. Retour au Palais-Royal. Nouveaux discours, nouvelles clameurs. Un nouveau mot d'ordre parcourt les rangs: il faut courir aux districts, tenir des assemblées légales, se prononcer contre le veto des aristocrates! Pour cela, on doit obtenir l'autorisation de l'Hôtel de Ville; on y court de nouveau. Rien à faire: les membres de la Commune ne transigent pas.

Le lendemain, celle-ci prend un arrêté vigoureux contre les manifestants et leurs chefs. Saint-Hurugue et quelques autres sont arrêtés et conduits au Châtelet. Cependant, des envoyés du Palais-Royal ont pu gagner Versailles et obtenir une entrevue de Lally-Tollendal, dont la popularité laissait ignorer son adhésion au veto. Leur message est transmis à l'Assemblée, qui avait reçu d'autre part des lettres anonymes. L'une d'elles, adressée au président, disait: «L'assemblée patriotique du Palais-Royal a l'honneur de vous faire part que si le parti de l'aristocratie, formé par une partie du clergé, par une partie de la noblesse, et cent vingt membres des communes, ignorants ou corrompus, continuent de troubler l'harmonie, et veulent encore la sanction absolue, quinze mille hommes sont prêts à *éclairer* leurs châteaux et leurs maisons, et les vôtres particulièrement, monsieur.»

A ces mots, l'Assemblée se cabre, outragée. Clermont-Tonnerre lance un mot historique: «Ou nous réussirons en faisant le bien, ou nous mourrons en voulant le faire.» Goupil de Préfeln s'écrie: «Catilina est aux portes de Rome, Catilina menace d'égorger les sénateurs...» Duport en appelle au calme: faut-il craindre quinze ou vingt mille hommes «sans aucun projet», alors que nous avons continué à délibérer quand nous étions menacés par trente mille soldats? Mais Mounier revient à la charge, il demande qu'on offre une récompense de 300 000 livres à celui qui viendra dénoncer les instigateurs de ces faits! On passe outre; des nouvelles apaisantes arrivent de Paris; on se calme.

Voici donc le débat relancé sur le droit de veto, mais qui dira si les menaces extérieures, jointes aux cris des tribunes, n'ont pas contraint bon nombre de députés, d'abord acquis peut-être aux idées de Mounier, à changer d'avis? « On parlait du veto, dans les rues de Paris, écrit Mme de Staël, comme d'une espèce de monstre qui devait dévorer les petits enfants. » Le veto était devenu « destructeur des libertés » : comment aurait-il pu appartenir à un seul homme puisqu'il appartenait à vingt-cinq millions? Les « anglomanes » n'ont-ils pas perdu leur crédit dans la montée de la peur qui gagne leurs collègues? Mounier s'en dira persuadé. Cette pression sur les élus, qui deviendra l'un des principes d'action du jacobisme, n'est-elle pas déjà à l'œuvre dans le débat qui reprend? Le comte d'Estaing, autre combattant d'Amérique, devenu chef de la Garde nationale de Versailles, a pris des mesures pour protéger la salle des Menus, Maréchaussée, dragons et milice bourgeoise l'entourent, tandis que lui-même, à cheval, tient la grande porte. Mais plus tard? Ne peut-on redouter les règlements de compte?

Cependant, outre les représentants de la droite extrême, d'Éprémesnil en particulier, le veto absolu du roi n'a pas manqué d'avocats. Mounier a explicité longuement la place qu'il devait tenir dans une construction à la Montesquieu. Surtout, Mirabeau a fait valoir son caractère nécessaire, dans une vision constitutionnelle reposant sur l'alliance du roi et du peuple. Il avait montré qu'il récusait nombre des anciennes prérogatives royales : lors de la discussion sur le droit de chasse, il s'était fait l'adversaire d'une exception légale en faveur des « plaisirs du roi ». Mais il ne voulait pas rabaisser le rôle de celui-ci à l'exécution des ordres du pouvoir législatif : un grand État avait besoin d'un chef suprême fort, car le propre d'un régime représentatif est de sécréter une nouvelle aristocratie. Pour en prévenir l'établissement, la liberté du peuple exigeait le veto du prince. Et si d'aventure le roi, mal intentionné, refusait sa sanction à une bonne loi, l'Assemblée disposerait toujours de cette arme ultime : refuser l'impôt.

Le camp d'en face défendait le principe d'un veto *suspensif*. Après Pétion, le comte d'Antraigues s'en fit l'avocat, puis Barnave et Lameth, au nom d'une judicieuse séparation des pouvoirs, Sieyès parla aussi; il avait, face à Mounier, la tête la mieux faite. Hostile à la Constitution à l'anglaise, qu'on donnait pour la meilleure alors qu'elle datait d'un siècle, se moquant en particulier de la Chambre des lords, monument de superstition gothique, il voulait une organisation des pouvoirs à la française, c'est-à-dire *logique*. Or le roi était le dépositaire de la force exécutive; à la force législative, il ne participait qu'à titre d'individu, comme des millions d'autres électeurs. Lui donner un droit de veto, c'était lui permettre de lancer des lettres de cachet contre la nation entière.

Au passage, on fit observer que la question du veto était dépendante du nombre des chambres : s'il y en avait deux, la chambre basse serait déjà contrôlée par la chambre haute. On vota donc sur ce point : quatre cent quatre-vingt-dix-neuf voix se prononcèrent pour une chambre unique, quatre-vingt-neuf pour le bicamérisme, il y eut cent vingt-deux abstentions. La Révolution avait-elle à ce moment-là perdu ses chances de se poursuivre en douceur? En tout cas, le parti « anglais » était vaincu. Il le fut aussi dans son désir d'un veto absolu : le veto suspensif passa par six cent soixante-treize voix, contre trois cent vingt-cinq et onze « perdues ». On aurait une chambre unique, élue pour deux ans; le roi pouvait lui refuser son consentement, mais, dira la Constitution : « Lorsque les deux législatures qui suivront celle qui aura représenté le décret, auront successivement représenté le même décret dans les mêmes termes, le roi sera censé avoir donné la sanction. »

Laissons la conclusion à Duquesnoy. Pendant toute cette bataille, il n'a cessé de bougonner : « Nous ne délibérons ni ne discutons : nous crions, nous clabaudons, nous nous emportons. » Pourtant, faisant le bilan des travaux de l'Assemblée, le 14 septembre, il n'est pas mécontent : « Du mélange de l'exagération et de la faiblesse sortent d'assez bons résultats. » Un aphorisme qui aura de l'usage.

XXIX

LA NAISSANCE DU QUATRIÈME POUVOIR

« Peut-on ne pas voir qu'au moyen du veto, en vain nous avions fait chanter un *Te Deum* au clergé pour la perte de ses dîmes; le clergé et la noblesse conservaient leurs privilèges. Cette fameuse nuit du 4 au 5 août, le roi eût dit : " Je la retranche des nuits, je défends qu'on en invoque les décrets, j'annule tout, veto... " » Qui parle ainsi contre le projet jugé « monstrueux et absurde »? Ni Pétion ni Robespierre : c'est Camille Desmoulins, le journaliste.

Depuis la convocation des États généraux, un quatrième pouvoir prenait forme peu à peu, celui d'une presse libre, libérée, dont l'existence avait été solennellement reconnue par la Déclaration des droits de l'homme et du citoyen. Ainsi, à la fin du mois d'août 1789, *les Révolutions de Paris*, hebdomadaire surgi des troubles de la mi-juillet, crépitent au cœur du Palais-Royal, comme *l'Ami du Peuple* de Marat grondera à la veille des journées d'octobre.

Les Révolutions de Paris étaient éditées par Louis Prudhomme, dont le patronyme était bien mal accordé aux ardeurs démocratiques de son journal, un des plus célèbres de la période. Un jeune avocat, Élisée Loustalot, qui sera emporté par une mort prématurée en septembre 1790, en est la plume la plus renommée. La spécialité de cette feuille du dimanche est de faire moins cas de Versailles – côté cour ou côté Assemblée –, que des événements de la ville-où-l'on-a-pris-la-Bastille. L'épigraphe qui ornait le titre, comme le voulait la mode, sera digne de la postérité : « Les grands ne nous paraissent grands que parce que nous sommes à genoux : levons-nous! »

Contre le veto, le journal de Prudhomme rend compte des réunions qui se succèdent au café Foy, des discours qui enfièvrent les têtes, des applaudissements et des cris d'indignation qui les ponctuent, des mots d'ordre qui circulent, tous les bouillonnements d'un volcan au bord de l'éruption. Le vote du veto suspensif produisait ce commentaire: « L'horreur qu'a causée le veto absolu a été telle, qu'on se regarde comme sauvé, si on n'accorde au roi que le veto suspensif... Nous avons passé rapidement de l'esclavage à la liberté; nous marchons plus rapidement de la liberté à l'esclavage : on endort le peuple au bruit des louanges qu'on lui prodigue sur ses exploits; on l'amuse par des fêtes, des processions et des épaulettes... » Vigilance! Patriotisme! Démocratie! *Les Révolutions de Paris* sont devenues un des organes d'opinion marquants et un foyer de mobilisation populaire dès 1789, avant que le brûlot de Marat et le célèbre *Père Duchesne* d'Hébert ne voient le jour.

Cependant, dès les six premiers mois de l'Assemblée nationale, on assiste à la floraison de dizaines de gazettes, dans un régime de liberté complète (cent quatre-vingt-quatre recensés à Paris et trente-quatre pour le reste du pays, en 1789). On se souvient que, au départ, Mirabeau avait tourné l'interdiction de son journal, *les États généraux*, par la publication des *Lettres du comte de Mirabeau à ses commettants*, finalement tolérées. Du même coup, d'autres périodiques suivirent. Jacques Godechot en dénombre quarante-deux entre début mai et fin juillet : la censure et l'autorisation préalables se trouvaient levées en fait. La loi allait suivre. La liberté de la presse était réclamée par les cahiers et les députés s'appliquèrent à lui faire droit sans tarder. L'article 11 de la Déclaration l'énonçait finalement : « La libre communication des pensées et des opinions est un des droits les plus précieux de l'homme. Tout citoyen peut donc parler, écrire, imprimer librement, sauf à répondre de l'abus de cette liberté dans les cas prévus par la loi. »

La liberté reconnue, les journaux toujours plus nombreux sortirent des petites presses artisanales, où, souvent, les rédacteurs maniaient eux-mêmes les plombs après avoir agité la plume. « Le journalisme, écrivent les Goncourt, est sorti tout armé du cerveau de la Révolution (...). Le journal! C'est le cri de guerre, la provocation, l'attaque, la défense;

l'Assemblée nationale où tout le monde parle et répond, et qui fournit le thème à l'autre assemblée nationale; c'est la parole fixée et ailée; tribune de papier, plus écoutée, plus tonnante, plus régnante, que la tribune où Mirabeau apostrophe, où Maury réplique! C'est un drapeau qui parle, et toute cause arbore un journal. Chaque jour de ces années de tempête en jette un nouveau, le lendemain en jette un autre, le jour qui suit un autre encore; vagues sonores de chiffons noircis que font taire les vagues survenantes! »

Très vite, on mesure cependant les dangers que peut laisser planer une presse livrée à la seule discrétion de ses rédacteurs, sans règles, sans bornes, sans respect pour la vie privée des individus. Outre les attaques *ad hominem* qui fusent de partout, allusives ou directes, les appels à la sédition ne peuvent pas être admis. Aussi la Commune de Paris prend-elle des arrêts contre les colporteurs d'imprimés anonymes et décide-t-elle d'instaurer la censure préalable sur les caricatures: peine perdue! Tout de même, Marat sera déféré au Châtelet après les journées d'octobre, sans suite il est vrai. La diffamation, dont plusieurs députés sont victimes, conduit un de ceux-ci, Montesquiou, à réclamer, en décembre, une loi contre les abus. En janvier 1790, Sieyès présentera une liste des délits de presse; il faut attendre le vote du projet Thouret, le 22 août 1791, repris dans la Constitution, pour que le nouveau régime se dote d'une réglementation. Moins précise que le projet de Sieyès, la loi ne fut pas appliquée: jusqu'à la chute de la monarchie, la liberté d'expression en France resta sans limites. Le *Véridique* le justifiait ainsi: « La liberté de la presse est le vrai palladium des peuples libres; elle est notre unique espérance dans les périls qui nous environnent. On a proposé, dans ces derniers temps, des lois de police qui tendent à l'anéantir pour diminuer les libelles. Que la nation se garde bien d'adopter ce plan! Ne vaut-il pas mieux encore que l'homme individuel reste exposé, que de risquer notre existence politique, que d'anéantir le seul frein qui nous reste contre la corruption (...). Les gouvernements libres doivent tolérer les écrits anonymes qui, tout à la fois, jettent les aristocrates dans la crainte et conservent l'indépendance du peuple. »

La meilleure protection des individus, pensait-on, résidait

justement dans cette liberté de la presse. Est-on attaqué injustement? Qu'on réplique! Pareil raisonnement reposait sur une probabilité et une réalité. La première: que les noms visés sont ceux des grands qui ne manquent pas de moyens; la seconde: que la publication d'un journal n'était pas alors une entreprise hors de prix. Il fallait surtout du talent, le reste suivait. Les tirages étaient modestes par nécessité: un maximum de trois mille exemplaires pour un quotidien. Quelques journaux, cependant, disposant de plusieurs presses, pouvaient faire mieux: cela ne dépassait pas les douze mille. Le plus souvent, on se contentait de quelques centaines d'exemplaires. Les abonnements n'étaient pas la seule forme de commercialisation; on vit naître la vente à la criée. Du reste, certains journaux avaient pris des titres qui s'y prêtaient: *C'est incroyable!* et même: *Aux voleurs, aux voleurs!* A croire qu'à l'époque cela ne faisait pas fuir!

Un puissant effort d'imagination présida à l'invention de toutes ces appellations (bien mal contrôlées comme l'atteste le nombre des contrefaçons). Quelques mots-souche permirent des variations à l'infini: *Ami*, par exemple, qui donnait ou donnera: *l'Ami du peuple, du roi, de la justice, – de la vérité, – de la liberté, – de la loi, – de la Constitution, – de la paix, – de la religion, – de la Révolution, – de l'humanité, – de l'ordre, – des campagnes, – des citoyens, – des principes, – des honnêtes gens...* Certains titres étaient plus originaux, tels que cette *Bouche de fer*, journal d'un prêtre rousseauiste, l'abbé Fauchet, fondateur d'un club, le Cercle social, à la porte duquel était accrochée une boîte en fer percée d'un trou, par où tout un chacun pouvait glisser questions, réclamations et articles. Ces «bouches de fer» devaient être clouées dans toutes les villes, pour collecter les pensées du plus grand nombre: le journal s'en ferait l'écho. Rêvant de fonder la Confédération universelle des amis de la vérité, l'abbé et son ami Bonneville entretenaient trois fois par semaine la libido utopique de leurs lecteurs, qu'ils régalèrent de surcroît de réunions publiques, bientôt ridiculisées par des détracteurs jaloux. Ainsi, de mauvais plaisants faisaient des annonces apocryphes pour le club du genre: «Le dernier article à l'ordre du jour sera l'examen de cette question: “Qu'est-ce que c'est qu'une pétaudière?”...» Toutes les révolutions débrident l'imaginaire, fouettent le zèle des bâtisseurs de nouveaux mondes, offrent des tribunes aux apôtres des médecines nouvelles. Mais si 1789 ouvrait la carrière aux songe-creux, la même année permettait aussi aux talents obscurs de s'épanouir en pleine lumière.

Parmi ceux que les journaux ont projetés au premier rang, quelques noms éclatent. Ne disons rien de Mirabeau l'aîné, dont les *Lettres* étaient devenues *le Courrier de Provence*: sa personnalité écrasait déjà ses collègues de l'Assemblée. Peut-être faudrait-il dire encore un mot de Mirabeau le puîné, le vicomte, le bretteur infatigable, le bâfreur inassouvi, le tonneau vivant : moins doué pour la tribune que son frère détesté, il offrit aux *Actes des apôtres*, organe d'extrême droite, quelques épigrammes qui n'épargnaient pas son nom de famille. Ces bouts rimés sont anonymes mais donnent le ton :

Français, pleurez le sort de Mirabeau l'aîné,
Plus d'adresse, plus de harangues,
Il va mourir empoisonné.
En dînant l'autre jour, il s'est mordu la langue.

Cependant, aux *Actes*, la pointe de l'esprit revenait à Rivarol. Celui-ci était arrivé de sa Provence à Paris, à l'âge de vingt-deux ans, arborant sans vergogne un titre de vicomte pour mieux se consoler d'avoir un père aubergiste. Grâce à ses reparties spirituelles, il dispensait du bonheur dans les salons, jusqu'au jour de 1784 où son *Discours sur l'universalité de la langue française*, couronné par l'académie de Berlin, fit prendre au sérieux le brillant causeur. N'ayant ni religion de la monarchie ni religion tout court, il eût pu se ranger sous le drapeau révolutionnaire, mais n'ayant d'autre part aucun ressentiment contre l'ancienne société qui l'avait semé de fleurs, il se compta dès 1789 parmi ses défenseurs. Antoine Sabatier de Castres lui proposa de collaborer au *Journal politique national* : il y fut le meilleur écrivain de la contre-révolution débutante. Sans aveuglement sur les responsabilités de la Cour, au demeurant : « La populace de Paris et celle même de toutes les villes du royaume, écrivait-il, ont encore bien des crimes à faire avant d'égaler les sottises de la cour. Tout le règne actuel peut se réduire à quinze ans de faiblesse et à un jour de force mal employée. »

Le 2 novembre, paraissait le premier numéro des *Actes des apôtres* : on y rima la réaction avec les madrigaux et les acrostiches d'une douzaine ou d'une quinzaine d'échotiers tenant bureau d'esprit, au-dessus desquels émergeait Antoine de Rivarol. Voltairien, primesautier, persifleur, égrillard, le journal royaliste continuait l'esprit de salon, sauf qu'il se donnait désormais libre cours sur la table d'un café.

A gauche, trois noms volèrent au-dessus des folliculaires : Brissot, Desmoulins et Marat. Au premier était dû *le Patriote français*, un des journaux qui obtinrent la faveur des professions libérales et des militaires; il avait pour épigraphe : « Une gazette libre est une sentinelle avancée qui veille sans cesse pour le peuple. » Brissot (Jacques Pierre Brissot de Warville) s'y était pris à trois fois avant de lancer enfin son journal. Dès avant l'ouverture des États généraux, en mars et en avril, il avait diffusé un prospectus pour l'annoncer, et à deux reprises il s'était heurté au refus du directeur général de la librairie. Le 6 mai, un premier numéro fut suivi d'interdiction tout comme le journal de Mirabeau, sur décision du Conseil d'État. C'est seulement le 28 juillet que Brissot entamait pour de bon la série de son quotidien. L'homme qui devait défendre plume à la main les idées patriotiques, devenir un des plus célèbres des Girondins, avant de finir sous la guillotine, était l'un de ces anciens d'Amérique, acquis aux idées d'égalité – y compris l'égalité des races, une cause qui lui est chère –, et de liberté, – y compris la liberté économique, ce qui devait lui susciter d'autres adversaires. En 1789, son journal est comme une arme chargée et dirigée contre toutes les formes du despotisme. Républicain bientôt avéré, adversaire du veto royal, hostile à l'Église, favorable à l'insurrection paysanne, il reste longtemps l'aile marchante du mouvement démocratique.

Brissot était beauceron; Camille Desmoulins, lui, était picard, natif de Guise. Avocat bègue et sans cause, il reçut de la liberté de la presse ce qu'il n'avait pu espérer de ses plaidoiries : un public. Rivarol, méchant, disait de lui : « Avec trois mots savants : *nation*, *lanterne* et *aristocrate*, il a su se mettre à la portée de l'honnête garçon boucher, de la modeste poissarde et de tous ces nouveaux lecteurs qu'a enfantés la Révolution. » Il s'était fait connaître par un livre, *la France libre*, et surtout par une brochure, *Discours de la lanterne aux Parisiens*, où il prenait la voix de la sinistre barre de fer qui, au coin de la rue de Grève et de la rue de la Vannerie, avait tenu la corde où Foulon avait été pendu. Ses provocations étaient dans son premier style, juvénile et verbeux. Fort de cette jeune réputation, que son rôle dans les événements de la mi-juillet avait encore grandie, il s'associe avec le libraire Garnéry et lance, le 28 novembre 1789, *les Révolutions de France et de Brabant*, hebdomadaire divisé en trois sections: la France; la Belgique et les pays étrangers; et le reste, les «variétés». «Me voilà journaliste, disait-il en commençant, et c'est un assez beau rôle. Ce n'est plus une profession méprisable, mercenaire, esclave du gouvernement. Aujourd'hui, en France, c'est le journaliste qui a les tablettes, l'*album* du censeur, et qui passe en revue le sénat, les consuls et le dictateur lui-même.»

Les férocités du tendre Camille, procureur de la lanterne mais âme sensible, restèrent anodines à côté des imprécations de Jean-Paul Marat, qui avait lancé son journal le 12 septembre sous le nom d'abord inoffensif du *Publiciste parisien*, rebaptisé quatre jours plus tard *l'Ami du peuple*. A la veille de la Révolution, cet homme de quarante-cinq ans pouvait s'estimer un raté. Inventeur sans succès, médecin malade, ex-protégé éconduit du comte d'Artois, arriviste désespéré, théoricien du droit pénal incompris, il est d'un seul coup métamorphosé par l'annonce des États généraux. Intransigeant, il va se faire l'aiguillon du mouvement révolutionnaire. Pourfendeur des timides et des possédants, vigile du *demos*, tribun des pauvres, il est rédacteur, imprimeur, diffuseur d'un journal lyrique, violent, souvent lucide, toujours farouche: à ses yeux d'Argus, tout devint matière à soupçon. Celui qui pour ses ennemis était «une hyène», un «dégoûtant excrément de la nature», le prenait de haut dès les premiers numéros: «Ô Français! peuple libre et frivole, ne pressentirez-vous donc jamais les malheurs qui vous menacent, vous endormirez-vous donc toujours sur le bord de l'abîme?» Réveille-matin de la conscience révolutionnaire, *l'Ami du peuple* allait retentir jusqu'au moment où Charlotte Corday, le 13 juillet 1793, l'empêcha à tout jamais de sonner.

La presse était devenue libre. Le journalisme allait se révéler un métier à hauts risques: Brissot, Desmoulins, Marat, tous les trois comme bien d'autres en feront la sanglante expérience.

XXX

LES « POISSARDES » À VERSAILLES (5 OCTOBRE)

L'agitation a repris en septembre. A l'origine, on doit distinguer, mais ils vont confluer, le problème lancinant, devenu aigu, du ravitaillement, et l'irritation causée par les atermoiements de Louis XVI auquel l'Assemblée a demandé de sanctionner les grandes décisions qu'elle a votées. Sur quoi s'établit aussi la rumeur d'un projet de fuite royale vers la citadelle de Metz, pour relancer la contre-révolution, de mèche avec les émigrés. Marat, dans *l'Ami du peuple*, prêche la manifestation : « Rassemblons-nous donc sur les places publiques, et avisons aux moyens de sauver l'État. »

Le 3 octobre, *le Courrier de Versailles*, journal fondé en juillet par Antoine Gorsas, annonce la nouvelle qui va mettre le feu aux poudres. L'avant-veille, à Versailles, les officiers des gardes du corps ont offert un banquet à ceux du régiment de Flandre qui venaient d'arriver en renfort. Certains, au cours des libations, auraient foulé la cocarde tricolore et arboré la cocarde noire de la reine. Celle-ci leur aurait rendu visite, accompagnée du dauphin, pour recevoir leurs acclamations. Le récit était peut-être fondé sur un détail exact; il est douteux qu'il fût entièrement vrai; il est sûr qu'il était exagéré : les témoignages ne manquent pas. Quoi qu'il en soit, d'un journal à l'autre, d'une bouche à mille oreilles, il n'est bientôt bruit à Paris que de l'ignoble attitude de ces soldats et de la reine. La scène avait frappé, on en fit une chanson : *l'Orgie des Gardes françaises* :

Une voix s'élevant soudain
Crie : «A bas la cocarde! »
Chacun répond le verre en main :
– Ah, bravo camarade.

On applaudit avec fureur
A ce mot détestable
Et l'on foule aux pieds, sans pudeur
Le ruban respectable.

Le 5 octobre, Marat appelle aux armes et réclame un *tribun*. Camille Desmoulins dira de lui : «Marat vole à Versailles, revient comme l'éclair, fait lui seul autant de bruit que quatre trompettes du jugement dernier, et nous crie : Ô morts, levez-vous! »

Cependant, les deux «journées» qui vont suivre n'ont pas eu lieu sur une simple rumeur et sur le cri de guerre d'un journaliste solitaire. Elles sont d'abord, et encore une fois, un soulèvement de la faim – ce que Taine nomme les «passions de l'estomac», pour dire qu'elles ont convergé, en ce début d'octobre, avec les «passions de la cervelle». Dans une large mesure, le cours de la Révolution se confond, notamment en cette année 1789, avec le cours du pain. Un pain rare, coûteux, de qualité incertaine quand on le trouve; or la difficulté à trouver son pain quotidien provoque déjà les maladies de la cervelle : la peur de la famine, la conviction d'un complot tramé contre le peuple, la colère contre tous les «accapareurs» vrais ou supposés, du fermier au boulanger, en passant par tous les échelons de l'autorité publique. La crainte du manque aggrave le manque, la hantise de la conspiration conduit à soupçonner la qualité des farines; on croit aux empoisonnements; il suffit d'un rien pour déchaîner l'imaginaire des ventre-creux. Or nous voici à la période clé de la soudure. La moisson a été bonne, mais le blé n'est pas encore battu; il faut attendre la fin d'octobre pour utiliser la récolte de l'été.

Les nouvelles autorités communales renforcent le Comité de subsistance, envoient des commissaires dans les moulins pour hâter la mouture, activer le battage des grains, acheter si possible, perquisitionner au besoin. Des efforts sans résultat probant. Le maire Bailly en arrive, à la fin d'août, à faire distribuer ce qui était pour l'époque une nourriture de détresse : du riz. L'Assemblée de Versailles, de son côté, vote un premier décret sur les subsistances, le 29 août, lequel, fidèle à la liberté de circulation, ne réglait rien pour l'immédiat. Cependant, un arrêt du Conseil d'État du 7 septembre autorise la Commune à agir plus directement auprès des fermiers, meuniers et municipalités des environs de Paris. Le bilan de ces décisions est dérisoire; les arrivages dans la capitale se font chaque jour plus rares.

C'est dans ce contexte d'exaspération alimentaire que les incidents se multiplient et que les journaux haussent le ton. Des manifestations de rue s'improvisent, où l'on note la présence d'une majorité de femmes. Devant les boulangeries, les files d'attente se mettent en place avant le lever du jour, les clientes s'exaspèrent, en viennent aux mains... Tous les districts signalent troubles et désordres. Parfois, des suspects font les frais de la colère collective et finissent au bout d'une corde, à moins d'en être tirés *in extremis* par la milice locale. A la date du 5 octobre, note Marcel Reinhard, d'après les registres des entrées, il n'était arrivé à Paris, depuis une dizaine de jours, que cinquante-trois sacs de farine et quelque cinq cents setiers de blé. « Du pain! », voilà le premier mot d'ordre du 5 octobre, celui qui pousse dans la rue des milliers de femmes : sans la disette, la Révolution eût suivi une autre marche.

A Versailles, cependant, un conflit sourd oppose le roi et son ministère à la majorité de l'Assemblée. Celle-ci exige la promulgation des décrets consécutifs au 4 août et la sanction royale à la Déclaration des droits ainsi qu'aux dix-neuf premiers articles qui étaient la base même de la Constitution. Dans une lettre du 18 septembre, où Necker a mis sa main, le roi a formulé des réserves, notamment à propos de la suppression de la dîme et des justices seigneuriales. L'Assemblée a supplié le roi; celui-ci, pour finir, a accepté la *publication* des arrêtés issus du 4 août, mais non leur *promulgation*. De même, pour la Déclaration et les dix-neuf articles, la réponse du roi, donnée le 4 octobre, pouvait être considérée comme une dérobade. L'Assemblée en discute, le matin du 5 octobre, lorsqu'elle apprend qu'une foule parisienne s'est mise en marche sur Versailles. En soi, la nouvelle pouvait inquiéter, mais la menace allait servir les desseins des députés dans leur conflit avec le pouvoir exécutif.

Que s'est-il passé à Paris?

Depuis que le roi montrait ses réticences face à l'Assemblée, le parti patriote tonnait de plus belle. Outre Marat, plutôt isolé, Duport, Camille Desmoulins, Danton (qui présidait le district des Cordeliers), Loustalot et ses *Révolutions de Paris*, et d'autres moindres, répandent le mot d'ordre selon lequel il faut arracher le roi aux intrigues de la cour en l'amenant à Paris. Du reste, le cahier de doléances du Tiers parisien en avait déjà formulé le vœu. L'idée avait rebondi, au moment de la bataille sur le veto. On se souvient de la tentative de marche sur Versailles, derrière le marquis de Saint-Hurugue; elle avait fait long feu; l'idée, échappée du café de Foy, restait dans l'air. Ou préparée ou spontanée, la convergence se fit, dans les premiers jours d'octobre, entre la protestation alimentaire et la réclamation politique. L'incident du banquet donné en honneur du régiment de Flandre servit en sorte de catalyseur. Le dimanche 4, des femmes se pressaient au Palais-Royal autour de l'une d'elles qui appelait à marcher sur Versailles.

Le matin du 5, plusieurs attroupements de femmes ont lieu simultanément au faubourg Saint-Antoine et sur les marchés du centre. On insistera ici et là sur le rôle prépondérant des marchandes de la halle – les «poissardes» –, connues pour la verdeur de leur langage. C'est une exagération. Rivarol, qui nous a laissé un récit aussi partial que vivant, a pris lui-même le soin de défendre la réputation de ces malheureuses. De fait, l'enquête menée par le Châtelet auprès de trois cent quatre-vingt-huit témoins, et dont la publication aura lieu en mars 1790, ramène la part de cette corporation respectable à ses justes proportions: à côté d'elles, on a répertorié la plus grande diversité professionnelle et même sociale: les bourgeoises, les «femmes à chapeau», n'ont pas manqué à côté des blanchisseuses et des domestiques. Taine insiste beaucoup, quant à lui, sur la présence active des «filles du Palais-Royal», achetées par les «Machiavels de place publique», et flanquées de leurs amants déguisés dans leurs nippes, la barbe affleurant de plus en plus noire au fil des heures sous le fard. On saisit l'intérêt qu'il y avait à mettre des femmes en avant: on n'en découragerait que mieux les fusils des forces de l'ordre.

Que la présence de ces gourgandines et de leurs maquereaux soit avérée, il n'empêche que leur action, à supposer qu'elle fût concertée et téléguidée, eût été vaine sans la fertilité du terrain où elle se développait. Car s'il est difficile de mesurer avec exactitude la part de la spontanéité dans ces deux folles journées, il est avéré qu'elle a joué le premier rôle. En différentes paroisses, des mères de famille dans l'impossibilité de s'approvisionner en pain ont obligé le bedeau à sonner le tocsin. Leur mouvement, issu de plusieurs quartiers, converge peu à peu sur l'Hôtel de Ville, entraînant derrière lui les passants. Une foule armée de bâtons et de piques force les portes du palais municipal, dévaste les bureaux, et fait sonner les cloches du beffroi. A onze heures, la place de Grève est noire de monde.

Vers midi, La Fayette, qu'on ne cessait de réclamer, y parvient enfin. Des femmes avaient crié contre son nom et celui de Bailly. La foule lui demande de l'accompagner à Versailles chercher le roi et sa famille. « Pâle, éperdu, sans énergie, et sans dessein déterminé, écrit Rivarol, il flottait sur son cheval au milieu de cette foule immense qui prenait son irrésolution pour un refus, et le pressait de toutes parts. » C'est alors qu'avec ses « volontaires de la Bastille », Stanislas Maillard s'avise de se porter à la tête des femmes pour les mener à Versailles. Au passage, on saisit des canons au Châtelet, et l'on engage toutes celles qu'on rencontre à grossir le cortège. Combien sont-elles? Six, sept mille, au moment de la halte, place Louis-XV. Continuant son chemin sur la rive droite de la Seine, la manifestation prendra le chemin de Sèvres et de Viroflay.

Cependant, la place de Grève n'a cessé de voir accourir les hommes de la Garde nationale, qui sont bientôt quinze ou vingt mille à entourer leur chef, et à crier eux aussi : « A Versailles! » La Fayette, toujours dans l'incertitude, prend finalement un ordre de marche de l'assemblée de la Commune et entraîne ses hommes – grenadiers, fusiliers, gardes nationaux, auxquels se sont joints quelques centaines d'hommes armés à la diable – à la suite du premier cortège, mais avec cinq ou six heures de retard sur lui.

Pendant ce temps, l'Assemblée délibère sur l'attitude du roi. L'atmosphère est tendue. Pour la première fois, Pétion interpelle à propos de l'incident du banquet. On vient d'apprendre la marche des femmes et l'on décide que Mounier, alors président, conduira chez le roi une députation pour lui faire accepter sans réserve les dix-neuf articles de la Constitution. Le roi, de son côté, chassant sur les hauts de Meudon, averti après tout le monde de ce qui se passe, rentre au château, gardant toujours – ordinaire dans l'extraordinaire – ce calme olympien dont on hésite à créditer son courage ou son inconscience. Sur ces entrefaites, le cortège des femmes a pénétré dans Versailles et s'est dirigé tout droit sur l'Assemblée. Une vingtaine de « poissardes » (le mot est aussi sous la plume de notre ami Duquesnoy) sont admises à entrer derrière Maillard. Celui-ci, qui n'a pas sa langue dans sa poche, expose les raisons de cette irruption : Paris manque de pain, Paris veut du secours, l'Assemblée doit l'aider! La harangue achevée, une vive discussion s'engage; l'archevêque de Paris subit la grêle : « A bas la calotte! », « A bas les calotins! » juste avant que les portes ne soient ouvertes et la salle bientôt remplie, sous les yeux tout ronds de notre Duquesnoy, qui rapporte du reste sans la malveillance de Rivarol cette invasion insolite « de femmes ivres d'eau-de-vie ». De fait, on avait peu mangé, pendant ces heures de marche, sous la pluie, dans la boue, mais on s'était soutenu le cœur avec des boissons fortes.

La salle des débats présente alors le spectacle le moins recommandable des assemblées envahies par ceux que les uns appellent « les masses », et les autres, la « populace ». Sacrilège! Le temple inviolable des représentants de la nation n'est plus qu'un parterre de dérision où l'on voit les « bacchantes » chanter, danser, monter sur l'estrade du président, – l'une d'elles bientôt prendra place dans son fauteuil laissé vide. Duquesnoy décrit alors les sentiments mêlés des députés : la terreur du plus grand nombre, apostrophés par les « sauterelles affamées » – les prêtres en particulier, objet d'une hostilité spéciale –, mais aussi la joie trouble des autres, mélange de perversion et de calcul politique.

Mounier avait quitté l'Assemblée juste au moment où arrivaient les femmes de Paris. De sorte que lui et sa députation sont escortés par une bande de harangères et d'hommes en haillons au « regard féroce », « le geste menaçant, poussant d'affreux hurlements » (*dixit* Mounier). Il est dix-sept heures trente, le jour tombe, il pleut toujours, le président avance péniblement mais non sans courage. Le roi le reçoit en compagnie d'une douzaine de femmes. Il semble que Louis, incapable de parler aux grands, sache trouver les mots simples qui font pleurer les humbles : il rassure celles qui juraient encore tout à l'heure de tuer la reine; oui on s'occuperait des subsistances de Paris, oui vous aurez du secours... Mounier, lui, doit attendre vingt-deux heures pour recevoir la réponse du roi. Celui-ci, après avoir réuni son Conseil, donnait enfin son acceptation pure et simple aux textes votés. Ainsi la Déclaration des droits de l'homme était consacrée par une journée d'émeute.

Pendant ces cinq heures d'attente, Mounier avait laissé l'Assemblée en proie au plus grand tumulte. Les femmes siégeaient à côté des députés, les « tricoteuses » des galeries répondaient en écho à leurs cris. Seul, ou à peu près, Mirabeau, avec sa voix bien timbrée et sa tête de lion, parvenait à calmer les furies qui l'appelaient leur « petite mère ». Son frère, lui, selon Duquesnoy, profitait de l'occasion pour palper les corsages : « La scène la plus indécente s'est établie dans le sanctuaire des représentants du premier peuple du monde. » La Fayette arrive à son tour à la tête de ses troupes et de ses volontaires peu avant minuit. Dans la soirée, de graves incidents ont eu lieu aux abords du château. Les gardes du corps ont essuyé des coups de feu tirés de la foule et des rangs de la milice de Versailles qui l'avait rejointe. Il y a eu des blessés, des morts. Un cheval tué a même été dépecé et à moitié mangé cru par les assaillants. La Fayette réussit à passer, voit le roi, prend sur lui la défense du château. On confie à ses hommes les postes extérieurs; les gardes du corps défendront l'intérieur. A la fin, il parvient à convaindre la famille royale d'aller se coucher, vers deux heures du matin, ce qui devait contribuer à lui valoir le surnom de « général Morphée ».

Mounier, lui, était venu entre-temps apporter l'acceptation du roi à l'Assemblée, siégeant toujours. On a applaudi la nouvelle mais les visiteurs du soir ont repris leur vacarme : c'est de pain qu'ils veulent entendre parler. Épuisé, le président a fini par lever la séance, tard dans la nuit. Quelques braves, dont Barnave, Pétion et Mirabeau, sont restés à leur place, pour ne pas abandonner complètement l'Assemblée aux *citoyennes*.

C'eût été certainement faire violence à la pudeur que de demander, sur cette courte nuit, un rapport à l'hygiéniste national, le docteur Guillotin. Après tout, ces heures de promiscuité douteuse ne furent qu'un quart de soupir historique. Mais que le roi et la reine, à l'issue d'une telle journée et à la veille d'une autre aussi menaçante, aient pu, eux, trouver le sommeil, voilà qui force notre admiration en faveur d'une époque dont nous avons perdu la sagesse proverbiale : il y avait alors un temps pour tout! On dormit donc. Mais comme on bivouaque à la veille d'une bataille, autour des feux mal éteints.

XXXI

LE ROI RAMENÉ À PARIS (6 OCTOBRE)

Avant l'aube, La Fayette avait cru pouvoir s'autoriser à fermer les yeux. Ce ne fut qu'une heure de sommeil, mais qui faillit provoquer le sommeil éternel de la reine. La veille, sur le chemin de Versailles, des cris de haine et de vengeance, tout le catéchisme poissard, n'avaient cessé de fuser contre elle. On accusait l'étrangère de ses frivolités coûteuses, de son ascendant maléfique sur le roi; on incriminait sa vie privée, son inconduite supposée, son entourage. La scène du banquet avait ajouté la preuve de ses agissements contre-révolutionnaires. C'est elle qui était visée, lorsque au petit jour une partie de la foule, tôt réveillée, avait réussi à pénétrer à l'intérieur du château par une issue négligée.

Mêlés à des gardes nationaux qu'ils ont entraînés, ces furieux veulent atteindre la chambre de Marie-Antoinette. Ils se heurtent à des gardes du corps qui, depuis la veille, ont reçu des consignes de prudence et qui s'acharnent à garder leur sang-froid sous les assauts de la foule ainsi que des milices de Paris et de Versailles. Un jeune compagnon ébéniste, toutefois, est tué dans l'affrontement. Les émeutiers massacrent alors deux gardes et traînent leurs corps sous les fenêtres du roi. Là, un homme portant une longue barbe noire – on saura plus tard qu'il était modèle d'atelier – décapite les deux cadavres à la hache. La scène horrible a laissé interdits les gardes nationaux, tandis que le reste de la foule, hommes et femmes, afflue dans le château, enfonce les portes, envahit les escaliers, repousse toute résistance. Dans l'antichambre de Marie-Antoinette, une sentinelle oppose un ultime barrage aux attaquants, tandis que la reine parvient à fuir, en chemise, par l'étroit balcon qui borde les fenêtres, et à gagner la chambre du roi.

Cependant, La Fayette était à son tour tiré de son lit et accourait au château en pestant contre la légèreté dont il avait fait montre. Rassemblant les grenadiers des gardes-françaises qui avaient été inclus dans la milice parisienne, il réussit à sauver les gardes du corps tombés aux mains de la foule. Cette intervention se révèle décisive au bout de quelques instants, gardes nationaux et gardes du corps fraternisent, s'échangeant bandoulière et cocarde tricolore. Les cris de la foule, néanmoins, ne retombent pas; elle exige du roi et de la reine leur transport à Paris.

Louis s'était déjà présenté au balcon, afin de sauver la vie de ses gardes en danger. Cette apparition avait provoqué le salut bruyant de ceux qui se voyaient déjà en vainqueurs. Des « Vive le roi! » retentissaient de partout. Il finit par promettre qu'il partirait à midi. Les acclamations avaient redoublé. Mais la reine est demandée à son tour. Manifestant un courage qui força l'admiration de beaucoup au cours de cette journée, elle se présente au balcon en compagnie de son fils et de sa fille, le dauphin et Madame Royale. La foule hurle aussitôt: « Point d'enfants! » Le risque était réel de revenir seule devant ces hommes et ces femmes vociférants, les uns armés de fusils et tous emplis de haine ou de ressentiment. La Fayette prend alors sur lui de ramener Marie-Antoinette au balcon et, devant la meute, de lui baiser la main. Scène insolite, pénétrée d'une grandeur qui retourne complètement les assistants aussi prompts à s'attendrir qu'ils l'avaient été à crier à mort. La reine est applaudie. On se congratule, on s'embrasse, on s'extasie devant le couple royal.

Tout, depuis le début de ces événements, est empreint de sentimentalité: on tue ou l'on adore, point de juste milieu! Madame de Staël, qui est témoin de la scène, car elle est près de ses parents, Necker et sa femme, venus rejoindre la famille royale avec les autres ministres, est frappée, comme d'autres, par la réversibilité des passions, l'irrationalité apparente des conduites, la psychologie primaire des foules: « Le peuple en insurrection, écrit-elle, est inaccessible d'ordinaire au raisonnement, et l'on n'agit sur lui que par des sensations aussi rapides que les coups de l'électricité, et qui se communiquent de même. Les masses sont, suivant les circonstances, meilleures ou plus mauvaises que les individus qui les composent; mais, dans quelque disposition qu'elles soient, on ne peut les porter au crime, comme à la vertu, qu'en faisant usage d'une impulsion naturelle. »

Néanmoins, si le roi et la reine ont pu être sauvés du pire et recevoir les ovations, ils doivent obtempérer au vœu réitéré de la foule, devenu un ordre : « A Paris! » Quelques heures plus tard, le cortège se met en marche. Entre-temps, l'Assemblée qui s'est réunie a voté qu'elle ne pouvait être séparée du roi. Elle aussi aura à s'installer à Paris. En attendant, elle décide d'une députation pour accompagner Louis XVI. Ce fut un étrange et douloureux spectacle : « Que l'on pense, écrit Duquesnoy, à cette voiture, précédée des têtes des gardes du corps, escortée par un détachement de grenadiers si nombreux qu'à peine on pouvait la voir, accompagnée de gardes du corps prisonniers, suivie d'un train d'artillerie, et allant de Versailles à Paris en six heures de marche! » Carnaval sanglant qui laissera longtemps imprimée dans les mémoires l'image de la chute, où le grotesque le dispute au prodigieux. Il faisait beau de surcroît, comme pour un jour de fête. Des divers récits qui nous ont été laissés par les contemporains sur ce retour « triomphal » à Paris, il convient de retenir la page célèbre des *Mémoires d'outre-tombe*. Elle est aussi subjective que les autres descriptions du temps, sans être la plus féroce. On peut difficilement l'oublier : « Timide dans les salons, écrit Chateaubriand, j'étais hardi sur les places publiques : je me sentais fait pour la solitude ou pour le forum. Je courus aux Champs-Élysées : d'abord parurent des canons, sur lesquels des harpies, des larronnesses, des filles de joie montées à califourchon, tenaient les propos les plus obscènes et faisaient les gestes les plus immondes. Puis, au milieu d'une horde de tout âge et de tout sexe, marchaient à pied les gardes du corps, ayant changé de chapeaux, d'épées et de baudriers avec les gardes nationaux : chacun de leurs chevaux portait deux ou trois poissardes, sales bacchantes ivres et débraillées. Ensuite venait la députation de l'Assemblée nationale; les voitures du roi suivaient : elles roulaient dans l'obscurité poudreuse d'une forêt de piques et de baïonnettes. Des chiffonniers en lambeaux, des bouchers, tablier sanglant aux cuisses, couteaux nus à la ceinture, manches de chemise retroussées, cheminaient aux portières; d'autres égipans noirs étaient grimpés sur l'impérial; d'autres, accrochés au marchepied des laquais, aux sièges des cochers. On tirait des coups de fusil et de pistolet; on criait: *voici le boulanger, la boulangère et le petit mitron*! Pour oriflamme, devant le fils de Saint Louis, des hallebardes suisses élevaient en l'air deux têtes de gardes du corps, frisées et poudrées par un perruquier de Sèvres.»

Il était vingt heures quand le cortège est arrivé à l'Hôtel de Ville. Le maire Bailly a remis les clés de Paris au monarque. Celui-ci, faisant contre mauvaise fortune bon cœur, a déclaré qu'il venait «avec plaisir» dans sa bonne ville de Paris. La reine, qui ne perdait pas sa présence d'esprit, souffle à Louis le mot qui manquait dans son compliment: «et avec confiance». «Répétez, monsieur Bailly, que le roi a dit avec confiance.» Bailly répéta cette parole qui n'avait pu sortir de la bouche du roi. On applaudit. La famille royale fut alors conduite aux Tuileries sous bonne escorte.

L'ancien palais des Tuileries était dans un état d'abandon. Rien n'était prêt pour accueillir le roi et la reine. On dut même dresser des lits de camp pour les enfants. On eut beau se réjouir le lendemain de la «réconciliation» entre le roi et la Révolution, le premier avait toutes les raisons de penser qu'il était devenu le prisonnier de la seconde. L'humiliation infligée à la famille royale augurait mal de la future collaboration que l'Assemblée attendait de Louis XVI.

De ces deux journées, véritable révolution dans la Révolution, chacun a voulu donner son interprétation. La plus fréquente a été la thèse du complot. Le duc d'Orléans, parce qu'on ne prête qu'aux riches, a été de nouveau dénoncé comme l'instigateur et le bailleur de fonds d'une conjuration qui visait à mettre à bas Louis XVI, pour mieux servir ses chances personnelles. Entre autres, Rivarol a défendu cette version dans son *Journal politique national*: «C'est pendant ces trois jours que la faction d'Orléans semait à force d'or la disette au milieu de l'abondance, et préparait une insurrection dans les faubourgs, dans les halles et dans les districts. » C'est lui qui aurait acheté le concours des « trois ou quatre cents poissardes » et des « quelques forts de la halle habillés comme elles », qui furent au centre de toute l'action.

Un autre bruit a couru, selon lequel Mirabeau était dans le coup. Le royaliste Peltier, et surtout les collègues de Mirabeau Bergasse, Mounier et Virieu l'ont chargé après coup. Le tribun de l'Assemblée voulait un changement dynastique et s'en serait confié. Il avait des relations avec des proches du duc d'Orléans, tels Biron et Laclos (l'auteur des *Liaisons dangereuses*); il comptait, d'autre part, parmi ses amis Camille Desmoulins, le démagogue du Palais-Royal. La plupart des biographes de Mirabeau font justice de ces accusations; le dernier d'entre eux, Guy Chaussinand-Nogaret, affirme qu'on n'a aucune certitude à ce sujet, mais il insiste sur la distinction à faire entre la philosophie politique du député d'Aix et sa participation dans les deux journées. Il est incontestable que Mirabeau souhaitait alors un changement de dynastie; il n'est pas sûr pour autant qu'il ait travaillé pour le duc d'Orléans. Un des arguments qui plaideraient le mieux en faveur de son innocence serait que ce panier percé était à ce moment-là complètement démuni : les largesses supposées du prétendant lui auraient permis de faire meilleure figure.

Une autre version, qui n'est pas exclusive de la précédente, met en avant le rôle de « l'or anglais ». Rivarol, encore lui, dénonce ces députés comme Duport, qui sont autant de députés anglais, défendant à tout propos le traité de commerce passé avec l'Angleterre, lequel n'avait cessé de ruiner les manufactures françaises. Madame de Staël crut devoir réserver un chapitre de ses *Considérations sur la Révolution française* à réfuter l'idée selon laquelle le gouvernement anglais aurait donné de l'argent (on parle de 30 millions, de la revanche de la guerre d'Amérique) pour fomenter des troubles en France. La fragilité de sa démonstration vient de ce que son argument le plus fort tient à la « morale chrétienne », que l'opinion publique anglaise à laquelle elle était profondément attachée n'aurait pu accepter de voir mépriser par le machiavélisme de son gouvernement. Les « agents secrets de l'Angleterre » n'existaient pas;

papa Necker n'en a jamais vu la moindre trace. Laissons ce qui passe à nos yeux sceptiques pour de la crédulité; le fait est qu'on n'a pas découvert d'influence anglaise directe dans les journées d'octobre.

Reste la quatrième et dernière interprétation : quelles que soient les intrigues possibles, l'or des Orléans ou des Anglais, le fond de l'explication demeure la *spontanéité* du soulèvement. Notre ami Duquesnoy en est convaincu : « Je crois être sûr que rien n'était prévu, calculé ni médité; depuis plusieurs jours, il existait à Paris un levain de fermentation, la scène de jeudi l'a exalté; mais, quand lundi les femmes sont sorties dans Paris, elles ne voulaient que du pain, elles ne demandaient que du pain, elles se plaignaient également de l'Assemblée nationale et de l'Hôtel de Ville. » La thèse de la spontanéité est aussi celle d'un certain nombre d'historiens, à commencer par Quinet : « Les foules agissent avant de penser, dit-il. Elles se précipitent avec une ardeur incroyable là où elles n'ont pas dessein d'arriver. Jamais cela ne parut plus évident qu'à ce moment. » George Rudé, historien britannique, se refuse de son côté à voir dans « le menu peuple de Paris » un simple « instrument involontaire » d'une intrigue politique. Attentif aux crises de subsistance, il reste soucieux de considérer la question du pain comme à l'origine de la marche sur Versailles.

Évidemment, les résultats politiques de ces deux journées sont favorables au parti patriote, à tout le moins à son aile gauche qu'un Barnave incarne alors au mieux : le roi ne peut plus faire obstacle au projet constitutionnel. La journée populaire à finalité économique sert les desseins politiques des défenseurs de celui-ci. Barnave écrira peu après à ses commettants que la ville de Paris avait une fois de plus sauvé « la liberté publique ». *Qui fecit cui prodest* : les poissardes » avaient tiré les marrons du feu au bénéfice du parti dominant de l'Assemblée nationale. Cependant, ce « mouvement terrible » d'octobre, selon l'expression même de Barnave, n'est pas sans laisser quelque inquiétude au sein du parti patriote. L'ancien maître de Barnave, Mounier, déjà battu sur la question des deux chambres, rompt avec l'Assemblée, et regagne le Dauphiné avant d'émigrer en Suisse. L'intervention populaire n'a pas seulement sauvé la Révolution; elle la radicalise, Madame de Staël, avec quelque recul, est amenée à faire cette remarque : « Le 5 et le

6 octobre furent, pour ainsi dire, les premiers jours de l'avènement des Jacobins; la Révolution changea d'objet et de sphère : ce n'était plus la liberté, mais l'égalité qui en devenait le but, et la classe inférieure de la société commença dès ce jour à prendre de l'ascendant sur celle qui est appelée par ses lumières à gouverner. » Lumières ou non, le parti modéré était vaincu, tout comme le roi désacralisé.

Dans le camp vainqueur, on s'inquiéta tout de même aussi de cette montée des « masses ». Brissot, dans *le Patriote français*, se réjouit des conséquences « heureuses » de l'événement : la cour et le peuple sont convaincus de leurs intérêts communs, l'ouvrage de la Constitution va être consolidé. Oui, mais Brissot souhaite que le peuple calme son « effervescence », qu'il se méfie des « hommes turbulents » qui sèment le « feu de la révolte », car s'il se livre encore à ses impulsions, « les honnêtes citoyens effrayés fuiront une capitale qui ne sera bientôt plus qu'un désert ». La majorité de l'Assemblée qui, par deux fois, grâce à l'appui populaire, lors de la crise de juillet et des journées d'octobre, avait pu sauver son œuvre face à la cour, à la contre-révolution, ou simplement à la mauvaise volonté du souverain, n'aura de cesse de tenir en respect les naïvetés trop ardentes de la plèbe. Encore lui fallait-il aussi l'assentiment du roi : loin de l'avoir acquis par l'équipée d'octobre, la majorité constituante allait se heurter à la résistance d'un homme couronné que son retour infamant à Paris n'avait pu qu'encourager à la sécession. Le 12 octobre, à l'insu de Necker, Louis XVI adressait secrètement au roi d'Espagne Charles IV une lettre dans laquelle il déclarait ne « pouvoir laisser avilir » la dignité royale, et qu'il le choisissait, comme chef de la seconde branche, pour déposer entre ses mains « la protestation solennelle (...) contre tous les actes contraires à l'autorité royale qui [lui] ont été arrachés par la force depuis le 15 juillet... ».

Un double divorce se profilait ainsi au lendemain des journées fameuses : entre l'Assemblée et le peuple de Paris; entre l'Assemblée et le roi. Face à la protestation populaire, l'amélioration sensible du ravitaillement à partir de la fin d'octobre permit cependant à l'Assemblée de poursuivre son œuvre. En revanche, l'adhésion de Louis XVI devait se révéler une feinte : lui et Marie-Antoinette avaient plié sous la tempête; ils attendraient le moment opportun pour se redresser. Ou fuir.

XXXII

PARIS CAPITALE (OCTOBRE 1789)

Tout le monde n'a pas vu les journées d'octobre avec les yeux de Rivarol. Au siècle suivant, Michelet ne manque pas de témoignages d'époque pour peindre l'arrivée du roi à Paris avec indulgence; surtout il apprécie, en historien qui ne s'arrête pas aux détails déplaisants, le nouveau cours des choses : « La révolution du 6 octobre, nécessaire, naturelle et légitime s'il en fut jamais, toute spontanée, imprévue, vraiment populaire, appartient surtout aux femmes, comme celle du 14 juillet aux hommes. Les hommes ont pris la Bastille, et les femmes ont pris le roi. » Nous voici revenus au thème de la spontanéité des « masses » : elles agiraient comme poussées par un secret génie; elles croient s'ébranler sous l'empire de la faim et elles sauvent le grand mouvement d'émancipation nationale entrepris depuis le printemps, en brisant les obstacles que les résistances de la cour et les timidités de l'Assemblée ont placés sur son chemin.

Quoi qu'on pense de cette vision romantique, nous sommes en tout cas frappés par le simplisme et la mobilité des comportements populaires. Le goût de la violence (ces têtes sanglantes au bout des piques!) n'a d'égal que la démonstration d'amour subite (adore ce que tu as brûlé, brûle ce que tu as adoré!). Voici le roi et la reine installés aux Tuileries à leur corps défendant : dès le 7 octobre, un peuple s'y presse, porté à l'adulation. « Ils pleuraient comme des enfants, se tendaient les mains, s'embrassaient les uns les autres. » Le même jour, à Versailles, alors que les députés discutent de leur propre transfert à Paris, Adrien

Duquesnoy s'interroge : y serons-nous libres? « *La lanterne, le reverbère, la Grève* cesseront-ils d'être les mots favoris d'un peuple naguère si doux et si aimable, aujourd'hui si féroce et si cruel? » En fait, il s'agit moins du *peuple* – notion abstraite – que de la *foule*, laquelle se révèle tour à tour bienveillante ou inhumaine. Nous en étions, au retour de Versailles, à la phase affectueuse.

Tout au long de cette journée du 7, la famille royale reçoit la visite des corps constitués, depuis le Parlement qui n'est plus qu'un fantôme jusqu'aux dames de la Halle qu'on avait si méchamment compromises sous le nom de « poissardes » dans les agitations précédentes. Pendant ce temps, le palais reprend vie avec l'arrivée du personnel de Versailles qui colonise aussi les hôtels voisins du Carrousel et de la rue Saint-Honoré : étonnant spectacle pour ces Parisiens qui n'avaient plus idée du lustre de la cour.

Les relations du couple royal avec les habitants de Paris sont d'abord chaleureuses. La proximité du monarque offre aux petites gens l'image d'un roi débonnaire, simple, accessible : Louis XVI s'attarde même lors de ses promenades à donner des aumônes comme un bourgeois. Le 10 octobre, l'Assemblée remplace son titre de « roi de France et de Navarre »; il est désormais « roi des Français », Marie-Antoinette écrit à Mercy : « Je parle au peuple, milice, poissardes, tous me tendent la main, je la leur donne. » La milice, autrement dit la Garde nationale, était chargée en effet de la sécurité du palais. Les officiers accompagnaient le roi et la reine dans leurs déplacements. Le 18 octobre, Louis XVI passa la Garde nationale en revue : autre spectacle flatteur pour les Parisiens. L'idée qu'on se fait du roi s'améliore sensiblement dans les journaux; le peuple a retrouvé son père. « Mais qui sait, se demande Duquesnoy, combien ce calme durera? »

La grande affaire qui occupe les esprits au lendemain de l'installation du roi aux Tuileries est l'attitude du duc d'Orléans. Quand on poursuit la lecture de son *Journal*, on voit que notre député de Bar-le-Duc, après avoir affirmé le caractère complètement improvisé des troubles des 5 et 6 octobre, prête une oreille de plus en plus attentive aux accusations portées contre le duc d'Orléans. La Fayette, l'homme fort du moment, a décidé de faire éloigner celui-ci;

le roi accepte de lui confier une mission pour Londres qui n'est que la couverture d'un exil forcé. Mirabeau avait-il été de ses complices? Le tribun ne parut guère se soucier de ce bannissement; il avait d'autres idées en tête.

D'abord, devenir ministre. Pour le plaisir, certes, pour la puissance et la gloire, assurément; pour assouvir ses appétits et se venger des humiliations que son père et tant d'autres lui avaient fait subir. Une ambition qui était devenue une idée fixe. Mais l'homme est complexe et sans vulgarité : il veut aussi devenir ministre pour sauver la Révolution telle qu'il l'a toujours conçue et dont l'aboutissement doit être une démocratie royale. Depuis des mois, il se bat sur deux fronts: contre les réactionnaires et contre les démagogues. Il redoute aujourd'hui cette installation de la cour à Paris, où le roi va devenir prisonnier de la populace, – qui l'adule, pourtant, lui, Mirabeau! Il redoute aussi bien que la situation ne devienne un prétexte d'intervenir pour les forces contre-révolutionnaires appuyées sur les monarchies étrangères. Il faut donc agir vite.

Dès le 7 octobre, Mirabeau confie son plan à La Marck, grand seigneur et ami intime: il faut organiser le départ du roi hors de Paris et changer de ministère. Il sait quelle direction prendre: celle de Rouen. D'une pierre deux coups: on rassurerait les provinces en évitant la retraite vers l'Est, la voie des émigrés; on tiendrait le port de Paris. Car Mirabeau était conscient du danger de guerre civile qu'un pareil projet laissait planer; mais, dans l'état des choses, il fallait risquer gros pour sauver le principal. S'appuyer sur les provinces et sur l'Assemblée; se défier à la fois des aristocrates et de la multitude. Sauver la Révolution *avec* le roi! La Marck touche un mot de ce plan grandiose au comte de Provence, qui le trouve intéressant mais doute que son frère ait jamais l'énergie d'assumer de tels risques. Monsieur n'en soufflera mot à Louis-Auguste. Lui-même ne rêvait-il pas de devenir lieutenant général du royaume?

Mirabeau, qui n'est jamais à court, envisage une autre intrigue. A défaut de Rouen, reste le ministère. Pour y accéder, il s'entremet avec La Fayette. Les deux hommes n'ont rien pour se plaire: les vices de Mirabeau font horreur au vertueux « républicain » d'Amérique. Question d'épiderme! Néanmoins, les triumvirs Lameth, Barnave et Duport jouent les bons offices. Le tribun et le général se rencontrent. Ensemble, ils imaginent une nouvelle équipe ministérielle, de laquelle Mirabeau s'exclut par habileté. Finalement, La Fayette promet seulement à son interlocuteur de lui préparer une entrevue avec Necker. Celle-ci a lieu le 17 octobre. Elle est longue et vaine. Point de conciliation possible avec ce Genevois! Mirabeau est décidément convaincu que son arrivée au ministère ne peut se réaliser sans le départ de Necker. Ce sera la guerre! Mirabeau défendra, le 6 novembre, les principes d'un véritable régime parlementaire. Mais ses adversaires de l'Assemblée vont trancher ses ambitions à la hache: ils font voter par la Constituante, sur la proposition de deux députés bretons Lanjuinais et Blin, qu'aucun membre de l'Assemblée nationale ne pourra devenir ministre durant la session. Mirabeau était vaincu. Mais, toute question personnelle écartée, la séparation rigide entre l'Assemblée et le pouvoir exécutif va se durcir, au préjudice de l'harmonie souhaitable entre les pouvoirs et du régime parlementaire.

Entre-temps, l'Assemblée s'est transportée à Paris, où elle a tenu sa première séance le lundi 19 octobre. Les députés ne s'y étaient pas tous résolus de gaieté de cœur. Encore à Versailles, plusieurs ont évoqué les menaces qui étaient lancées contre un certain nombre d'entre eux. Des nobles et des prêtres sont particulièrement visés par des listes de proscription. Le 8 octobre, Duquesnoy fait état d'un incident suggestif: Brostaret, député du Languedoc, a été arrêté la veille à Sèvres; on lui a demandé s'il n'était pas le comte de Virieu et on l'a laissé repartir sur l'assurance du contraire en lui disant que si Virieu il avait été on l'aurait pendu! « Nous sommes véritablement dans un état de guerre », écrit Duquesnoy, lequel, néanmoins, s'indigne de ses deux cents collègues qui ont réclamé leurs passeports et de ceux qui commencent déjà à rompre les rangs. Néanmoins, ayant voté l'inséparabilité de l'Assemblée et du roi, l'installation à Paris ne peut être remise en cause, malgré les supplications de la municipalité de Versailles. Six commissaires spéciaux sont désignés pour la préparer, qui proposent le manège des Tuileries comme nouvelle salle de réunions. Celle-ci ne pouvant être prête à temps, il est arrêté qu'on tiendra la première séance parisienne dans la grande salle de l'archevêché.

Paris non plus que Versailles n'avait de local conçu et construit pour recevoir une assemblée parlementaire. La salle du Manège, après celle des Menus Plaisirs (on admirera au passage l'ironie des noms de lieux), était peu pratique. Installée au nord-ouest du jardin des Tuileries (elle sera démolie par la percée de l'avenue de Rivoli), elle va pourtant abriter successivement la Constituante, la Législative et la Convention dans ses huit premiers mois. Au printemps de 1793, la monarchie renversée, les Conventionnels pourront alors disposer de la salle de spectacles du palais des Tuileries. Cette question immobilière n'est pas négligeable car elle conditionne le travail des élus. Il faut imaginer l'immensité des lieux et ce qu'elle implique : l'impossibilité de soutenir un raisonnement posé; pour se faire entendre, il faut crier. « Le lieu porte à la déclamation. » Dans cette salle du Manège, devant mille deux cents collègues, l'homme de la tribune est porté à faire des grandes phases. Son éloquence est conditionnée aussi par le public bruyant qui garnit les galeries et qui depuis Versailles, on s'en doute, ne s'est pas assagi. Alors qu'en Angleterre, la moindre manifestation risque d'entraîner le président à faire évacuer les bancs des spectateurs, à Paris les cris, les rires, les applaudissements et les jurons ne cessent de pleuvoir sur la tête des élus. Tout naturellement, on parlera aussi pour ces auditeurs tumultueux; le député va devenir bête de scène. Gare à lui s'il préfère les exposés logiques au langage émotionnel qu'on en attend! Et Taine de réprouver ce « conclave de législateurs » devenu un « club de motionnaires ».

L'observateur habitué des Communes britanniques est aussi frappé par le défaut d'organisation des débats. Le président n'est élu que pour une quinzaine, ce qui ne lui permet pas d'acquérir l'autorité qu'il faudrait pour ordonner les échanges. L'initiative personnelle est le seul usage; point de groupe, point de parti organisé, point de *leader* derrière lequel un minimum de division du travail s'établirait pour faciliter la discussion. Gouverneur Morris juge sévèrement le spectacle donné : « Ils ne discutent rien dans leur assemblée, plus de la moitié du temps s'y dépense en acclamations et clabauderies. »

La psychologie des foules peut être appliquée à cette

espèce particulière : « Tous ces gens-là sont *trop sensibles* », dit Taine. Ils s'emportent, ils s'enthousiasment, ils s'indignent, ils s'embrassent, ils rient, ils pleurent, ils quittent la colère pour l'extase et troquent leur prudence contre le vertige. « La séance, écrit Taine, n'est plus une conférence d'affaires, mais un opéra patriotique, où l'églogue, le mélodrame, et parfois la mascarade, se mêlent parmi les claquements de mains et les bravos. » On reçoit tous les jours des délégations, on honore des rosières et des centenaires, on lit des messages martiaux des provinces qui flétrissent le crime et exaltent la vertu, on s'attache moins à la complexité des choses qu'à la force et la ferveur des convictions.

Tout cela sans doute ne serait rien, qu'un apprentissage de la liberté, un peu de temps perdu, et Paris n'avait pas créé d'une pièce les conditions de ce désordre; peut-être cette ville nerveuse les a-t-elle seulement exagérées. Il y avait plus à redouter : la présence active de groupes organisés qui, de l'extérieur, pourraient faire pression sur les élus, avec l'appui des foules. Or, dès le 21 octobre, soit deux jours après l'installation de l'Assemblée à Paris, un grave incident éclatait, qui allait faire réagir les députés contre le danger.

Ce jour-là, alors que le ravitaillement de Paris est encore incertain, un boulanger du nom de François est assailli à son domicile par une bande qui l'accuse de cacher du pain dans sa cave. Pendu à la lanterne de la place de Grève, il a la tête coupée, lavée, peignée, embrochée sur un pique, couverte d'un bonnet de coton et promenée dans tout Paris. Rencontrant le sinistre cortège sur son passage, le député Auguste de La Marck est mis dans l'obligation d'offrir un louis à ceux qui lui tendent cette tête par la portière de sa voiture. Cette fois, l'Assemblée réagit. Elle exige une enquête, la punition des coupables et projette une loi martiale. Malgré la protestation de Robespierre, celle-ci est bientôt votée. Désormais, en cas de manifestation de rue illicite, la loi martiale pourra être proclamée : les attroupements seront alors défendus; trois sommations seront faites en direction de ceux qui ne se retirent pas; après quoi le feu sera ouvert. De plus, la peine de mort est prévue pour les fauteurs de troubles. La question est de savoir, se demande Duquesnoy, si la Garde nationale tirera effectivement sur les attroupements quand l'ordre lui en sera donné. En attendant, la justice a été prompte et impitoyable : deux des lyncheurs du boulanger, jugés par le Châtelet, ont été à leur tour pendus sur-le-champ place de Grève, sans aucune réaction de la foule. Mais Duquesnoy sait à quel point la pression économique sera déterminante : « Il est évident que, tant que cette ville immense n'aura pas sa subsistance assurée pour huit jours au moins, les insurrections seront à craindre, parce que la disette pourra les occasionner, les justifier. Rien, il faut en convenir, n'excuse les cris, les mouvements, les violences du peuple comme la faim qu'il éprouve. »

Le pain retrouvé fera la meilleure des polices. Reste une question centrale : l'Assemblée nationale, qui représente *tous* les Français, ne risque-t-elle pas, en prenant ses fonctions à Paris, dans la ville la plus nombreuse mais aussi la plus singulière, la plus émotive, la plus distincte de ce que nous appelons la France profonde, de tomber à la merci d'une catégorie, d'une fraction, d'une minorité abusive? D'autant que celle-ci pourrait se targuer d'être le *peuple*! A défaut de pouvoir se réunir, comme au temps des cités grecques, le peuple français ne risque-t-il pas d'être non pas *exprimé* par ses mandataires mais *traduit* par ces représentants actifs, peuple vivant car présent, qui va bientôt emplir les clubs et qui déjà s'active dans les soixante districts de la ville?

Sans l'insurrection populaire, la Révolution risquait d'être bloquée, après avoir failli être dissoute. Aujourd'hui renforcée, l'Assemblée n'avait-elle pas à redouter les arrérages à payer? Le roi neutralisé, n'était-ce pas le peuple de Paris qui devenait l'obstacle? La crainte était dans les esprits; Mirabeau pressentait le danger. Pour l'heure, la réouverture des boulangeries, la loi martiale, la bonhomie du roi et le retour d'une vie de spectacles et de plaisir conjuguaient leurs effets apaisants, après les grandes secousses du début de l'automne. La Constituante pouvait reprendre son travail. Mais demain?

XXXIII

NAISSANCE DES JACOBINS (NOVEMBRE 1789)

« Depuis que l'Assemblée délibérait à Paris, écrit Mme de Staël, le peuple exerçait de toutes parts sa puissance tumultueuse; déjà les clubs s'établissaient; les dénonciations des journaux, les vociférations des tribunes égaraient tous les esprits; la peur était la funeste muse de la plupart des orateurs... » L'observation est peut-être forcée mais elle repose sur quelques réalités tangibles. Parmi elles, on doit s'arrêter sur la création des Jacobins. Elle a une préhistoire qu'il importe de rappeler, parce qu'elle donne aux grands débats et aux grandes décisions dont la salle des Menus à Versailles a été le théâtre un autre éclairage. La société des Jacobins a été, en effet, précédée par le Club breton.

L'origine en remonte à la veille de l'ouverture des États généraux. Les députés de Bretagne en ont été les fondateurs. Ceux-ci étaient les élus du Tiers État : hormis quelques curés, la noblesse et le haut clergé avaient refusé d'envoyer des représentants pour n'avoir pas été convoqués selon les lois fondamentales de la province : « La noblesse, écrit Chateaubriand, alla rejoindre en grand nombre l'armée des princes, se fit décimer à l'armée de Condé, ou avec Charette dans les guerres vendéennes. »

Les quarante-quatre députés bretons du Tiers arrivaient donc à Versailles avec un sentiment de solidarité renforcé. On comptait parmi eux dix-sept avocats, qui pouvaient former un noyau cohésif supplémentaire. Lanjuinais, Le Chapelier et Glezen en étaient les noms les mieux identifiés. Tombés dans un milieu tout à fait nouveau et inconnu, quelques-uns d'entre eux eurent l'idée de faire bloc, pour défendre les intérêts de leur province, confronter leurs avis, décider d'une attitude commune en séance. C'est ainsi que dès le 30 avril une première réunion avait eu lieu, au café Amaury, au coin de l'avenue de Saint-Cloud et de la rue Carnot.

Amaury avait participé aux élections primaires de Versailles. Réputé de sentiments libéraux, il avait assumé des fonctions municipales : les Bretons lui faisaient confiance. Ils lui avaient loué la salle de l'entresol. Plus tard, quand l'assistance devint trop nombreuse, les réunions se tinrent dans les salles du rez-de-chaussée. Assez vite, en effet, des députés des autres provinces vinrent se joindre à leurs collègues de Bretagne. Le duc d'Aiguillon, Barnave, Mirabeau, Sieyès, Volney, Pétion, l'abbé Grégoire, les frères Lameth, Robespierre et bien d'autres en furent. Les séances étaient de deux sortes : tantôt celles d'une *chambre provinciale* qui examinait les affaires régionales, tantôt celles d'une assemblée mixte qui regroupait des députés de gauche. Elles tendaient au même but : instaurer ce que nous appelons la discipline parlementaire.

Le Club breton était ainsi l'ébauche d'un parti politique moderne. Le 5 mai, le député Pellerin écrivait à ses commettants : « Les différentes conférences que nous avons eues jusqu'à ce jour avec nos députés de Bretagne et avec les députés des autres provinces, nous ont appris qu'il règne un public qui est le même partout et qui nous présage l'union la plus heureuse dans le travail que nous devons faire en commun pour la régénération de la France et le rétablissement du bonheur de la nation. »

De fait, le spectacle donné par les Bretons aux Communes puis à l'Assemblée nationale intrigua. Alors que les députés de toutes les provinces étaient divisés sur toutes les questions, la délégation de Bretagne ne se départait pas d'une unanimité qui ne laissait pas de surprendre. Mieux : à partir de ce noyau, les rangs de l'Assemblée étaient peu à peu gagnés, entraînés, soulevés comme par un moteur invisible. La concorde avait cessé d'être le seul mobile des associés; leur force de contagion pouvait servir à un rassemblement plus vaste. L'abbé Grégoire a très bien expliqué dans ses *Mémoires* comment le Club avait organisé la résistance à la séance royale du 23 juin. Il s'y était retrouvé lui-même, la veille au soir, en compagnie de douze à quinze de ses collègues : « La première résolution fut celle de rester dans la salle malgré la défense du roi. Il fut convenu qu'avant l'ouverture de la séance nous circulerions dans les groupes de nos collègues pour leur annoncer ce qui allait se passer sous leurs yeux, et ce qu'il fallait y opposer. Mais, dit quelqu'un, le vœu de douze à quinze personnes pourra-t-il déterminer la conduite de douze cents députés? Il lui fut répondu que la particule *on* a une force magique; nous dirons : Voilà ce que doit faire la cour, et, parmi les patriotes, on est convenu de telles mesures... *On* signifie quatre cents, comme il signifie dix. – L'expédient réussit. » Selon Condorcet, le nombre des députés présents la veille avait été beaucoup plus élevé : cent cinquante, dit-il. Mais peut-être n'était-ce qu'une seconde réunion, précédée d'une autre plus restreinte. En tout cas, il atteste, lui aussi, la préparation de cette séance historique : « Il fut convenu à l'unanimité que les Communes se tiendraient dans le plus profond silence avant, pendant et après la cérémonie. Les membres du club convinrent aussi de se disperser dans les différentes parties de l'Assemblée et que chacun d'eux contiendrait ou fortifierait ceux qui seraient tentés de se détacher. »

Cette technique du noyautage des assemblées inorganisées avait de l'avenir : les étudiants français devaient en connaître un dernier avatar dans les amphithéâtres de Mai 68. Un petit groupe cohérent, bien réparti sur les gradins, peut toujours faire fonction de levier au sein d'une foule et lui donner un sentiment fusionnel d'unanimité. Les individus isolés, entendant le même discours jailli devant eux, derrière eux, au centre et aux extrémités, n'a plus qu'à se conformer dans la *mimesis*, s'il veut échapper au risque de rester seul. Au théâtre, l'efficacité de la claque avait fait ses preuves depuis longtemps; on voyait naître à Versailles la claque politique.

Les Bretons préparèrent donc quelques séances fameuses. C'est chez eux que Sieyès avait fait admettre la formule d'« Assemblée des seuls représentants connus et vérifiés de la nation française », lue aux Communes le 15 juin. De même, la nuit du 4 août y vit en quelque sorte sa répétition, selon Alexandre de Lameth : « Ce fut là... que le duc d'Aiguillon fit lecture de la proposition sur les droits féodaux, qu'il présenta le lendemain à l'Assemblée. » Les royalistes de droite commencèrent à dénoncer leurs manœuvres. La *Gazette de Leyde* évoquera une « cabale démocratique, conclue entre Mirabeau et les députés de Bretagne ». Dubois-Crancé, ancien mousquetaire de la garde du roi, député de Vitry-le-François, nous a laissé quant à lui une justification de cette organisation partisane, dans son *Analyse de la Révolution française*. Il nous montre la cour décidée à utiliser tous les moyens de la corruption pour affaiblir le parti patriote : « D'abord, elle s'était attachée à séduire les principaux orateurs : argent, promesses, dîners, tout fut employé, et la minorité comptait déjà dans ses rangs plus de cent déserteurs de la cause populaire, lorsque j'allai me présenter au Club breton. » Un autre témoin, Bertrand de Molleville émet, dans ses Mémoires, l'idée selon laquelle la monarchie, dès le début, aurait dû se concilier l'alliance du club; au lieu de quoi, elle a laissé celui-ci se développer contre elle, rallier les principaux « chefs de factions », devenir « formidable », à la fois par ses informateurs (« On avait des espions jusque dans le château... ») et par ses agents d'influence.

Lors du transfert à Paris, les séances du club sont interrompues. Il fallait trouver un local, proche si possible de la salle du Manège des Tuileries. On finit par louer une salle du couvent dominicain des Jacobins, rue Saint-Honoré. Cette salle était ou le réfectoire ou la salle du chapitre, selon les auteurs. Plus tard, au printemps 1791, ce sera la bibliothèque, puis la chapelle elle-même : on change de lieu en fonction d'une affluence toujours accrue à un club, devenu un véritable contre-pouvoir. L'hospitalité des religieux s'expliquait aussi bien par l'ouverture aux idées nouvelles dont ils faisaient preuve qu'au profit qu'ils tiraient des diverses locations que l'espace du couvent leur permettait.

Le nom de Jacobins (on appelait en France « Jacobins » les dominicains, parce que leur couvent principal était rue Saint-Jacques) fut d'abord attribué par ironie aux députés du club par leurs adversaires. La première dénomination qu'on rencontre est celle de « Société de la Révolution », mais pour peu de temps. Une autre appellation s'imposa :

« Société des Amis de la Constitution, séants aux Jacobins à Paris. » Robespierre était particulièrement hostile au sobriquet de « Jacobins » mais le terme de dérision, comme souvent, une fois assumé par les sociétaires, fut retourné en titre de gloire. Au moment de la chute de la monarchie, le 21 septembre 1792, le titre deviendra : « Société des Jacobins, amis de la liberté et de l'égalité. »

Il est piquant de savoir que ce couvent comptait plusieurs tombeaux, parmi lesquels celui de Tommaso Campanella. Ce dominicain né au XVIe siècle, avait été poursuivi par l'Inquisition pour ses idées subversives. Sa *Cité du Soleil* reste encore parmi les œuvres les plus célèbres du communisme utopique. Présence d'un étrange fantôme, qui ne sera pas jugé déplacé par tous ceux qui ont décrit dans le jacobinisme le modèle du futur bolchevisme!

En attendant, les voici déjà une centaine, ces députés qui se réunissent en dehors de l'Assemblée pour la première fois depuis leur installation à Paris. Ils sont le double, dès le lendemain. Bientôt, ils seront quatre cents, soit le tiers des députés, à fréquenter régulièrement le club de la rue Saint-Honoré. Outre les élus, le club décida de recevoir en son sein les personnalités du monde des lettres, des arts et des sciences qui le désiraient. C'est ainsi que Condorcet fut un des premiers adeptes recrutés à l'extérieur de l'Assemblée. Plus tard, il suffira d'être proposé par six membres pour devenir adhérent.

Une innovation devait donner au club une dimension nationale : ce fut la création des sociétés affiliées. Vers le mois de décembre 1789, des provinciaux de passage avaient demandé à se faire présenter; l'idée mûrit alors de fonder dans les principales villes de France des sociétés sœurs. On en comptera plus de cent cinquante dès l'été 1790. Ainsi se mettait en place une large trame jacobine, qui utilisait l'ancien réseau des sociétés de pensée. D'un bout à l'autre du pays, pouvait circuler et s'imposer un esprit commun.

Le règlement de la Société, qu'on avait demandé à Barnave de rédiger, et qui sera voté le 8 février 1790, est tout à fait explicite sur les finalités du club. L'« uniformité de vœux, de principes et de conduite » entre les « bons citoyens », pour « consommer la Révolution », voilà le but. A cet effet, « il faut que partout la vérité puisse se faire entendre et parler à tous le même langage » : par une « correspondance intime », elle réalisera l'homogénéité. La Société, réalisant sa propre unité de pensée, devra « éclairer le peuple ». « Une Société, écrit Barnave, établie auprès de l'Assemblée nationale et renfermant un grand nombre de députés des différentes provinces peut seule offrir un centre commun à celles qui s'établiront dans tout le royaume; elle recevra leurs instructions et leur transmettra les vues qui résulteront du rapprochement des lumières et des intérêts; elle leur transmettra surtout l'esprit des décrets de l'Assemblée nationale, à l'exécution desquels toutes ces sociétés seront particulièrement vouées. »

Quels étaient les titres requis à l'adhésion? Aucune distinction, si ce n'est « l'amour de l'égalité et ce sentiment profond des droits des hommes qui se dévoue par instinct à la défense des faibles et des opprimés et qui sent assez sa dignité pour honorer son semblable ». Qui jugerait de l'« indignité »? L'article 4 prévoyait l'exclusion, après un jugement rendu à la majorité.

Ainsi une redoutable « machine » – c'est l'expression d'Augustin Cochin – se mettait en place. Dès la connaissance qu'on eut du Club breton à Versailles, les contre-révolutionnaires répandirent le bruit du complot. L'historien royaliste Montjoie parle d'une « espèce de *souterrain* de l'avenue de Saint-Cloud » où se trament des *complots*, où s'élaborent des *plans* entre des *conjurés* qui partagent le *secret* de leurs *conciliabules*. Cochin, plus sociologue, s'est efforcé de démonter non point les pièces d'un « complot » mais les rouages d'un mécanisme largement anonyme, impersonnel, où chacun contribue sans y penser à la pression de tous sur tous. Le travail du jacobinisme est d'abord l'élaboration de l'unanimité. Il vise à formuler la volonté générale d'un peuple unifié.

Qui en décide? En principe tous les adhérents. En fait, les assidus, les couche-tard, les permanents : « Vers dix heures du soir, écrit Cochin, la salle se vide, les plus indépendants, compétents, occupés, consciencieux, sont partis : c'est l'heure de la machine. » Dans cette volonté de cohésion, les opposants, les déviants, les attardés doivent être éliminés. L'épuration régulière doit parfaire l'union et consolider la machine. D'exclusion en exclusion, la sélection réserve les places aux «purs», la crème de l'esprit révolutionnaire. La Société deviendra alors une sorte de police politique, au profit du pouvoir en place.

En attendant d'exercer sur l'Assemblée cette action de vigilance et d'intimidation qui sera le propre du jacobinisme, la Société prépare les débats et la nomination du président, des secrétaires et des comités de la Constituante, de sorte que, écrit Aulard, «les élections furent presque toujours faites par le côté gauche, tandis que jusqu'alors elles avaient presque entièrement dépendu du côté droit». Plus tard, c'est au sein de la société mère, rue Saint-Honoré, que seront «mûris» les lois et décrets de la Convention, que seront décidées les interventions à la tribune. Il y aura alors plus de deux mille sociétés affiliées, recevant motions et circulaires, destinées à éduquer le peuple, à l'éclairer comme disait Barnave, à le transformer en volonté unique.

Au temps où la Révolution était à prendre ou à laisser comme «un bloc», selon l'expression de Clemenceau, la gauche politique a pris à cœur d'intégrer dans l'héritage révolutionnaire le legs jacobin. La révolution léniniste l'y a ancré un peu plus solidement. Aux yeux de beaucoup, le jacobinisme avait été un mal nécessaire, pour le salut public, la sauvegarde de la Révolution, la patrie en danger. A l'heure des bilans du bicentenaire, il n'entre plus aussi vite dans la colonne de l'actif: la réflexion entreprise sur les machines totalitaires depuis le milieu des années 1970 porte à moins d'indulgence. Le pluralisme est devenu une valeur démocratique à défendre, là où l'on a longtemps rêvé d'une société homogène, transparente, unanime, sous la conduite d'un État tutélaire, lui-même inspiré par l'unité de volonté qu'un parti centralisé fabrique pour le bonheur de tous. Lequel des députés bretons qui s'étaient retrouvés au café Amaury de Versailles à la fin d'avril 1789 aurait pu imaginer à leur réunion pareille postérité?

XXXIV

CITOYENS ET CITOYENS (OCTOBRE)

Adrien Duquesnoy, notre pilote au milieu des secousses révolutionnaires, ne faisait pas partie, lui, du Club des Jacobins. Mais ce qu'il en dit dans son *Journal*, à la fin de l'année 1789, indique le rayonnement de celui-ci au-delà de la rue Saint-Honoré : « C'est là, écrit-il, où se réunissent ceux à qui l'on reproche en général des opinions exagérées, ceux qu'on appelle des *enragés*. Soit qu'ils soient les plus nombreux, soit qu'ils soient les plus adroits, toutes les fois qu'ils ont concerté un projet entre eux, il est adopté dans l'Assemblée. » Et il ajoute cette remarque admirative pour le Club : « Il se tient aux Jacobins avec infiniment d'ordre, de sagesse, trois fois par semaine. »

Ce terme d'*enragés*, la droite l'avait donné au parti patriote, au « clan du Palais-Royal »; il désignait d'ordinaire à Paris des chevaux de louage faisant le voyage Paris-Versailles. De leur côté, les patriotes avaient adopté un autre terme de manège pour nommer leurs adversaires de droite les *noirs* – les chevaux noirs –, en raison du sombre vestimentaire qui endeuillait les rangs des prêtres et des « aristocrates ». Duquesnoy, qui n'était ni des uns ni des autres, se classait parmi les *impartiaux*, autrement dit les modérés, qu'on appela aussi les *ministériels*. A vrai dire, notre député de Bar-le-duc penchait légèrement du côté gauche, de sorte qu'il avait une attitude d'*impartial blanc*, au lieu que d'autres modérés, inclinant plutôt à droite, se donnaient pour des *impartiaux noirs*. Tel était le vocabulaire partisan de l'automne 1789.

Dans le débat qui s'ouvre le 20 octobre sur le droit d'être électeur et d'être éligible, on voit bien ce qui pouvait séparer un Constituant comme Duquesnoy, acquis à la Révolution mais désireux d'en maintenir le cours entre des berges raisonnables, et ces Jacobins, qu'il admire pourtant explicitement. On le voit alors se gendarmer contre Robespierre, partisan d'un suffrage universel masculin sans restriction, et le traiter de « vil et détestable incendiaire »! Sieyès, dès le mois de juillet, avait parlé de « citoyens actifs » et de « citoyens passifs »; trois mois plus tard, on en était à définir, en effet, ces catégories distinctes.

Legrand, au nom du comité de Constitution, rapportait les cinq qualités nécessaires pour voter: tout d'abord, être né français ou devenu français. Sur ce point, on ne s'attarde pas longtemps: la première condition est votée sans amendement. Ensuite, être majeur. On objecte que l'âge de la majorité est variable selon les provinces. L'Assemblée s'arrête alors à l'usage le plus répandu: vingt-cinq ans. La troisième condition était déjà plus délicate: il s'agit d'une domiciliation déclarée au moins un an avant l'élection. L'exclusion n'était plus d'âge ni de sexe; elle était d'origine sociale: tout le peuple des migrants était écarté des urnes. Mais ce ne fut pas encore le signal de la bataille. Celui-ci fut donné par la quatrième condition: « Payer une imposition directe de la valeur locale de trois journées de travail. » La barrière d'argent était ainsi précisée entre les « actifs » et les « passifs »: l'extrême gauche ne pouvait pas laisser passer sans mot dire pareil décret de ségrégation.

L'abbé Grégoire ouvre le feu contre cet article qui risque de créer une nouvelle aristocratie, celle des riches: pour être électeur ou éligible dans une assemblée primaire, il suffit, dit-il, d'être bon citoyen, d'avoir un jugement sain et un cœur français. Duport relaie l'abbé et rappelle la Déclaration des droits de l'homme. Robespierre monte à son tour à la tribune: « Tous les citoyens, quels qu'ils soient, ont droit de prétendre à tous les degrés de représentation. Rien n'est plus conforme à votre Déclaration des droits, devant laquelle tout privilège, toute distinction, toute exception doivent disparaître. La Constitution établit que la souveraineté réside dans le peuple, dans tous les individus du peuple. » On entendit encore Defermont qui plaida pour les fils de famille majeurs, lesquels en vivant chez leur père ne paient pas d'impôt.

Pourtant, la question, si importante à nos yeux, ne provoque pas de véritables passions. Au fond, la majorité des Constituants sont acquis à des certitudes depuis longtemps ancrées dans leur conscience et que Duquesnoy formule sans ambages : « Sans doute, il ne faut pas substituer une aristocratie nouvelle à une aristocratie ancienne, mais quel est l'homme qui tient à la patrie, à ce sol qui l'a vu naître, lorsqu'il n'y possède rien et qu'il peut porter partout ses bras, son industrie, peut-être sa férocité ? *Il n'y a certainement de vrais citoyens que les propriétaires...* »

Le seul député qui se prononce contre l'expression même de citoyens *actifs* et de citoyens *passifs* est un élu de droite, Montlosier. Et si, disait-il, en considérant tous les Français majeurs comme des « actifs », on craignait qu'il y eût trop d'électeurs, eh bien il suffisait de ne donner le droit de vote qu'aux chefs de famille! Michelet a vu dans cette intervention le dessein d'une droite désireuse de rétablir le pouvoir des nobles et des prêtres sur une clientèle électorale faite de misérables placés sous leur coupe. En fait, Montlosier est le seul « noir » à attaquer cette distinction des « actifs » et des « passifs », et ce n'est ni la première ni la dernière fois qu'il se fait remarquer par ses vues personnelles. Pour la plupart des Constituants, l'idée selon laquelle tous les hommes ont un droit égal à la législation est « sublime en théorie » (*dixit* Duquesnoy) mais combien « fausse dans la pratique »! Ici la Déclaration des droits touchait à l'une de ses bornes : elle exprimait une potentialité, elle n'obligeait pas à une application immédiate.

On en était arrivé là, lorsque le 23 octobre au matin, un vieillard de cent vingt ans se fait annoncer. Une belle occasion de souffler un peu que cette pause gérontophilique! Né dans le mont Jura au début du règne de Louis XIV, le Nestor de la Franche-Comté a manifesté le souhait de voir l'Assemblée. Les députés pouvaient être blasés, les délégations avaient pu se succéder, un ami du genre humain portant cent vingt années sur sa tête, cela ne pouvait laisser de marbre. L'abbé Grégoire demande alors à ses collègues qu'en raison de leur respect pour la vieillesse, on l'accueille debout. Accordé! Et avec enthousiasme! Et voici Jean Jacob faisant son entrée, appuyé sur des béquilles et aidé par les siens. On le conduit vers un fauteuil vis-à-vis du bureau, tandis que la salle retentit d'applaudissements. Si ce citoyen, né le 10 octobre 1669, vivait encore, c'était bien pour être le témoin de la régénération de la France. Voilà ce qu'un orateur improvisé lui dit en substance, après quoi les députés lui votèrent une contribution pour ce qu'il n'était plus convenable d'appeler ses vieux jours. Il lui en restait moins de cent : le 3 février, on enterrera Jean Jacob en grande pompe et en l'église Saint-Eustache. Voilà comment en ce temps-là les ancêtres « montaient » à Paris avant de monter au paradis. La scène de l'Assemblée avait été naïve, mais la naïveté est souvent ce qu'il y a de meilleur chez ces gens de robe et d'office, pénétrés des grandes idées de vertu.

Quelques jours plus tard, l'Assemblée examine la cinquième qualité du citoyen actif : n'être pas de condition servile. Le vote en est acquis sans grande discussion. Il va de soi aux yeux du plus grand nombre qu'un domestique, qu'un serviteur à gages, dépendant d'un maître, ne peut être un citoyen à part entière : en votant, il ne ferait que renforcer la puissance de son patron.

Là-dessus Mirabeau qui, dans ce débat, n'avait pas encore embouché sa trompette, lance une proposition inspirée, dit-il, et par Montesquieu et par la République de Genève : qu'on exclue de tous les droits politiques les citoyens qui ont fait faillite et de toutes les magistratures les enfants de ceux qui sont morts insolvables! Une bonne loi, une loi morale, à la fois favorable aux mœurs publiques et à l'industrie. Encore une fois, les bravos pleuvent sur la perruque du comte. Mais La Rochefoucauld prend, contre ce fils prodigue et obéré, la défense des enfants « déjà trop malheureux des torts de leurs pères ». On fit la différence : les faillis et les insolvables furent écartés; on ajourna la question de leurs enfants.

Mirabeau, dans l'escalade de la vertu qu'il avait entreprise, s'éleva encore un peu par une autre suggestion digne de l'antique. Que l'on confie aux assemblées primaires le soin d'inscrire solennellement les hommes qui auront atteint leur vingt et unième année sur le tableau des citoyens. Cette « inscription civique » avait un but pédagogique : « attacher aux premières affections de l'homme les anneaux de cette chaîne qui doit lier toute son existence à l'obéissance des lois et aux devoirs du citoyen. » Se réclamant cette fois des Athéniens, Mirabeau imagine ce rite de passage au milieu des réjouissances publiques. Il s'enflamme : « Tracer une Constitution, c'est peu de chose; le grand art est d'approprier les hommes à la loi qu'ils doivent chérir. » Et puis qu'on songe à cet avantage pénal : en menaçant nos jeunes gens, plutôt frivoles que corrompus, d'un retard ordonné à leur inscription civique, le législateur préviendrait bien des tempêtes juvéniles! L'adoption du jeune citoyen méritant par la patrie serait marquée, en revanche, par une fête solennelle où tout parlerait d'égalité. Le jeune homme prêterait le serment d'être fidèle aux lois de l'État et au roi. Un unique serment qui remplacerait tous les autres. Dans la salle, on rêve déjà avec émotion à ces fêtes civiques et cantonales : des acclamations unanimes saluent le projet.

Le 29 octobre, retour aux dures réalités : on parle des conditions pour être membre de l'Assemblée nationale. Proposition : il faut payer en contribution directe la valeur d'un marc d'argent et posséder une propriété foncière quelconque. Duquesnoy défend cette idée parce que, dit-il, si les hommes sont égaux en principe, dans la pratique l'éducation, les habitudes, les genres de vie, l'étude, ont établi des différences profondes. Bref, il y a ceux qui sont dignes de diriger la nation, et ce sont les propriétaires; quant aux autres, qu'ils fassent des progrès et deviennent à leur tour de vrais citoyens en accédant eux aussi à la propriété. Du reste, c'est une bonne façon de protéger en même temps la valeur de la terre et de stimuler les progrès de l'agriculture! Et Duquesnoy de se plaindre du tumulte provoqué par ce projet.

Le tumulte était cependant bien plus fort dans les journaux que dans l'Assemblée. *L'Ami du peuple* sonna l'alarme contre le décret du marc d'argent. Celui-ci, écrivait de son côté Camille Desmoulins, « vient de constituer la France en gouvernement aristocratique, et c'est la plus grande victoire que les mauvais citoyens aient remportée à l'Assemblée nationale. Pour faire sentir toute l'absurdité de ce décret, il suffit de dire que Jean-Jacques Rousseau, Corneille, Mably, n'auraient pas été éligibles ».

La rue, cependant, qui avait été si prompte à réagir contre

le veto, reste cette fois silencieuse. Néanmoins, la campagne des journaux contre le marc d'argent, la mobilisation postérieure des districts parisiens en février 1790, le soutien qu'y trouvèrent les députés de l'extrême gauche, dont Robespierre devenait le plus décidé, annulèrent finalement ce décret de la Constitution. Le 27 août 1791, la Constituante supprimera le cens d'éligibilité : tout citoyen actif pouvait devenir député. En revanche, elle augmentera le cens des électeurs au second degré. Au total, le système établi avait beau être censitaire, il n'avait rien de commun avec les futurs régimes de la Restauration et de la monarchie de Juillet. Ceux-ci compteront respectivement cent mille et deux cent mille électeurs; la France «active» selon la Constituante définissait quatre millions trois cent mille citoyens prenant part aux votes des assemblées au premier degré sur un total de sept millions de citoyens. Seul le sexe masculin était considéré : on sait qu'il faudra attendre 1945 pour que les Françaises aient droit au scrutin.

La distinction entre «actifs» et «passifs» peut étonner aujourd'hui. Pour beaucoup d'observateurs et d'historiens, elle a été une mesure de classe prise en pleine contradiction avec le principe d'égalité affirmé par la Déclaration des droits. Pour Jaurès, c'était une loi votée par «la bourgeoisie révolutionnaire, très fière de sa puissance, de sa richesse, de son activité», qui «exclut de la cité des millions de pauvres». Albert Soboul répétera à son tour, après tant d'autres, que «les juristes et les logiciens de l'Assemblée constituante» n'avaient songé qu'à servir «les intérêts de leur classe».

Sans nier cette réalité, on peut tout de même faire observer que les arguments de Sieyès, comme ceux, antérieurs, d'un Condorcet, l'un et l'autre partisans d'un suffrage restreint, s'inspiraient d'une idée un peu moins terre à terre. L'un et l'autre voulaient éviter «toute espèce d'influence» sur les électeurs et les élus. Les pauvres, dans l'état d'ignorance et d'inorganisation où ils se trouvaient, pouvaient aisément devenir une *clientèle électorale*. Du reste, l'élimination des domestiques n'avait pas soulevé de réprobation. Dès lors, si le principe d'universalité pouvait souffrir une exception, le conflit venait à porter sur les *signes* une menace d'influence. Le marc d'argent était une barrière trop élevée pour l'éligibilité, mais les Constituants, on l'a dit, y renoncèrent. Pour le reste, on peut discuter si la barre était ou non trop haute. Le sûr est que, pour Condorcet comme pour la plupart des Constituants, le vrai citoyen était le propriétaire libre dans son champ libre. Pour Sieyès, la capacité électorale n'était pas une question de fortune : il s'agissait de civisme. Pouvait-on en attendre, disait-il, des mendiants, des vagabonds et de tous ceux qui étaient dans une dépendance servile? N'étaient-ils pas l'assise possible d'un démagogue? C'étaient, du reste, des limitations provisoires. La démocratie antique excluait le plus grand nombre, les esclaves; la démocratie moderne laissait à tous l'espoir de devenir citoyens actifs.

Était-il possible, était-il souhaitable d'instaurer le suffrage universel au sortir d'un régime de monarchie absolue, dans un pays encore largement analphabète, sans tradition démocratique? Il semble, en lisant Condorcet et Sieyès, qu'on pouvait penser le contraire en 1789 sans être pour autant à classer dans les « chiens de garde » des possédants. Les intérêts de classe n'étaient certainement pas oubliés; du moins faudrait-il admettre qu'ils n'étaient pas seuls à présider aux débats de la Constituante. Un certain idéal du citoyen exigeait l'indépendance personnelle : l'exclusion des pauvres était *aussi* l'exclusion des électeurs *vendables*. On peut inverser cette observation mais on ne doit pas dissimuler l'enjeu d'un débat qui ne se réduisait pas à la guerre séculaire des « gros » et des « maigres ».

Une question restait encore en suspens : *quid* des « non-catholiques »? Il en fut décidé le 24 décembre : ils devenaient pleinement citoyens français comme les autres. A tout le moins les protestants, car le cas des juifs, en faveur desquels l'abbé Grégoire avait parlé, resta encore réservé. Leur émancipation se heurtait à l'hostilité d'une partie du clergé et à la quasi-unanimité des députés de l'Est, dont le jacobin Reubell. Leur tour viendra cependant le 27 septembre 1791. L'annulation définitive des effets dus à la révocation de l'édit de Nantes et l'attribution de la citoyenneté française aux juifs ne furent pas des moindres lustres d'une Assemblée où, à le bien prendre, la générosité venait souvent à bout des intérêts mesquins et des préjugés ancestraux.

XXXV

UNE BOMBE A RETARDEMENT: LA NATIONALISATION DES BIENS DE L'ÉGLISE (2 NOVEMBRE 1789)

La citoyenneté – active et passive – ayant été précisée, on ouvre le dossier de l'Église. Après trois semaines de débats, l'affaire est entendue : ses biens vont être mis en vente. Des prêtres même, un évêque en tête, ont contribué à la loi. Qui pouvait alors imaginer le terrible engrenage mis en place, le schisme prochain, la nouvelle guerre de religion?

La France de 1789 reste dans ses profondeurs un pays catholique. On a beaucoup parlé de la déchristianisation du XVIIIe siècle sous l'influence des philosophes mais il faut nuancer ses « ravages ». Si la noblesse et une partie de la bourgeoisie avaient été gagnées par l'irreligion, la grande masse des paysans et des artisans qui composaient le gros de la nation restait très attachée aux usages et à la foi de leurs pères. Les rites sociaux du catholicisme rythmaient les saisons et emplissaient la vie des gens. Les philosophes eux-mêmes, fussent-ils les plus impies, reconnaissaient l'utilité de la religion et, s'ils blâmaient l'existence des moines qui passaient leur vie le dos au feu et le ventre à table, ils vantaient fort le rôle salutaire qu'exerçaient les curés auprès de leurs ouailles; certains jugeaient que la superstition (et notamment la peur de l'enfer) avait aussi sa raison d'être pour tempérer la sauvagerie naturelle de la populace.

Néanmoins, l'Église de France présentait des signes de déclin réel dont les cahiers de doléances se sont fait l'écho. Le système politique en était la cause principale : la distribution des bénéfices ecclésiastiques dont le roi comblait ses courtisans et le recrutement de l'épiscopat qui s'était peu à peu fermé sur l'aristocratie avaient fini par placer aux premiers rangs du clergé bon nombre de grands seigneurs dont la vocation était douteuse quand elle n'avait pas été carrément forcée sur injonction paternelle. Un Loménie de Brienne, archevêque de Toulouse, dut ainsi renoncer au siège de Paris, Louis XVI ayant estimé qu'à cette place il valait mieux nommer quelqu'un qui crût en Dieu; l'évêque du Mans, Grimaldi, était célèbre pour ses débauches; le cardinal de Rohan avait joué un triste rôle dans l'affaire du collier de la reine, etc. Certes, les incrédules et les intrigants n'étaient pas en majorité, ils étaient du moins visibles et pourrissaient l'Église par la tête.

D'autant que derrière ces riches prélats, qui jouissaient de toutes les prérogatives dans leur ville épiscopale, on comptait une kyrielle de chanoines et de chapelains, profitant des prébendes confortables, sans justification morale. Cette richesse, qui contrastait avec la médiocrité, voire la pauvreté des curés de village, les ordres religieux en détenaient une bonne proportion. Une grande part du discrédit dont ils souffraient était due à la pratique de la *commende*. Il s'agissait d'un bénéfice régulier (une abbaye) qui était accordé à un séculier sans obligation pour celui-ci de changer d'état ni même d'être présent. A l'origine, le commendataire administrait les biens de l'abbaye entre la mort de l'abbé et l'installation de son successeur, ce qui, dans la normale, limitait son exercice à six mois. En fait, les commendataires encaissaient les fruits de leur bénéfice jusqu'à leur dernier soupir. Les monastères étaient devenus des bonnes affaires. De sorte qu'en 1789 la situation des ordres religieux était dans l'ensemble affligeante: frapper l'Église dans sa richesse n'était donc pas forcément faire acte d'impiété. « L'Église s'est accrue sans bien, lisait-on dans le cahier de Villiers-le-Sec: c'est avec le bien qu'elle a dégénéré; la réduire à sa forme primitive, ce sera la rappeler à sa primitive sainteté. »

Les cahiers de 1789 formulent rarement le souhait de voir vendre la totalité des biens ecclésiastiques. Sur les deux cent deux « cahiers généraux » (ceux qui furent apportés au roi), l'historien Timothy Tackett en a relevé cinq seulement qui anticipaient sur la nationalisation. En revanche, bien plus nombreux sont ceux qui veulent la suppression des dîmes (vingt pour toutes les dîmes, soixante-quinze pour certaines dîmes). Cet impôt payé à l'Église pèse sur toutes les propriétés et représente à peu près le treizième des récoltes, semences comprises. C'est à elle que les Constituants s'en prennent d'abord.

Lors de la nuit du 4 août, on décide donc le rachat des dîmes. Dans les jours suivants, la gauche va plus loin : pourquoi un *rachat*? Les dîmes doivent être supprimées purement et simplement! Pas si simple, en fait. Lanjuinais, qui est pourtant du Club breton et qui votera plus tard la Constitution civile du clergé, rappelle les fonctions de la dîme : l'entretien du clergé et l'assistance aux pauvres; le principe du rachat lui paraît donc sacré. Mirabeau proteste. La seule solution, c'est de salarier les prêtres! « Mais, messieurs, il serait temps dans cette révolution, qui a fait éclore tant de sentiments justes et généreux, que l'on abjurât les préjugés d'ignorance orgueilleuse qui font dédaigner les mots salaire et salarié. »

Or voici que Sieyès, une des têtes les mieux faites de la Constituante, se prononce contre Mirabeau, au nom de l'indépendance du clergé. Lui objecte-t-on qu'il est prêtre lui-même? Député et théoricien du Tiers État, il peut se targuer de n'être pas le porte-parole d'une corporation dont il a éprouvé les injustices. Du reste, la dîme fait partie du prix des terres; en l'annulant, on fait un cadeau aux propriétaires, et les riches en tireront le plus grand profit. Sieyès n'est pas écouté; au contraire, son autorité dans l'Assemblée va en pâtir. Sous la pression de la gauche, des curés au grand cœur se déclarent pour l'abandon complet; l'archevêque d'Aix et un certain nombre de gros bénéficiers y donnent leur voix. La contagion fait le reste; l'archevêque de Paris ponctue l'élan de générosité : « Que l'Évangile soit annoncé, que le culte divin soit célébré avec décence et dignité, que les églises soient pourvues de pasteurs vertueux et zélés, que les pauvres du peuple soient secourus, voilà la destination des dîmes, voilà la fin de notre ministère et de nos vœux; nous nous confions dans l'Assemblée nationale, et nous ne doutons pas qu'elle ne nous procure les moyens de remplir des objets aussi respectables et aussi sacrés. »

Le 11 août, il est donc décidé que les dîmes de toutes natures possédées par le clergé séculier et régulier étaient abolies, sous réserve d'instaurer un moyen de substitution pour les besoins du culte. En attendant, on continuera à les percevoir. Clause bien illusoire, comme Sieyès l'avait prévu : pourquoi fallait-il payer un impôt que la loi venait de supprimer? De la même façon, on répond à un autre vœu des cahiers de doléances en supprimant le casuel, c'est-à-dire les honoraires versés aux prêtres pour l'administration des sacrements. Tout cela conduisait peu à peu au salariat du clergé, que prônait Mirabeau. L'Église disposait encore des revenus de ses propriétés mais pas pour longtemps. Le 26 septembre, il est proposé au clergé d'abandonner son argenterie. Si fait. L'archevêque de Paris obtempère; l'Église ne gardera que ce qui est nécessaire à la bienséance du culte. Mais les clercs n'étaient pas encore au bout de leurs sacrifices. Il revint à Talleyrand, évêque d'Autun, de porter le coup fatal. Charles-Maurice de Talleyrand-Périgord était l'exemple même d'un prélat de composition. Cet homme de trente-cinq ans était devenu évêque parce qu'il avait un pied-bot (qui lui interdisait la carrière militaire) et que son oncle était lui-même archevêque de Reims (le népotisme des crosses allait bon train). La Révolution allait être sa chance comme pour bien d'autres tonsurés. Le 11 octobre, au nom du comité chargé d'examiner la question de l'emprunt, il propose à l'Assemblée la confiscation des biens du clergé. Évidemment, sous la soutane violette il éprouve bien de la peine, dit-il; comme citoyen en revanche, il assume « le courage de la vérité ». Et quelle est cette vérité? « *Ce qui me paraît sûr, dit-il, c'est que le clergé n'est pas propriétaire, à l'instar des autres propriétaires, puisque les biens dont il jouit (et dont il ne peut disposer), ont été donnés, non pour l'intérêt des personnes, mais pour le service des fonctions.* »

C'était oublier, comme le fait remarquer Jaurès, que dans les intentions des donateurs au clergé, il y avait aussi le salut de leurs âmes : « Nationaliser les biens de l'Église, les laïciser, ce n'était pas seulement les arracher à l'Église, c'était les arracher au donateur lui-même, c'est-à-dire au passé : c'était, par conséquent, faire acte d'expropriation révolutionnaire, beaucoup plus que Talleyrand ne se l'avouait et ne l'avouait aux autres. »

L'évêque d'Autun propose donc la nationalisation des

biens ecclésiastiques, contre la prise en charge du clergé par l'État. Au demeurant, l'idée avait fait son chemin : depuis la suppression des dîmes, la confiscation des propriétés de l'Église était à l'ordre du jour; les journaux en dissertaient; les cafés s'en faisaient l'écho; Mirabeau défendait la cause avec sa langue, et Sieyès le parti contraire avec sa plume. L'Assemblée discute du projet avec ferveur. A droite, l'évêque d'Uzès, l'archevêque d'Aix, l'abbé de Montesquiou se montrent les plus fermes, avec l'abbé Maury qui dénonce la conjuration : « La ruine absolue du clergé séculier et régulier semble être décidée dans cette Assemblée; mais (...) les biens du clergé appartiennent à la nation comme la province de Bourgogne appartient à la nation, et la province de Bourgogne a des propriétés : de même les biens du clergé appartiennent à la nation et le clergé a des propriétés. »

A quoi Barnave réplique : « Le clergé existe par la nation : la nation pourrait le détruire : il résulte évidemment de ce principe que la nation peut retirer des mains du clergé des biens qui n'ont été affectés et donnés que pour elle... »

Un des meilleurs défenseurs de la propriété ecclésiastique fut sans doute Malouet. Intendant de marine qui allait sur ses cinquante ans, Pierre Victor Malouet avait été élu par le Tiers État de Riom, d'où il était originaire. Politiquement, il était l'un des membres les plus en vue du parti monarchien, un « impartial » du centre droit. Ami des muses qu'il fatiguait sans succès, il avait exécuté quelques poèmes et pièces de théâtre et ce commerce avec les mots l'encourageait à prendre la parole plus souvent qu'à son tour, malgré le faible plaisir qu'éprouvaient les auditeurs de ses discours, qu'il ne savait guère improviser. Mais l'homme était honnête et ses avis modérés ne tombaient pas toujours dans des oreilles de sourds. Bref, il parla contre le projet de Talleyrand avec mesure mais détermination.

L'intérêt de son intervention tient au fait qu'il ne défendait pas le *statu quo*, qu'il savait la nécessité d'une réforme : de ses biens, l'Église ne devait garder que de quoi subvenir aux besoins de la religion et des pauvres, l'excédent seul devait être attribué à l'État. Malouet proposait dans le même élan la réduction du nombre des évêchés, des abbayes, des canonicats, dont une commission ecclésiastique se chargerait. Ainsi les abus seraient supprimés, le Trésor public approvisionné, et l'Église garderait son indépendance. Le compromis très élaboré du monarchien fut incontinent taillé en pièces par les orateurs de la gauche : Garat, Pétion, Duport, Thouret, Le Chapelier, tous reprenaient la leçon de Mirabeau : « Le service des autels est une fonction publique; la religion appartenant à tous, il faut par cela seul que ses ministres soient à la solde de la nation, comme le magistrat qui juge au nom de la loi, comme le soldat qui défend au nom de tous les propriétés communes... »

La passion a gagné la rue, les théâtres rivalisent dans l'anticlérical. Le 2 novembre, jour du scrutin, une foule se presse dès six heures du matin aux portes de l'Assemblée. Les insultes fusent contre les membres du clergé; certains renoncent à entrer; un curé de Béziers, Martin, reçoit un coup de bâton sur la tête. Par cinq cent soixante-huit voix contre trois cent quarante-six, la Constituante vote un décret selon lequel les biens du clergé étaient mis à la disposition de la nation. L'État se chargeait de pourvoir aux besoins du culte, à l'entretien des ministres, des églises et des séminaires, à l'assistance aux pauvres et à l'enseignement. Un immense transfert de propriétés se préparait en même temps que la refonte complète des institutions religieuses.

Le 3 février 1790, la Constituante supprimait les congrégations à vœux solennels n'exerçant pas d'activité hospitalière ou enseignante. On a compté que les suppressions d'emplois dans l'ensemble du corps ecclésiastique avait affecté les trois cinquièmes des prêtres. Le 12 juillet 1790, l'Assemblée votait la Constitution civile du clergé, qui rebâtissait l'administration de l'Église. Les résistances qui devaient s'ensuivre conduisirent les députés à exiger de tous les prêtres un serment solennel à la Constitution civile du clergé en 1791. Le pape condamna cette réforme faite de manière unilatérale, en même temps que les articles de la Déclaration des droits de l'homme concernant les libertés de conscience et d'expression. Face à l'Église d'État assermentée, une Église réfractaire et fidèle au pape allait s'organiser avec l'appui des populations de nombreuses provinces. Le schisme était consommé, la guerre civile allait suivre.

Pour expliquer cet événement majeur qui va ouvrir le plus grand et le plus durable conflit au sein de la société française, deux thèses ont été avancées. La première est celle du complot. Il y aurait eu, dès la réunion des États généraux, une volonté surgie de la pensée philosophique d'asservir l'Église et d'abattre la religion. Un « plan » était arrêté : il fallait d'abord détruire le clergé comme ordre politique, lui enlever ensuite toutes ses propriétés, faire appel à toutes les passions contre lui pour mieux faire admettre sa subordination au pouvoir d'État, en attendant la ruine définitive de la religion.

La seconde thèse, plus crédible, a présenté le schisme comme le résultat d'une chaîne logique, due au problème financier. La ruine du Trésor public a conduit à la nationalisation des biens de l'Église; celle-ci à sa réorganisation administrative, puis, les passions aidant, à l'obligation du serment et à la suite.

Il est sûr que depuis longtemps maints esprits réclamaient une réforme. Les jansénistes, les parlementaires et le roi lui-même avaient contribué à l'existence de fait d'une Église gallicane qui était la préfiguration d'une Église d'État. Les philosophes ont apporté leurs critiques et contribué à répandre les idées qui préparaient la nationalisation. Néanmoins, on voit un certain nombre de députés de gauche qui lui sont encore hostiles au cours de cet automne 1789. Un engrenage causal a bien été mis en place sans que la majorité en ait pris conscience : qui pouvait souhaiter le schisme et la guerre religieuse? certainement pas les défenseurs de la Révolution. A vrai dire, la plupart des acteurs n'avaient pas encore subodoré la contradiction centrale qui devait éclater entre l'idée révolutionnaire et la tradition catholique. Pie VI allait les réveiller.

La liberté et l'égalité, telles que les définissaient les hommes de 1789, étaient incompatibles avec les « droits du Dieu créateur ». Au-delà des propriétés, il y allait des thèses fondamentales de l'Église. Entre celle-ci et le libéralisme, l'antagonisme était autrement fort qu'entre l'autonomie gallicane et l'autorité pontificale. Un siècle plus tard, on aura depuis longtemps oublié la question du veto royal qui avait fixé le partage de la « gauche » et de la « droite » quand les « cléricaux » et les « anticléricaux » se disputeront encore les élections, l'instruction des enfants et l'avenir du monde.

XXXVI

LA CRÉATION DES DÉPARTEMENTS (22 DÉCEMBRE)

Dans le grand débat sur les biens du clergé conclu par le décret du 2 novembre, un des meilleurs défenseurs du principe de nationalisation avait été Jacques Guillaume Thouret. Ancien avocat au parlement de Normandie, élu député du Tiers de Rouen, ce légiste de quarante-trois ans, très formaliste, s'était d'abord senti quelque peu dépaysé au sein d'une Assemblée qui se révélait si peu respectueuse des procédures et si prodigue d'irrégularités. Mais Thouret avait surmonté ses scrupules et, le 15 septembre, il avait été nommé membre du second comité de Constitution.

Deux semaines plus tard, au nom de ce comité, il présente le projet ambitieux de la refonte administrative et territoriale de la France : « Nous sommes arrivés à la conviction que l'organisation de chaque district du royaume doit être constituée de manière qu'elle serve en même temps et à la formation du corps législatif et à celle des diverses classes d'assemblées administratives. » Un « ressort unique » était à définir, base politique, électorale, judiciaire, religieuse de la France nouvelle : ce serait le *département.* Thouret proposait la création de quatre-vingts départements à partir de trois critères : le territoire, la population et la richesse déterminée par les contributions.

Ce projet répondait à une urgence : il s'agissait de mettre en œuvre sur le terrain les effets du 4 août, l'abolition des privilèges, la création de circonscriptions électorales. L'effacement des anciennes provinces avait aussi une fonction symbolique : la régénération du pays passait par le remodelage territorial; elle deviendrait visible sur les cartes géographiques; elle s'inscrirait dans les noms de lieux. Cependant, l'idée d'une réforme avait précédé la Révolution, tant la géographie officielle de la France monarchique était devenue un casse-tête.

La province, en effet, n'avait pas rang d'unité administrative. Celle-ci était avant tout représentée par la généralité ou l'intendance, même si dans certains cas, comme la Bretagne ou le Languedoc, intendance et province coïncidaient. A la tête des trente-quatre intendances avaient été placés par l'absolutisme des intendants qui étaient la voix et l'œil du roi en province. Mais cette unité était de création assez récente (d'un siècle environ) et se trouvait en concurrence avec d'autres divisions: bailliages et sénéchaussées, pays d'élections et pays d'États, provinces ecclésiastiques, diocèses, gouvernements militaires, ressorts des parlements... Tout cela se chevauchait à qui mieux mieux, sans parler des enclaves qui ajoutaient encore à la complexité du découpage. On ne s'étonne donc pas que de nombreux cahiers de doléances aient réclamé un peu d'ordre dans ce pêle-mêle.

Déjà en 1764 le comte d'Argenson avait suggéré que le royaume fût divisé en «départements», échelons intermédiaires d'exécution, entre la généralité ou la province, trop étendues, et le pouvoir central trop loin des administrés. Le mot lui-même était emprunté à l'expression courante de «département de l'impôt». Cette nouvelle circonscription dont on entend de plus en plus parler, les physiocrates en fixent le principe spatial: elle serait d'une étendue telle que chacun de ses habitants puisse se rendre au chef-lieu (à cheval) en une journée au plus. On prévoyait aussi une subdivision, le district, dans lequel tout habitant pourrait se rendre à son chef-lieu et en revenir dans la même journée.

La notion de département était donc née avant 1789. En 1780, le géographe du roi, Robert de Hesseln, avait même publié une carte de la France qui était le fruit d'un esprit de géométrie déchaîné: neuf «régions» se subdivisaient en quatre-vingt-une «contrées», qui se subdivisaient en sept cent vingt-neuf «cantons»... Une France des petits carrés qui faisaient des gros carrés, bref la quadrature de l'hexagone. Le projet Hesseln fut repris par les Constituants. Thouret proposait en effet quatre-vingts départements auxquels il fallait ajouter Paris qui serait un département à lui tout seul. Le multiple neuf garda aussi un moment sa force de fascination : chaque nouvelle unité se rapprochant plus ou moins d'un carré de dix-huit lieues de côté serait divisée en neuf « communes » (ou « districts ») de six lieues de côté, et chaque commune elle-même divisée en neuf cantons. Chacune de ces divisions aurait une assemblée : à la base, l'« assemblée primaire » du canton, au-dessus celle du district, enfin au chef-lieu du département celle de quatre-vingt-un délégués élus par les assemblées de district. A ces assemblées départementales, composées de contribuables payant tous au moins l'équivalent de dix journées de travail, était dévolu le soin de nommer les députés à l'Assemblée nationale.

Les journées d'octobre et leur suite repoussent la discussion du projet. On y arrive le 3 novembre. Entre-temps, une carte de France selon les principes énoncés par Thouret avait été esquissée, sur laquelle les députés avaient eu le temps de réfléchir. L'enjeu était de taille. Il y allait d'une idée générale : refonder l'État sur une base cohérente et homogène. Il y allait aussi de multiples intérêts particuliers : dans cette vaste redistribution des cartes par la carte, bien des villes avaient à perdre et d'autres à gagner. Si tout le monde quasiment était d'accord sur les principes de rationalité et d'égalité qui présidaient à la réforme, il en allait autrement sur leur application.

On entendit cependant des plaidoyers pour les anciennes provinces : tout le personnel des états, des parlements, des évêchés sont les premiers à défendre la survie du Poitou ou du Languedoc. Mais la résistance n'est pas le seul fait des anciens privilégiés. Ainsi Pellerin, un député breton du Tiers, réclame le maintien des états de Bretagne, non pour y prolonger le « despotisme de l'aristocratie », mais parce que la Bretagne est une entité historique : « Cette province, dit-il, a de grands besoins qui exigent de grandes ressources, et ces ressources n'existeront plus dans un état de division qui isolera chaque partie détachée du tout, qui rendra les divers départements de cette grande corporation ainsi morcelée, étrangers les uns aux autres. »

Le projet est attaqué aussi à l'autre bout car, en instaurant une assemblée de canton, il ne prévoyait pas d'assemblée municipale. Lorsque, le 3 novembre, Thouret eut rappelé les grandes lignes de son projet en faveur du « grand tout national », Mirabeau intervint aussitôt pour le passer au crible. En ces jours où il espère encore entrer au ministère, le député d'Aix va et vient à toute bride. Il parle en philosophe de toutes les questions et entre en technicien dans tous les détails. Sans doute a-t-il des amis, des conseillers, un précieux secrétaire en la personne de Pellenc qui lui fournit entre autres son argumentaire juridique, mais chacun reste interdit devant sa puissance, ses formulations, ses analyses, ses improvisations. Où prend-il le temps d'étudier tous les dossiers, lui qui intrigue le jour et la nuit fait la fête? Il est l'homme de tous les appétits, de tous les désirs. Bientôt, il saura qu'il ne sera pas ministre. Qu'à cela ne tienne : il continuera, dans cette salle du Manège, à agiter sa crinière de pur-sang indompté.

Que dit Mirabeau? Il s'attaque d'abord à la conception mathématique du projet : il demande une division qui ne paraisse pas « une trop grande nouveauté »; qui « permette de composer avec les préjugés, et même avec les erreurs ». Le mot est audacieux. Burke, critique féroce de l'œuvre révolutionnaire, a fait de son côté l'éloge des « préjugés », pour dénoncer le rationalisme abstrait des Constituants, voulant faire de tout le passé table rase pour « ne plus considérer leur pays que comme une *carte blanche*, sur quoi ils sont libres de griffonner ce qui leur plaît ». Il n'est pas douteux que l'esprit philosophique a encouragé leur propension aux « abstractions » dangereusement coupées de la vie. En fait, on saisit dans tout ce débat sur la réorganisation territoriale et dans le travail qui le sous-tend combien cette tendance est balancée par le principe de réalité. Mirabeau est de ceux qui ne veulent pas s'en départir.

Ainsi, il ne souhaite pas l'abolition des provinces : il suffirait, dit-il, de les diviser. De cette manière, les départements ne seraient formés que par des citoyens de la même région historique, qui ont déjà entre eux des caractères communs. On éviterait, ce faisant, les démembrements et les artifices qu'implique le projet : « Je sais bien qu'on ne couperait ni des maisons ni des clochers; mais on diviserait ce qui est encore plus inséparable, on trancherait tous les liens que resserrent, depuis si longtemps, les mœurs, les habitudes, les coutumes, les productions et le langage. » Il vaudrait mieux constituer, selon ses calculs, cent vingt départements égaux « autant qu'il est possible ». Dans ce cadre plus restreint, l'administré serait plus près de l'administrateur, le représenté de son représentant. D'où résulterait l'inutilité des « cantons » et des « communes ». En revanche, Mirabeau défend l'existence des assemblées de villes et de villages, qui pourraient députer directement à l'assemblée départementale.

Desmeuniers prend le contre-pied de Mirabeau, en précisant les deux dangers que le comité avait voulu éviter : le maintien d'un esprit de province attaché à des intérêts obsolètes et la multiplicité des municipalités. Barère plaide pour une base de population au lieu d'une base territoriale. Barnave s'en prend aux trois degrés d'élection. Tout le monde finit par s'en mêler, y compris notre Adrien Duquesnoy qui estime devoir flétrir à la tribune les résistances au véritable esprit national : « La division de la France doit être soumise aux lois physiques et aux bornes naturelles. Elle doit avoir pour but de fondre les esprits et les mœurs, de manière qu'il n'y ait en France que des Français, et non des Provençaux, des Normands, etc. », ce qui le conduit à approuver le plan du comité.

La France nouvelle était en marche, en effet. Les biens de l'Église avaient été nationalisés. Le 3 novembre, on avait prolongé la vacance des parlements, en attendant leur disparition dans la réorganisation judiciaire. La distinction d'ordres avait été définitivement abolie. Maintenant, on en était au redécoupage cartographique : tout le monde se sentit concerné. Les « provincialistes » s'opposèrent aux « départementalistes ». Le non-dit des intérêts particuliers et le discours de la nature (on ne pouvait forcer le cours des fleuves, abolir les montagnes, déplacer les villes) durent s'allier vaille que vaille.

Finalement, le projet Thouret fut approuvé dans ses grandes lignes et voté le 22 décembre, moyennant quelques amendements notables. Sur le nombre des départements, on s'avisa avant l'étude définitive qu'il devrait se tenir entre soixante-quinze et quatre-vingt-cinq. La circonscription inférieure serait le district : six à neuf par départements. Le canton était le grand perdant : il n'aurait pas d'administration propre. En revanche, il y aurait à la base de tout une municipalité par commune – tel était le nouveau nom que donnait aux paroisses la loi sur les municipalités du 14 décembre. Mirabeau avait eu là-dessus gain de cause : la vie politique locale était préservée.

Ces principes une fois votés, les députés se mirent au travail pour préciser le découpage. Arpenteurs, géomètres, géographes, cartographes, géologues, notables de toutes sortes, tout le pays voulut mettre dans la nouvelle distribution sa façon de voir et de sentir. La carte de Cassini, ancêtre de notre carte d'état-major, servait de matière première aux compas, règles et crayons. Mais les habitants, connaissant bien la topographie locale, interviennent dans le débat. Voici, par exemple le citoyen Lambel, de la petite ville de Mur-de-Barrès, qui ne veut point entrer dans le futur département du Cantal. Il montre qu'il y a une marge entre la distance cartographique et la distance réelle qui sépare sa commune d'Aurillac et de Saint-Flour. Décrivant l'itinéraire supposé, il nous montre tous les obstacles à vaincre par le voyageur : « un chemin étroit et perpendiculaire, ayant de chaque part un précipice, constamment arrosé par cinquante petites sources vives, qui font glisser à chaque pas [même] dans le beau temps, et forment un verglas pendant six mois de l'an », les forêts où l'attendent les brigands, les rivières rapides, les rochers amoncelés, les cailloux, les pentes glissantes. « Ainsi, dit-il, vingt-une fois, tantôt descendu au sein de la terre, et tantôt élevé au-dessus de tout ce qui l'entoure, passant de la sueur à un froid glacial, et de l'un à l'autre, le voyageur téméraire arrive après sept heures des plus pénibles efforts à une lieue d'Aurillac[1]. »

De telles démonstrations ne sont pas restées dans les placards. Les principes géométriques considérés comme point de départ furent abandonnés au profit des faits naturels et historiques. Des géographes comme Élisée Reclus ont parlé d'un décourage artificiel; en fait, les limites des départements ont été fixées après une observation attentive par les députés des provinces. On aboutit le 15 février 1790 à l'établissement de quatre-vingt-trois départements. Les anciennes provinces furent même respectées « toutes les fois

1. Document d'archives cité par Marie-Vic Ozouf-Marignier, Hérodote.

qu'il n'y [eut] pas utilité réelle ou nécessité absolue de les détruire». Ainsi, selon le vœu de Mirabeau, la Provence forma trois départements, la Bretagne cinq, comme la Normandie.

Le souci «naturaliste» fut encore à l'œuvre dans la dénomination des nouvelles unités. Certains avaient suggéré – toujours sous le règne de la mathématique – de leur attribuer simplement un numéro. On sait que l'idée avait de l'avenir mais, en attendant l'arithmétique postale, on prit des noms géographiques: fleuves (Haute-Loire, Seine-Inférieure...), montagnes (Cantal, Lozère, Hautes-Alpes, Vosges...), mers voisines (Pas-de-Calais, Manche...), côtes (Côtes-du-Nord), ou position (Finistère, Nord). Même quand le déparement coïncidait à peu près avec l'ancienne province, il fut rebaptisé, comme le Roussillon qui devenait Pyrénées orientales ou le Béarn, Basses-Pyrénées.

Le conflit des chefs-lieux fut plus délicat à trancher. Une guerre de clochers intense mit aux prises les localités qui prétendaient rester ou devenir des sièges administratifs, judiciaires ou religieux. Des intérêts locaux considérables étaient en jeu. Certains réclamaient des districts supplémentaires pour satisfaire des revendications pressantes. Les démarches et les pétitions se multiplièrent. Pour réduire les contestations, l'Assemblée décida le principe de l'alternance: des villes rivales deviendraient chefs-lieux tour à tour. Mais on se rendit compte que c'était doubler les frais d'entretien des immeubles administratifs et payer d'inutiles navettes d'archives. De sorte qu'en septembre 1791 on supprima l'alternance.

Le département a été une des créations les plus durables de la Constituante. La nouvelle organisation spatiale avait été marquée par un volontarisme rationnel, désireux tout à la fois d'appliquer l'abolition de l'Ancien Régime et d'en faire naître un nouveau sur les principes d'égalité. La critique dira: au préjudice de la liberté ou, comme Maurras, *des* libertés locales. Il est certain que, face à ce «loup sans cesse en proie à une faim dévorante» qu'est le gouvernement, «quatre-vingts roquets» étaient, selon l'expression de Malouet, moins dangereux que «trente dogues puissants». Du moins les Constituants n'avaient-ils pas créé les préfets (dans chaque département on aurait un procureur général syndic pour représenter le roi – mais il serait *élu* tout comme les membres du futur Conseil général) et Taine, contempteur de l'« anarchie » révolutionnaire, dénoncera même le principe électif sur lequel toute cette construction reposait.

La création des départements exprime à merveille le génie propre de la Révolution : les intérêts particuliers n'avaient pas disparu comme par enchantement, à tout le moins devaient-ils s'accommoder des lois de la raison. A une société qui était le produit chaotique des hasards successifs, les Constituants entendaient substituer une société rationnelle. Les principes étaient entrés dans la pratique.

XXXVII

LA BATAILLE DE *CHARLES IX* (4 NOVEMBRE)

Le 10 novembre 1789, Adrien Duquesnoy cite dans son *Journal* un alexandrin tiré de *Charles IX*. Il n'éprouve pas le besoin d'en préciser l'auteur – Marie-Joseph Chénier – car depuis quelques jours il n'est question à Paris que de lui et de sa pièce que viennent de créer les Comédiens-Français, le 4 novembre. Un succès dont le fracas avait tourné au scandale.

Marie-Joseph Chénier, qui devait devenir une des gloires dramatiques des planches révolutionnaires en même temps qu'un élu de la Convention et un régicide, venait de franchir de manière tonitruante le seuil de la notoriété. Deux de ses pièces avaient été jouées avant les trois coups des États généraux; on ne peut pas dire qu'elles avaient flatté sa réputation. La première, *Edgar ou le Page supposé*, avait été représentée en novembre 1785 sous des sifflets ininterrompus. La seconde, *Azémire*, avait eu la faveur du théâtre de la cour à Fontainebleau : autre public et même tollé! Marie-Joseph en fut-il porté à la rancune antiaristocratique? En tout cas, il abandonna sa particule et se mit, en 1787, à la composition d'une tragédie qui allait estocader la monarchie absolue et les mauvais conseillers du prince.

Le sujet n'était plus tiré de l'histoire romaine ou de la mythologie grecque. Voltaire l'avait peut-être inspiré, en écrivant en 1764 : « Un jour viendra sans doute où nous mettrons les papes sur le théâtre; un temps viendra où la Saint-Barthélemy sera un sujet de tragédie. » Chénier avait laissé les pontifes romains mais retenu effectivement le grand massacre nocturne du 24 août 1572 perpétré contre les protestants par le pouvoir royal sous l'influence de Catherine de Médicis et du duc de Guise. Lue par les Comédiens, la pièce avait été acceptée en septembre 1788 puis soumise comme il se devait au censeur du roi, Jean-Baptiste Suard. Celui-ci, plus averti des risques, opposa son veto. On comprend pourquoi en lisant aujourd'hui ces vers pompeux mais au goût de l'époque : on y voyait un monarque se résigner à une tuerie par faiblesse d'âme et un cardinal bénir des poignards; rien ne pouvait mieux s'accorder à l'esprit de révolte qui parcourait le royaume.

Charles IX est le type du souverain dépourvu de souveraineté : caractère instable sous la domination d'une Genitrix florentine, d'abord sensible aux conseils du bon Coligny, défenseur des protestants, et bientôt emporté vers le fanatisme par ceux du cardinal de Lorraine, complice de Catherine et du Balafré. Tandis qu'on entend le tocsin fatal, Charles reçoit la visite d'Henri de Navarre qui vient donner la leçon au roi, et celui-ci s'effondre en maudissant ses vertueux conseillers :

Pardon, Dieu tout-puissant, Dieu qui venge les crimes;
Toi, Coligny; vous tous, vous trop chères victimes,
Pardon. Si vous étiez témoins de mes douleurs,
A votre meurtrier, vous donneriez des pleurs.
Les cruels ont instruit ma bouche à l'imposture :
Leur voix a dans mon âme étouffé la nature;
J'ai trahi la patrie, et l'honneur, et les lois,
Le ciel, en me frappant, donne un exemple aux rois.

Un personnage de la pièce interprétait la pensée de l'auteur : c'était le chancelier Michel de l'Hospital. En de longues tirades, il démystifiait à sa manière le clergé et la monarchie, se posant en défenseur de la justice, de la liberté d'expression et du peuple souverain.

La pièce refusée par la censure, Chénier suivit le précédent de Beaumarchais : il la fit lire dans les salons, et notamment devant le duc d'Orléans, en janvier 1789. Rien ne révèle l'enthousiasme chez ses auditeurs : ce sont les événements de l'été qui vont faire de cette pièce médiocre le symbole d'un nouveau théâtre, véritablement « national ».

La tragédie de Chénier avait pour elle d'avoir été censurée, interdite, victime d'une mesure arbitraire; elle devenait admirable par là même au moment où s'écroulaient les pierres de la Bastille. Qui plus est, rien que son sujet – une attaque contre la tyrannie des monarques coupés du peuple – lui valait un statut emblématique qui ferait sa fortune.

Le 19 août, lors de la seconde représentation d'*Ericie* de Fontenelle au Théâtre de la Nation (c'est le nom qu'avaient choisi les Comédiens-Français après le 14 juillet), Danton et quelques amis, au lever du rideau, réclamèrent à cor et à cri *Charles IX*, entraînant derrière eux une partie des spectateurs qui avaient pris connaissance d'un tract à l'entrée contre « l'inquisition de la pensée ». On vit alors Fleury, qui dirigeait la troupe plus royale que nationale, s'avancer pour expliquer au public son impuissance : la pièce de Chénier n'était pas autorisée, provoquant du même coup de nouvelles protestations contre la censure. Fleury fut invité à s'adresser incontinent à la municipalité.

Le lendemain, le maire de Paris reçut le chef méprisant de la Comédie-Française. Prudent, Bailly renvoie l'affaire à l'Assemblée nationale. Mais Chénier ne veut pas se laisser imposer des manœuvres dilatoires. Il intervient auprès des représentants de la Commune, leur écrivant trois jours avant le vote de la Déclaration des droits de l'homme : « S'il est dangereux de faire détester le fanatisme et la tyrannie, s'il est dangereux de faire aimer la vertu, les lois, la liberté, la tolérance, permettez-moi de me vanter ici qu'il est peu d'ouvrages aussi dangereux que *Charles IX*. »

Cependant, le 27 août, le *Journal de Paris* publiait un article anonyme qui, sans mentionner explicitement le drame de Chénier, faisait l'apologie d'une censure nécessaire en établissant une distinction entre la liberté de la presse, à laquelle l'auteur se disait favorable, et celle du théâtre, qu'il récusait dans la mesure où le journal était lu dans la solitude tandis que les comédiens se produisaient devant des parterres qui pouvaient s'enflammer. On lisait entre les lignes de ce texte un éloge implicite de l'art théâtral capable de « mettre en mouvement toutes les passions ». On reconnut celui qui avait déclaré son amour du censeur : c'était le censeur lui-même, Jean-Baptiste Suard.

Au début de septembre, un comité de l'Assemblée nationale examina la pièce et conclut qu'il n'y avait rien à y redire. C'est alors que se déploya la contre-offensive, cette fois en direction du roi. Des évêques et des représentants de la Sorbonne vinrent lui réclamer l'interdiction de *Charles IX*. Le roi n'était plus en mesure d'interdire quoi que ce fût; la Comédie-Française dépendait désormais de la municipalité. Mais ses Comédiens, Fleury en tête, s'estimaient toujours « les Comédiens-Français ordinaires du roi », dépendant des gentilshommes de la Chambre. En somme, Fleury en appelait de l'Assemblée nationale à Louis XVI. L'affaire traîna. A Paris, les Comédiens tentaient de reconquérir le public avec une autre pièce nouvelle, *Marie de Brabant*, de Barthélemy Imbert, mais sans succès. Chénier faisait, pendant tout ce temps, des pieds et des mains pour imposer sa pièce aux Comédiens, qui avaient toujours le privilège de détenir le monopole des représentations du théâtre tragique.

Les journées d'octobre ne firent pas avancer le parti de l'auteur. La présence du roi à Paris rendait aux yeux de certains sa pièce encore plus insultante. Le district des Carmes Déchaussés publia le 12 octobre une motion dans ce sens : « Dans la circonstance où la capitale jouit du bonheur de posséder dans son sein son auguste monarque et la famille royale, il n'est pas un de ses sujets qui ne soit jaloux de voir la paix, l'ordre et le bonheur habiter le palais de nos rois... » Deux jours plus tard, le comité de police émanant de la Commune ratifiait la suspension provisoire de la représentation. Le 18 octobre, toujours dans le *Journal de Paris*, toujours anonyme, Suard enfonce le clou : la liberté de tout représenter sur le théâtre serait « le fléau de l'ordre public, des bonnes mœurs, de la sociabilité et de la vraie liberté ».

Que faire? Chénier eut l'idée, à la fin d'octobre, d'user d'un stratagème pour damer le pion à la vigilante Anastasie. Il publie alors une brochure : *A Messieurs les Parisiens sur la tragédie de Charles IX*, qu'il signe sans vergogne « M. Suard, l'un des quarante de l'Académie française ». Chénier, par cette ruse de plume, faisait l'éloge de sa propre production : « caractère noble », scrupuleux respect de la vérité historique, « belle morale », « vers pleins de goût, de noblesse et d'énergie », « style pur », tragédie digne « des applaudissements et de l'enthousiasme »... On n'est jamais si bien servi que par soi-même. A la guerre comme à la guerre : Suard en eut le bec cloué. Parallèlement, Chénier avait écrit aux soixante districts de Paris pour réfuter le caractère « dangereux » de sa pièce : « Je supplie ceux dont je suis ignoré, de ne pas se laisser entraîner par les clabauderies des citoyens mal intentionnés. »

Finalement, Chénier eut gain de cause : la première représentation fut décidée pour le 4 novembre. Mais l'auteur n'était pas au bout de ses peines car il devait se heurter à la résistance de certains comédiens qui appartenaient aux « noirs ». C'est ainsi que Saint-Fal refusa le rôle de Charles IX, un roi de France « diffamé ». Le rôle échut donc à un jeune homme qui n'avait encore interprété que des personnages secondaires : François-Joseph Talma. Celui-ci, à vingt-trois ans, était sociétaire depuis le 1er avril 1789 et devait attendre son tour. Il lui est offert plus tôt que prévu : grâce à *Charles IX*, il va s'imposer comme une nouvelle gloire du théâtre.

La soirée cependant promettait d'être chaude. Des lettres anonymes menaçaient Chénier et les acteurs. Peu de temps avant le lever du rideau, Mme Vestris qui devait incarner Catherine reçoit dans sa loge un inconnu qui l'informe qu'on allait l'assassiner sur la scène. La comédienne passa outre aux menaces, mais la salle était nerveuse : les épées et les pistolets n'avaient point été déposés aux vestiaires. Avant le lever du rideau, un spectateur de l'orchestre se lève et réclame d'une voix ferme que le premier individu qui troublerait la pièce soit livré au tribunal du peuple. Acclamations et avertissements lancés aux éventuels manifestants : « A la lanterne! A la lanterne! » La salle était prête : Naudet, hostile au parti patriote, mais créant le rôle de l'amiral de Coligny, pouvait prononcer les premiers mots dans un calme complet.

La pièce de Chénier eût-elle était plus mauvaise qu'elle aurait encore fait un triomphe. Comme dirent plus tard les Goncourt, la soirée du 4 novembre sacrait Marie-Joseph « le Corneille de la Révolution ». Néanmoins, l'événement n'était pas seulement politique, même si Danton, Mirabeau, Camille Desmoulins et leurs amis s'employèrent à lui donner d'abord ce sens. On observa des innovations dans le costume et la mise des personnages. Charles IX avait les cheveux noirs et point de poudre; il portait même des moustaches et une barbe à l'escopette; sa grosse fraise à gaze blanche et son pourpoint de satin à petits carreaux galonnés d'or faisaient « couleur locale » avant la lettre, de même que les boutons dorés sur le manteau de velours noir de Catherine de Médicis. Et puis, l'on n'entendait plus les héros se dire : « Seigneur », mais « Monsieur ». Chénier se flattait d'avoir donné au théâtre français un nouveau genre : la tragédie nationale.

A dire vrai, il avait eu des prédécesseurs. Les Goncourt rappellent ainsi la représentation d'un *François II*, en 1747, qui avait été loué par le président Hénault, lequel annonçait déjà l'audace de Chénier : « Est-ce que le cardinal de Lorraine, et le duc de Guise méditant la perte du prince de Condé, ne sont pas aussi intéressants que les confidents de Ptolémée délibérant sur la mort de Pompée? Est-ce que Catherine de Médicis ne vaut pas bien la Cléopâtre de *Rodogune*, et l'Agrippine de *Néron*? » A défaut d'un Shakespeare, on avait trouvé un Marie-Joseph Chénier. Resterait le pas à franchir : en finir avec les alexandrins qui incitent à la déclamation. L'année suivante, Louis-Sébastien Mercier écrira en faveur du drame en prose.

En attendant, la pièce avait fait fureur. Le jeu de Talma avait émerveillé la critique. Ce n'était pas complaisance partisane. Fleury lui-même, dans ses *Mémoires*, écrit : « Il faut avouer que nous ne nous attendions pas à ce qu'il produisît un tel effet. Lorsque, accablé de remords, le visage enfoui dans les plis de son manteau royal, il se redressa soudain sous la malédiction qui lui était lancée, et, tremblant sous le regard de l'homme qui la proférait, eut un mouvement convulsif de recul comme pour secouer les gouttes de sang de ses victimes dont il était éclaboussé, son jeu sublime nous laissa tous pantois. » Du coup, Talma se retrouva juché, ainsi que Chénier, sur les épaules de spectateurs qui leur firent un triomphe jusqu'aux tables d'un café, où Danton, à ce qu'on dit, aurait fait cette prédiction : « Si *Figaro* a tué la noblesse, *Charles IX* tuera la royauté. »

A la deuxième représentation, même succès. Un spectateur, au cours du quatrième acte, s'étant écrié que la pièce devait s'intituler *l'École des rois*, Chénier reprit le mot à son compte et en fit un sous-titre. Les faiseurs de chansons s'en mêlèrent :

Enfin j'ons lu la pièce nouvelle
Que les sacristains ne trouv' pas belle;
Le pourquoi, c'est que l'École' des rois
Leur donn' diablement sur les doigts!

Le parti adverse n'abdiqua pas, malgré le succès, sa volonté de faire suspendre la pièce. Une nouvelle démarche eut lieu à la cour. Les premiers gentilshommes de la Chambre agréèrent la requête de la Compagnie, dans laquelle les Fleury, les Naudet, les Dazincourt n'avaient jamais accepté de jouer Chénier que sous la contrainte de l'opinion et de l'Hôtel de Ville. Talma, que *Charles IX* avait porté au pinacle, était de son côté d'autant plus décidé à combattre pour l'esprit des Lumières. Il se résigna mal à redevenir un comparse dans *Brutus*. La troupe était partagée. Chénier se bat contre la suspension, proclame que « la scène doit changer avec tout le reste ». Il faudra tout de même qu'il attende le 13 janvier 1790 pour voir sa pièce reprise par les Comédiens-Français. Puis, une nouvelle fois abandonné, *Charles IX* est réclamé au moment de la fête de la Fédération, à la mi-juillet de la même année, par les provinciaux venus à Paris : « Nous n'avons que huit jours à passer à Paris, écrivaient des fédérés dans une lettre du 13 juillet aux Comédiens, et nous ne les emploierons pas à voir *Didon* et *Zaïre*. » Mirabeau et Danton appuient leur demande. Le 22 juillet, alors qu'on donnait *le Réveil d'Epiménide* – une comédie de Flins des Oliviers –, le député d'Aix au milieu de ses collègues provençaux lut une pétition réclamant la reprise de la tragédie de Chénier. Nouveau tintamarre. Naudet explique que l'état de santé de certains comédiens empêche d'acquiescer aux désirs du public. Talma prend la parole à son tour, pour contredire son camarade, ce qui lui vaudra un duel, le lendemain, avec celui-ci, – affrontement sans suite, mais qui traduit bien la crise de la Comédie-Française. Recours en vain de la faction Fleury majoritaire auprès du maire Bailly; reprise de la pièce; nouveau tumulte. Cette fois la troupe intervient, baïonnette au canon, pour faire évacuer la salle. La bataille de *Charles IX* continuait.

Cependant, le véritable épilogue de *Charles IX* fut la nouvelle réglementation des théâtres. La loi de janvier 1791 cassera le monopole de la Comédie-Française. Son article premier stipulera : « Tout citoyen pourra élever un théâtre public et y faire représenter des pièces de tous les genres, en faisant, préalablement à l'établissement de son théâtre, sa déclaration à la municipalité des lieux. » *Charles IX* pouvait désormais être joué partout, ce qui eut lieu effectivement, Chénier et Talma avaient fait une autre révolution dans la Révolution. Leur carrière ne faisait que commencer [1].

1. Document d'archives cité par Marie-Vic Ozouf-Marignier, Hérodote.

XXXVIII

LA NOUVELLE UNION DES FRANÇAIS

La nuit du 4 août, les journées d'octobre, l'installation forcée du roi à Paris – suivi bientôt de l'Assemblée... Toute l'attention se porte de l'ancienne à la nouvelle capitale. Mais le reste de la France? D'un bout à l'autre du territoire, a-t-on vécu à l'unisson les assauts lancés contre l'ordre ancien? A-t-on vu naître une conscience collective, celle d'une communauté historique dont tous les membres sont égaux et solidaires?

Le mouvement de cette unification est à la fois lent et rapide. Avec le recul, on peut admirer la célérité avec laquelle tant de gens aux langages, aux coutumes, aux droits la veille si variés, ont pu se sentir non plus les sujets d'un même roi mais les concitoyens d'une même nation. Sur le coup, on pouvait au contraire être accablé des multiples entraves mises à cette transformation.

On ne doit pas méconnaître ainsi le problème des communications. Il faut trois jours à Dijon pour apprendre la prise de la Bastille : que dire des bourgades et des villages de la France « profonde »? Arthur Young, qui poursuit son voyage à travers le pays avec un flegme inaltérable, est surpris par la lenteur que prend l'acheminement des nouvelles. Comparant avec son pays, il écrit : « La France est incroyablement arriérée pour tout ce qui regarde l'information. » Arrivé dans une ville, il s'empresse d'aller dans un café pour trouver une gazette. Souvent, rien. Parfois, un journal insignifiant. Toujours, un incroyable retard : « Des personnes d'allure respectable parlent de nouvelles qui remontent à deux ou trois semaines, et leurs discours montrent clairement qu'elles ne savent rien de ce qui se passe. »

Dans ces conditions, on imagine avec quelle facilité s'accréditent les rumeurs, et les plus insensées. Que la reine veut la mort du roi passe aussi aisément que l'irruption prochaine des brigands, tout cela n'étant que les éléments d'un complot aristocratique auquel tout le monde croit dur comme fer. La suspicion est généralisée. Young doit produire son passeport plusieurs fois par jour. Des maires refusent de lui en donner un; on l'entoure, on le menace. A Thueyts, dans le Vivarais, un groupe vient le réveiller dans son auberge : il est accusé d'être de la conspiration de la reine et du comte d'Artois. Heureusement, à ces vigiles armés jusqu'aux dents qui le prenaient pour un faux Anglais, il réussit à prouver qu'il en est un vrai, un agronome en voyage d'étude. Ouf! « A ma grande satisfaction, ils me souhaitèrent une bonne nuit, et me laissèrent aux punaises qui fourmillaient dans le lit comme mouches dans un pot de miel. »

Autre obstacle à l'unisson : la poursuite des troubles agraires. Ainsi, après la joie causée par l'abolition du système féodal, les paysans ont l'amertume de se voir rappeler le maintien des rentes et du cens jusqu'au rachat. La désillusion provoque en maint endroit de nouvelles agitations. Dans la Marche, dans le Bas-Limousin, d'autres assauts sont lancés contre les châteaux. Les récentes municipalités doivent prendre des mesures d'urgence pour assurer le ravitaillement et calmer les foules hantées par les accapareurs, vrais ou supposés. Tous les jours, l'Assemblée reçoit des nouvelles alarmantes. Les marchés sont dégarnis; des villes demandent des secours contre la famine. Rouen est accusée de retenir les navires chargés de grains et de farine achetés pour Paris. Le gouvernement doit envoyer un détachement à Vernon, pour protéger le représentant des Parisiens chargé de veiller en cette ville à l'approvisionnement de la capitale.

La peur de manquer pousse les communautés pourvoyeuses à stocker leurs grains. Des bataillons de la garde parisienne doivent ainsi intervenir en province, où ils suscitent des séditions. A la fin d'octobre, c'est la marine de Brest qui réclame du secours; la municipalité envoie des commissaires dans toute la Bretagne : à Lannion, un « conseil du peuple » nie la validité de leurs pouvoirs et les menace de mort. Mais Brest et d'autres villes bretonnes envoient une armée pour amener la ville rebelle à résipiscence.

En un sens, la disette avait servi le mouvement révolutionnaire : la faim de blé avait secondé la faim de liberté. Mais les accaparements, les retards de la distribution, la crainte du lendemain pouvaient retourner les foules contre les nouvelles institutions.

Il faut noter encore les dissensions qu'a provoquées, dans les dernières semaines de l'année, le projet de créer les départements. Comme nous l'avons déjà dit, le découpage aviva les rivalités entre les cités. Dans le Nord, une véritable « guerre des villes » oppose Arras et Saint-Omer, Lille et Douai. Dans ce dernier cas, Douai peut compter sur son représentant Merlin et obtient le titre de chef-lieu, mais les Lillois n'acceptent pas le fait accompli et, pendant des années, vont lutter contre l'injustice qu'ils estiment leur avoir été faite : ils devront attendre le 3 Thermidor an XI pour obtenir gain de cause du Premier Consul. Ces affrontements entre villes de premier rang ont leurs correspondants entre les villes de deuxième rang, en vue de l'obtention d'un chef-lieu de district. Et voici Hesdin contre Montreuil, Maubeuge contre Avesnes, Bergues contre Dunkerque, Hazebrouck contre Cassel, Bouchain contre Cambrai, Avesnes contre Landrecies...

Au-delà de ces concurrences de clochers, l'union de la France se heurtait ici et là à l'esprit régionaliste. Les ordres privilégiés avaient beaucoup misé sur les sentiments populaires d'attachement à la province et à ses institutions, surtout quand celles-ci étaient depuis longtemps établies. Les Rochelais voulaient un département de l'Aunis; ils durent accepter malgré eux sa réunion à la plus grande partie de la Saintonge dans le département de la Charente-Inférieure. Mais il s'agissait encore ici largement d'une rivalité entre cités, La Rochelle et Saintes. Le cas de la Bretagne était plus grave. Le schisme entre les députés du Tiers, seuls représentants de la Bretagne à la Constituante, et les deux ordres privilégiés qui avaient refusé de députer aux États généraux allait devenir épineux au lendemain du 4 août, quand les privilèges des provinces furent abolis.

Le Chapelier et ses amis avaient eu le réflexe de préciser que leur vote devrait être ratifié par les États de Bretagne. Botherel, procureur syndic de ceux-ci, fit connaître sa protestation: « Unie à la France par des traités solennels et jamais conquise, la Bretagne a ressenti cet ébranlement général dont sa constitution particulière devait la garantir... D'alliés que nous sommes, les nouvelles dispositions nous rendraient sujets de la France... » Le 3 novembre, l'Assemblée suspendait *sine die* les parlements. La chambre des vacations de Rennes refusa d'enregistrer le décret. Nul doute que la suspension des parlements, l'abolition des états provinciaux, le morcellement de la province en départements furent autant d'arguments en faveur de la contre-révolution. Pourtant, le sentiment d'une appartenance à une communauté française, primant sur la communauté provinciale, faisait des progrès partout.

Le Béarn était au moins aussi particulariste que la Bretagne. L'aristocratie dominant ses États avait été hostile à une délégation béarnaise à Versailles. Or les non-privilégiés arrachèrent le principe de la députation. Tandis que les deux représentants de la noblesse et les deux représentants du haut-clergé refusèrent de siéger, quatre députés du Tiers et deux du bas-clergé furent de l'Assemblée, notamment lors de la nuit du 4 août. Mourot, l'un des leurs, obtint de la Constituante une séance extraordinaire des États du Béarn pour trancher sur le sort des privilèges de la province. Le 15 octobre, l'assemblée eut lieu à Pau, où Mourot plaida avec flamme l'union complète à la France: « Mais, a-t-on dit, nous allons devenir français. Quoi donc des Béarnais, des citoyens d'une petite province qui ne forme point la cent cinquantième partie de ce vaste empire, et qui ne peut se passer du secours de ses voisins, pourraient regarder comme une humiliation de devenir les membres nécessaires de ce superbe royaume, surtout au moment où les Français assurent leur liberté civile et politique et où ils réforment des abus qui sont aussi les nôtres! Que dirions-nous de plus si on nous proposait de nous unir à une nation sauvage! »

Cependant, le Grand Corps, formulant l'avis des nobles et du haut clergé, défend farouchement l'autonomie béarnaise. Les esprits s'échauffent, aucun vote ne devient possible. C'est le 28 octobre, lors d'une assemblée extraordinaire des députés de la région paloise, que Mourot obtient un vote à l'unanimité : « Les habitants de la ville de Pau, considérant que le salut de la patrie et le bonheur de l'empire ne peuvent se trouver que dans l'union intime de toutes les parties de l'État, ont résolu d'une voix unanime d'offrir pour tribut à la patrie une Constitution antique qui leur est chère et qui rendait leur situation plus heureuse que celle des autres provinces. » Le maire de Pau fit ajouter : « Nous sommes tous Français, nous le devenons avec joie, nous soutiendrons ce nom avec honneur. »

D'autres assemblées de la région délibérèrent dans le même sens : le vicomté du Béarn n'existait plus. Les avocats de l'Assemblée, appuyés sur les paysans et les autres membres du Tiers État, avaient imposé aux ordres privilégiés l'intégration à la France. P. Tucoo-Chala évoque, à ce sujet, « l'œuvre d'une minorité dynamique ». Mais il est patent qu'elle avait fait entendre raison à ses adversaires sans trop de mal.

Pendant ce temps que se passait-il dans le Dauphiné, un des deux berceaux – l'autre étant la Bretagne – de la prérévolution? Après les bouleversements de la Grande Peur, après l'assaut des châteaux, la province vit le retour de Mounier. Celui qui avait été à l'avant-garde au temps de l'assemblée de Vizille était retourné au pays, après avoir démissionné de la Constituante. Le 11 octobre, il prend l'initiative de convoquer les États du Dauphiné, malgré le désaveu de l'Assemblée nationale. Peine perdue : celle-ci réussit sans peine à maintenir son autorité sur la province, et Mounier doit prendre le chemin de l'exil en direction de la Suisse.

Le Dauphiné s'illustra encore autrement. C'est dans l'une de ses communes, à Étoile, que le 29 novembre eut lieu la première *fédération*. Plus de trois mille gardes nationaux, les uns du Vivarais, les autres du Dauphiné, prêtent un serment solennel de fidélité « à la nation, à la loi et au roi » et jurent de « vivre libres ou mourir ». De cette réunion partit un message à l'Assemblée nationale et un exemple pour tout le pays. De proche en proche, on assiste à d'autres fêtes de la fédération : à Montélimar, Valence, Romans, Gap, Grenoble... La France entière est gagnée par cet élan d'association et de fraternisation.

Au départ, on avait vu s'imposer les nouvelles municipalités. Les maires titulaires, parfois propriétaires de leur charge, les consulats oligarchiques détenus par des poignées de notables, tous sous la tutelle des représentants du roi – intendants et subdélégués –, ce vieux pouvoir avait dû laisser la place à des *communes*. Des comités municipaux élus succèdent presque partout aux anciennes équipes sans résistance de celles-ci. Parant au plus pressé, et notamment aux subsistances, les municipalités mettent sur pied des milices bourgeoises, prêtes à combattre sur deux fronts, celui de la contre-révolution et celui de l'anarchie.

Un nouveau danger pointe : que ces nouvelles municipalités s'isolent, coupées des anciennes autorités civiles et militaires. D'où résulte le mouvement qui les porte à joindre leurs efforts aux efforts des cités voisines. Les villages et les bourgs des environs s'allient aux villes plus grandes. De l'une à l'autre, on correspond, on envoie des émissaires, on se confédère. De cette organisation spontanée qui compose une trame de plus en plus serrée de villes fédérées, Michelet nous a laissé un tableau lyrique : « Ainsi, par-dessus les désordres, les craintes, les périls, j'entends s'élever peu à peu, répété par ces chœurs imposants dont chacun est un grand peuple, le mot puissant, magnifique, doux à la fois et formidable, qui contiendra tout et calmera tout : la fraternité.

« Et, à mesure que les associations se forment, elles s'associent entre elles, comme dans les grandes farandoles du Midi; chaque bande de danseurs qui se forme donne la main à une autre et la même danse emporte des populations entières. » Une formule de lui résume tout : « C'est une conjuration pour l'unité de la France. »

A plusieurs reprises, citant Michelet, nous lui avons opposé Taine, – ou l'inverse. Jules qui rit et Hippolyte qui grogne. Or que dit Taine le censeur, Taine l'accusateur, Taine le ténébreux? Devant l'ampleur du phénomène, ses armes s'émoussent; il est saisi par la contagion; il suffirait de peu pour qu'il devienne lui-même fédéré : « De mois en mois et de province en province, l'ébranlement se propage. Les quatorze villes bailliagères de la Franche-Comté forment une ligue patriotique. A Pontivy, la Bretagne se fédère avec l'Anjou. Cent mille gardes nationaux du Vivarais et du Languedoc envoient leurs délégués à Voute. Quatre-vingt mille des Vosges ont leurs députés à Épinal. En février, mars, avril et mai 1790, dans l'Alsace, la Champagne, le Dauphiné, l'Orléanais, la Touraine, le Lyonnais, la Provence, même spectacle. (...) Mais, pour former la France, ce n'est pas assez des unions locales; il faut encore l'union générale de tous les Français. »

Cette union, la fête de la Fédération du 14 juillet 1790 en sera le point d'orgue. Ce jour-là, au Champ-de-Mars, des milliers de représentants des gardes nationales de tous les départements viendront proclamer la grande Fédération, tandis qu'en écho, dans chaque chef-lieu de département, dans chaque chef-lieu de district, les serments monteront vers le ciel à l'unisson. Il n'y a plus ni Basques, ni Bretons, ni Angevins, ni Normands, ni Provençaux, ni Alsaciens : il n'y a plus qu'un peuple, il n'y a plus qu'une France, parce que les Français l'ont voulu.

« Jamais pacte social n'a été plus expressément conclu, écrit Taine. Aux yeux des spectateurs voici, pour la première fois dans le monde, une société véritable et légitime; car elle est constituée par des engagements libres, par des stipulations solennelles, par des consentements positifs. On en possède l'acte authentique et le procès-verbal daté. »

14 juillet : au-delà de toutes leurs divisions, malgré leurs différences, les Français, animés d'une même foi, s'affirmaient, selon le mot de Julien Benda, dans leur volonté d'être une nation. Ils n'étaient plus les sujets hasardeux d'un monarque héréditaire; ils étaient devenus, par adhésion volontaire, les citoyens libres d'un même peuple. Si c'est un mythe, c'est le nôtre.

« L'ANNÉE SANS PAREILLE » : RÉFLEXIONS DE LA SAINT-SYLVESTRE

Arrivés au terme de 1789, on ne peut éviter de tenter un bilan, quand bien même la Révolution n'est encore qu'à ses débuts. Tout au long de ce récit, je me suis efforcé d'éviter deux écueils : le lyrisme commémoratif et le dénigrement sceptique. Ce sont les deux styles de notre guerre intestine. Les uns ne veulent voir que la grandeur de l'événement sans considérer ses manques, ses défauts et, disons-le, ses horreurs. Les autres, insensibles à l'extraordinaire explosion de liberté qui a préparé la France moderne, ne veulent prendre en compte que ce qui annonce la dictature jacobine et les massacres de Vendée.

L'historien n'a pas à jouer les Salomon du haut du juchoir que le Temps lui a offert. Du moins peut-il, mieux que les contemporains des faits qu'il relate, dégager leur portée et comprendre leur mouvement. La difficulté pour lui est de se libérer des passions de sa propre époque afin de ne pas projeter dans le passé les obsessions du jour. Néanmoins, il n'aura jamais le point de vue de Sirius : l'historien lui-même est dans l'histoire. Et s'il peut aujourd'hui parler de la Révolution avec plus de sérénité qu'autrefois c'est que l'héritage de 1789 est commun à l'immense majorité des Français. Au lieu que jadis la Révolution appartenait à la gauche et que la droite était antirépublicaine et contre-révolutionnaire, désormais l'une et l'autre se réclament des droits de l'homme, comme les noms des sociétés qui s'opposent en font foi : Espace 89 et Club 89.

Pour m'être plongé pendant des mois dans les textes qui

ont précédé la convocation des États généraux, puis les discours, les journaux, les brochures qui ont exprimé la naissance de l'Assemblée constituante et ses décisions, j'ai ressenti d'abord, qu'on m'en excuse, un sentiment de fierté. Je me trouvais devant des hommes, nos ancêtres, peut-être naïfs, mais vraiment pénétrés du bien commun, et entraînés dans une volonté d'émancipation qui ne se bornait pas à leur patrie mais qu'ils revendiquaient pour l'humanité. Je ne crois pas céder ici à la propagande de gauche. J'en prends pour témoins deux écrivains qui sont plutôt dans le répertoire de la droite.

Voici d'abord Tocqueville : « J'ai beaucoup étudié l'histoire, écrit-il, et j'ose affirmer que je n'y ai jamais rencontré de révolution où l'on ait pu voir au début, dans un aussi grand nombre d'hommes, un patriotisme plus sincère, plus de désintéressement, plus de vraie grandeur. La nation y montra le principal défaut, mais aussi la principale qualité qu'a la jeunesse, l'inexpérience et la générosité. »

Voici maintenant Chateaubriand : « L'Assemblée constituante, malgré ce qui peut lui être reproché, n'en reste pas moins la plus illustre congrégation populaire qui jamais ait paru chez les nations, tant par la grandeur de ses transactions, que par l'immensité de leurs résultats. Il n'y a si haute question politique qu'elle n'ait touchée et convenablement résolue. »

Ne dissimulons pas néanmoins ce qui a pu nous choquer dans l'inventaire partiel auquel nous nous sommes livré. D'abord, la violence. Celle-ci, voilà une trentaine d'années, heurtait moins les esprits rompus à la dialectique. La Résistance et les guerres de décolonisation avaient accoutumé à la violence – cette « accoucheuse de l'Histoire ». Un Albert Camus se sentait parfois très isolé en dénonçant le culte qui lui était rendu : on le traitait de « belle âme ». Aujourd'hui les actes du terrorisme nous révulsent et nous sommes devenus plus sensibles aux excès meurtriers du passé. Comment pourrions-nous nous extasier au souvenir de ces têtes brandies au bout des piques et de ce cri de la rue répété : « A la lanterne! » Et si, dans quelques manuels on peut encore lire le récit des journées d'octobre comme un des hauts faits du génie populaire, il faut avouer qu'en prenant connaissance de ces événements, heure après heure, nous comprenons la répulsion d'un Lally-Tollendal, député populaire pourtant, qui donnera sa démission de l'Assemblée sur le coup de l'indignation.

Entendons-nous bien : cette violence, ce goût de meurtre, cette fascination du sang, ils ne sont pas propres au peuple révolutionnaire. Ils sont aussi un legs du passé, ils appartiennent à une société et ils composent une *mentalité* qui ne sont plus les nôtres. Il reste que, tout en se gardant de l'anachronisme, on ne saurait tenir pour admirables la justice expéditive et les autres fruits mortels de la psychologie des foules. Mais ce sera justement à l'État de droit, issu de 1789, à pacifier les mœurs. Longue marche! On sait qu'aujourd'hui encore une majorité de nos concitoyens, selon les « sondages », souhaite le rétablissement de la peine de mort : n'est-ce pas, sur le mode plus feutré et plus sélectif, une autre manière de clamer : « A la lanterne »?

Autre chose nous a souvent alerté dans les travaux de l'Assemblée nationale : que celle-ci fût si souvent l'objet de pressions, de manipulations. Elle a dû s'imposer d'abord contre la volonté royale, s'affirmer en dépit d'une lourde présence militaire. L'insurrection des faubourgs l'a sauvée de la dissolution. Mais aussi bien les députés se sont-ils sentis dépendants d'une force extérieure : les menaces proférées des galeries, les listes de proscription issues du Palais-Royal, les injures et les coups qui ont été parfois distribués au seuil de la salle des séances, les attaques des journaux qui se sont multipliés... On ne peut passer sous silence ces essais de contrôle de la représentation nationale par une minorité active. De même, la genèse du Club des Jacobins, à partir du Club breton, nous a montré la mise en condition interne de l'Assemblée : comment les séances pouvaient être préparées et les votes décidés par une faction qui entend parler au nom du peuple français.

On ne doit pas, cependant, perdre de vue que nous assistons en 1789 à la *naissance* d'un régime libéral et parlementaire. Tout reste à inventer. Il n'existe point de partis politiques. On se rend compte combien ceux-ci sont indispensables, non seulement à la vie de la démocratie, mais à la protection même de l'élu. Celui-ci isolé dans une immense assemblée, communiquant difficilement avec ses mandants, peut-il braver aisément une opinion majoritaire? Le parti organisé du XXᵉ siècle lui donnera ce courage ou cette fermeté de conviction. Reste que les Constituants recherchent le plus souvent l'*unanimité*, que les « factions » sont à leurs yeux une anomalie, voire un scandale; que l'opposition est coupable : le dogme rousseauiste de la volonté générale ne fait pas toujours bon ménage avec la liberté de conscience et d'expression. Il faut en convenir : le pluralisme, une de nos valeurs modernes, n'était pas dans la conception révolutionnaire.

Malgré ces ombres au tableau, 1789 force notre admiration et notre reconnaissance. Allons au principal : la France a déclaré au monde les droits de l'homme et du citoyen. Les Américains, sans doute, avaient aussi et avant les Français proclamé leurs droits, mais les articles votés par la Constituante qui ne font aucune référence à la situation nationale sont d'une portée universelle. Cette Déclaration reste le fondement de notre vie politique; elle est notre charte commune; elle demeure l'instrument d'appréciation des régimes politiques; elle trace la ligne de partage entre les États de droit et les autres. Elle est notre propre boussole, à nous Français, dans les cas où nous serions tentés d'oublier ses impératifs catégoriques. C'est l'acte de naissance d'un peuple libre. La loi ne venait plus d'en haut; tous les citoyens étaient appelés à y concourir.

La critique marxiste a dénoncé dans cette Déclaration ses limites *bourgeoises*, parce qu'il y est question de la propriété comme « d'un droit inviolable et sacré ». Mais deux cents ans après, nous pouvons juger du reste : le sort de la liberté et même de l'égalité quand l'État a cessé de respecter la propriété. Rousseau lui-même en avait défendu le principe mais la gauche socialiste a dû faire du chemin pour en convenir : l'abolition de la propriété privée n'est qu'un préalable à la suppression des libertés. Évidemment, les abus de la propriété sont aussi à redouter : le monopole est liberticide. Mais les abus d'un droit, qui sont réformables, ne peuvent être prétextés pour supprimer le principe.

Cela dit, un problème demeure : pourquoi la Constituante va-t-elle politiquement échouer? Nul ne le prévoit encore à la fin de l'année 1789, mais le recul nous permet de saisir trois engrenages qui se mettent inégalement en marche mais qui vont entraîner la Révolution vers la catastrophe. Rien n'est encore joué; l'issue paisible d'un changement de régime fait encore partie des probabilités. Pourtant, deux contradictions majeures sont déjà à l'œuvre.

La première oppose le roi au projet révolutionnaire. Louis XVI, Marie-Antoinette et la cour n'ont accepté les décrets de la Constituante qu'à leur corps défendant. Formés dans l'esprit de l'absolutisme, le souverain et la reine se trouvent dans l'incapacité psychologique d'admettre l'abaissement qu'on leur fait subir. Contre les fauteurs du sacrilège dont ils sont victimes, ils mettent tout naturellement leur espoir dans la force contre-révolutionnaire, fût-ce les armées étrangères. Cette notion d'« étranger » leur est, du reste, peu familière: Marie-Antoinette, « l'Autrichienne », s'entretient régulièrement avec sa famille impériale. L'idée de « trahison » n'est encore appliquée, dans les aristocraties, qu'à des personnes: en misant sur les troupes des autres dynasties, le roi et la reine n'ont jamais le sentiment de manquer à leur patrie. La défense du trône, la défense de l'autorité monarchique, voilà leur devoir.

Or, précisément, l'élan révolutionnaire de 1789 consacre la solidarité patriotique. En abolissant les ordres et les privilèges, les Français ont décidé de former une nation, dont la volonté prévalait sur celle du monarque. Un compromis constitutionnel a néanmoins été passé entre lui et le peuple. La bataille du veto peut être considérée comme une défaite royaliste, dans la mesure où ce veto était seulement suspensif. Il n'en demeure pas moins que les droits du souverain étaient reconnus: c'était une concession aux préjugés, comme aurait dit Mirabeau, un arrangement entre les principes et les réalités. Bref, un régime de monarchie limitée était le but des Constituants. Ce n'était pas celui de Louis XVI.

De ce conflit ont résulté les premières grandes violences. A la menace de contre-révolution, l'insurrection populaire de la mi-juillet a mis fin. Les causes proprement alimentaires de la révolte ont secondé les desseins politiques de l'Assemblée. En ce sens, les cruautés de juillet et d'octobre ont trouvé leurs justifications: elles étaient haïssables mais elles sauvaient la Révolution. Néanmoins, la contradiction demeurait: la fuite du couple royal à Varennes, en juin 1791, en sera l'éclatante révélation. Certains esprits ont senti l'impossibilité de faire admettre par l'ancien roi absolu sa « relativisation ». Mirabeau a été de ceux-là. Quitte à changer de régime, il fallait, puisqu'on gardait la monarchie, changer de roi. Les Anglais avaient donné l'exemple en 1688 : une fois Jacques II chassé, il était facile de faire admettre par son successeur, Guillaume d'Orange, la déclaration des droits.

Edgar Quinet en a tiré la leçon : « Nous savons aujourd'hui (il écrit en 1865) que, pour passer d'un ancien ordre de choses à un nouveau, il faut changer l'ancienne dynastie, ou au moins la personne du prince, surtout lorsqu'il a été trop offensé. Cette vérité d'expérience était repoussée en 1789 par tout le parti constitutionnel : Mounier, Necker, Malouet, Lally. Ils s'obstinèrent à laisser le vieux fer dans la plaie; elle s'envenima. Rien n'a plus contribué à ensanglanter la révolution. »

N'examinons point ici les raisons de cette inconséquence : elle eut lieu, elle devait entraîner la confusion de la cause monarchiste avec la passion contre-révolutionnaire. Le roi des Français était resté roi de France, pour lui et pour ses fidèles, c'est-à-dire un souverain qui ne tirait pas sa souveraineté du peuple, mais de Dieu.

Car Dieu était aussi au centre du débat. Et voici le second nœud d'un durable conflit qui se noue à l'automne 1789. Au départ, le clergé ne représente pas le frein majeur à la « régénération » du pays. Le premier ordre du royaume, mieux que le deuxième, a su être attentif à la poussée révolutionnaire, à la demande de réformes. En son sein, il était divisé aussi bien par les conditions que par les idées. Les plus nombreux de ses représentants élus appartenaient à un bas-clergé qui, en mainte circonstance, s'est senti très proche du Tiers État. Les Lumières avaient aussi pénétré les rangs du haut-clergé qui se montra, à l'occasion, très ouvert aux propositions libérales. Bref, l'Église de France, en tant que telle, n'était pas encore en porte à faux dans une société restée profondément catholique et qui tentait de concilier l'esprit nouveau avec la tradition de croyance majoritaire. Le divorce pourtant se révéla inéluctable.

On peut bien, à ce propos, évoquer les circonstances. Tout viendrait de la décision de la confiscation des biens du clergé, à la suite de la ruine des finances publiques. La nationalisation des propriétés conduisait à la réforme globale de l'institution; la réforme, décidée unilatéralement, entraînerait les protestations; les protestations conduiraient à l'imposition du serment de fidélité; et le serment, au schisme. L'engrenage fut bien celui-là. Mais, pour expliquer le schisme, on ne doit pas s'aveugler sur les chances d'entente possibles entre la doctrine romaine et la pensée des Lumières. Pie VI ne se contentera pas de dénoncer la rupture d'un concordat décidée sans son avis; il prendra parti contre la Déclaration des droits de l'homme. Il n'était pas tolérable pour le magistère romain que la Vérité – à ses yeux indivisible – pût être soumise à une liberté de conscience, que sa critique pût être diffusée par la liberté d'expression. Or la France était catholique quasi sans partage. La monarchie absolue en avait ainsi décidé. L'édit de tolérance était anglais. Le pluralisme, dont nous parlions plus haut, n'était pas acceptable par la papauté, non plus que par une bonne partie du clergé, comme en témoignent des cahiers de doléances. Ainsi, entre la France catholique et la Révolution, l'antagonisme, encore naissant en 1789, allait s'aggraver. L'antilibéralisme de l'Église allait entretenir le foyer de la contre-révolution, dans un pays où la Réforme protestante avait été interdite par le pouvoir séculier.

Ces deux sources de résistance à l'œuvre constitutionnelle allaient alimenter les grandes eaux de la contre-révolution, faciliter les interventions extérieures, et du même coup radicaliser le mouvement : devenue impossible, la monarchie constitutionnelle fera place à la République; celle-ci, acculée à la défensive par ses ennemis intérieurs et extérieurs, devra laisser libre cours à son mauvais génie : la Terreur jacobine.

Une troisième contradiction, en effet, risquait de dresser les puissances étrangères contre la France. Celle-ci, du reste, n'avait pas donné le signal de la remise en cause de l'ordre établi : en Suisse, aux Pays-Bas, en Amérique..., on avait assisté à des soulèvements tantôt matés, tantôt vainqueurs, contre les autorités en place. Les événements de 1789 en France ont tout de même présenté, par leur ampleur et bientôt leur radicalité, une menace sans commune mesure pour la vieille Europe.

La Révolution portait en elle le principe de sa destruction. Le mouvement de fédération qui se mettait en marche à l'automne proclamait une idée prévalente dans le nouveau droit international: que les peuples appartenaient à des États en vertu de leur volonté propre. Ainsi, en France, les sujets alsaciens dont les terres dépendaient de princes allemands autant que les habitants d'Avignon sujets du pape se déclarèrent français. Le 28 octobre 1790, Merlin de Douai dira nettement à l'Assemblée: « Le peuple alsacien s'est uni au peuple français parce qu'il l'a voulu; c'est donc sa volonté seule, et non pas le traité de Münster qui a légitimé l'union, et comme il n'a mis à cette volonté aucune condition relative aux fiefs régaliens, nul ne peut prétendre d'indemnité. »

Affirmation redoutable: si les droits des nations ne se règlent plus par le fer et la plume des princes, la souveraineté de ceux-ci pouvaient s'alarmer, pour peu que cette pétition franchisse la frontière. Une frontière qui, à l'entrée du pont de Kehl, sur le Rhin, arborait fièrement cette inscription: « Ici commence le pays de la liberté. »

Les dynastes d'Europe laisseraient-ils les révolutionnaires français inoculer ce poison mortel à leurs populations? Louis XVI pourrait trouver une oreille complaisante dans le reste de l'Europe: ce qu'il subissait, l'ancien ordre monarchique européen et le vieux droit international risquaient de le subir.

Mais ces nuages qui se forment ne doivent pas nécessairement provoquer l'orage. En cette fin d'année 1789, restons dans l'enthousiasme des grands commencements. Louis Sébastien Mercier l'a exprimé, dans les *Annales patriotiques*, d'une façon certes candide, mais cette fraîcheur de sentiment fut aussi un des traits de l'époque, parfois pour le pire, souvent pour le meilleur: « Adieu, mémorable année, et la plus illustre de ce siècle! Année unique où les augustes Français ramenèrent dans les Gaules, l'égalité, la justice, la liberté que le despotisme aristocratique tenait captives!

« (...) Merveilleuse année! le *patriotisme* est sorti tout armé de vos flancs généreux; et c'est lui qui a mis tout à coup à leur place une foule de citoyens éclairés, qui a fait éclore des talents inconnus, et qui a donné enfin à l'Europe attentive et étonnée de grandes leçons dont elle profitera sans doute (...).

« Adieu, année sans pareille dans notre histoire! »

BIBLIOGRAPHIE

Sources

Archives parlementaires, 1re série.
Répertoire national ou Mémorial chronologique de tous les actes authentiques relatifs à la Révolution, Paris, 1792.
Révolution française ou analyse complète et impartiale du Moniteur, *suivie d'une table alphabétique des personnes et des choses..*, Paris, Girardin, 1801.
Convocation des États généraux (Recueil de Documents relatif à la), par Armand Brette, Paris, Imprimerie Nationale, 1984.

Journaux

Les Actes des apôtres.
L'Ami du peuple.
Bulletin, États généraux.
Chronique de Paris.
Courrier français.
États généraux.
Gazette de Paris.
Gazette nationale ou le Moniteur universel.
Journal des États généraux.
Le patriote français.
Le point du jour.
Révolutions de France et de Brabant.
La tribune des patriotes.
Révolutions de Paris.

Mémoires et écrits contemporains de la Révolution

BAILLY, Jean Sylvain, *Mémoires*, Paris, Baudouin frères, 1821-1822.
BARNAVE, Antoine, *Introduction à la Révolution française*, texte présenté par Fernand Rude, A. Colin, 1960.
BESENVAL, Baron de, *Mémoires*, Paris, Baudouin frères, 1821.
BRES, Maximilien, *Récits inédits sur les événements de Paris de 1787 à 1791*, Paris, Pierre Balme, 1962.

BRISSOT, Jacques Pierre, *Mémoires*, Paris, Firmin-Didot, 1877.
BURKE, Edmund, *Réflexions sur la Révolution en France*, Paris, Genève, Slatkine, 1980.
CHATEAUBRIAND, François René de, *Mémoires d'outre-tombe*, rééd., Paris, Tallandier, 1983.
CONDORCET, *Sur les élections et autres textes*, rééd., Paris, Fayard, 1986.
CREUZÉ-LA-TOUCHE, Jacques-Antoine, *Journal des États généraux et du début de l'Assemblée nationale, 18 mai-29 juillet 1789*, Paris, Didier, 1946.
DUQUESNOY, Adrien, *Journal sur l'Assemblée constituante, 3 mai 1789-3 avril 1790*, Paris, A. Picard et fils, 1884.
GAUVILLE, Baron de, *Journal*, Paris, Gay, 1964.
GRÉGOIRE, Abbé Baptiste Henri, *Mémoires*, Paris, 1837.
JALLET, Abbé Jacques, *Journal inédit*, 1871.
LINGUET, Simon, DUSAULX, Jean Joseph, *Mémoires de Linguet sur la Bastille et de Dusaulx sur le 14 Juillet*, Paris, Baudouin et frères, 1822.
MALLET DU PAN, Jacques, *La Révolution française vue de l'étranger, 1789-1799, d'après une correspondance inédite*, Tours, Alfred Mâme et fils, 1897.
MARAT, Jean-Paul, *Textes choisis*, Paris, Éditions sociales, 1963.
MAUGRAS, Gaston, *Journal d'un étudiant pendant la Révolution (1789-1793)*, rééd. Paris, Plon, 1934.
MIRABEAU, Honoré Gabriel, *Discours*, édition établie, présentée et annotée par François Furet, Folio, 1973.
MIRABEAU, Honoré Gabriel, *Mémoires biographiques, littéraires et politiques de Mirabeau, écrits par lui-même, par son père, son oncle et son fils adoptif*, Paris, Auguste Auffray et Adolphe Goyot, 1834-1835.
PAINE, Thomas, *les Droits de l'homme*, Paris, Belin, 1987.
RESTIF DE LA BRETONNE, Nicolas, *les Nuits de Paris*, Éd. du Trianon, 1930-1932.
RIVAROL, Antoine, *Mémoires*, Paris, Baudouin frères, 1824.
RIVAROL, Antoine, *Journal politique national et autres textes*, Paris, 10/18, 1963.
ROLAND, Madame, *Mémoires*, Le Mercure de France, 1966.
SAINT-JUST, Louis-Antoine de, *Œuvres choisis*, Paris, Gallimard, 1968.
SIEYÈS, Abbé Emmanuel, *Qu'est-ce que le Tiers État?* préface de Jean Tulard, Paris, rééd. PUF, 1982.
STAËL, Germaine de, *Considérations sur la Révolution française*, Paris, Tallandier, 1983.
STAËL, Germaine de, *Correspondance générale*, Paris, J.-J. Pauvert, 1962.
STENDHAL, *Vie de Henry Brulard, Œuvres intimes*, Paris, Pléiade, Gallimard, 1955.
TOURZEL, Duchesse de, *Mémoires*, Paris, Le Mercure de France, 1986.
YOUNG, Arthur, *Voyages en France*, Paris, 10/18, 1970.

Quelques instruments de travail

Annales historiques de la Révolution française, Société des études robespierristes, 1924-1988.
BARBIER, Pierre et VERNILLAT, France, *Histoire de France par les chansons*, t. 4, *la Révolution*, Paris, Gallimard, 1957.

GODECHOT, Jacques, *les Révolutions 1770-1789*, Paris, PUF, 1963.
GODECHOT, Jacques, *la Révolution française, chronologie commentée 1787-1799*, Paris, Perrin, 1988.
Histoire générale de la presse française, t. 1, *Des origines à 1814*, publiée sous la direction de Claude Bellanger, Jacques Godechot, Pierre Guiral et Fernand Terrou, Paris, PUF, 1969.
TUETEY, Alexandre, *Répertoire général des sources manuscrites de l'histoire de Paris pendant la Révolution française*, Paris, 1890-1914.
TULARD, Jean, FAYARD, Jean-François, FIERRO, Alfred, *Histoire et dictionnaire de la Révolution française, 1789-1799*, Bouquins, R. Laffont, 1987.
VOVELLE, Michel, *l'État de la France pendant la Révolution 1789-1799*, Paris, La Découverte, 1988.
VOVELLE, Michel, *la Révolution française : images et récit 1789-1799*, Paris, Messidor, 1986.
WALTER, Gérard, *Répertoire de l'histoire de la Révolution française*, 2 tomes, Paris, Imprimerie nationale, 1941-1945.

Ouvrages historiques parus avant 1930

AULARD, Alphonse, *les Orateurs de la Révolution. L'Assemblée Constituante*, Paris, E. Cornély 1905.
AULARD, Alphonse, *Histoire politique de la Révolution française*, Paris, Aloan, 1926.
AULARD, Alphonse, *la Société des jacobins, recueil de documents pour l'histoire du club des jacobins de Paris*, Paris, Jouaust, 1889-1897.
BUCHEZ, Dr. Philippe, *Histoire parlementaire de la Révolution française*, 2e éd., Paris, J. Hetzel, 1846, 6 vol.
CARDENAL L. de, *la Province pendant la Révolution, histoire des clubs jacobins*, Paris, Payot, 1929.
COCHIN, Augustin, *l'Esprit du jacobinisme. Une interprétation sociologique de la Révolution française*, Paris, PUF, 1979.
COPIN, Alfred, *Talma et la Révolution*, Paris, Perrin, 1888.
FLAMMERMONT, Jules, *la Journée du 14 juillet 1789, fragments des mémoires de L.-G. Pitra*, Paris, 3 rue de Furstemberg, 1892.
GONCOURT, Edmond et Jules de, *Histoire de la société française pendant la Révolution*, Paris, 1889.
HERISSAY, Jacques, *le Monde des théâtres pendant la Révolution, 1789-1800, d'après des documents inédits*, Paris, Perrin, 1922.
JAURÈS, Jean, *Histoire de la Révolution française*, Paris, Éditions sociales, 1969.
LAVISSE, Ernest, *Histoire de la France contemporaine « la Révolution (1789-1792) »* par P. Sagnac, t. I, *La Révolution (1789-1792)*, Paris, Hachette 1920.
LEFEBVRE, Georges, *les Paysans du Nord pendant la Révolution française*, rééd. Bari, Laterza, 1959.
MEAUX, Antoine de, *Augustin Cochin et la genèse de la Révolution*, Paris, Plon, 1928.
MICHON, *Adrien Duport*, Paris, Payot, 1924.
QUINET, Edgar, *la Révolution*, préface de Claude Lefort, Paris, rééd., Belin, 1987.

TAINE, Hippolyte, *les Origines de la France contemporaine*, Paris, rééd., Bouquins, R. Laffont, 1986.
TOCQUEVILLE, Alexis de, *l'Ancien Régime et la Révolution*, rééd., Paris, Bousuins, R. Laffont, 1986.
WELSCHINGER, Henri, *le Théâtre de la Révolution, 1789-1799; avec documents inédits*, Paris, Charavay, 1880.

Ouvrages parus depuis 1930

AGULHON, Maurice, « la Révolution française au rang des accusés », *Histoire vagabonde*, t. 2, Paris, Gallimard, 1988.
ARNAUD, Claude, *Chamfort*, Paris, R. Laffont, 1988.
BERTAUD, Jean-Paul, *C'était dans le journal pendant la Révolution française*, Paris, Perrin, 1988.
BERTAUD, Jean-Paul, *les Origines de la Révolution française*, Paris, Dossiers Clio, PUF, 1971.
BOIS, Paul, *Paysans de l'Ouest, Des structures économiques et sociales aux options politiques depuis l'époque révolutionnaire dans la Sarthe*, Paris, Vilaire, 1960.
CARLSON, Marvin, *le Théâtre de la Révolution française*, Paris, Gallimard, 1970.
CHAUNU, Pierre, *La Civilisation des Lumières*, Paris, Arthaud, 1971.
CHAUSSINAND-NOGARET, Guy, *Mirabeau*, Paris, Seuil, 1982.
COBBAN, Alfred, *le Sens de la Révolution française*, préface d'Emmanuel Le Roy Ladurie, Paris, Commenditaire Julliard, 1984.
DARNTON, Robert, *Bohême littéraire et Révolution*, Paris, Hautes Études, Gallimard/Le Seuil, 1983.
DOYLE, William, *Origins of the French Revolution*, Oxford University Press, 1980.
DUHET Paule-Marie, *les Femmes et la Révolution, 1789-1794*, Paris, Archives, Julliard, 1971.
DUPUY, Roger, *la Bretagne de la Révolution à la chouannerie*, Paris, Flammarion, 1988.
EGRET, Jean, *Necker, ministre de Louis XVI, 1778-1790*, Paris, H. Champion, 1975.
EGRET, Jean, *la Prérévolution française, 1787-1789*, Paris, PUF, 1962.
EGRET, Jean, *la Révolution des notables, Mounier et les monarchiens*, Paris, A. Colin, 1950.
EGRET, Jean, *le Parlement de Dauphine et les affaires publiques dans la deuxième moitié du XVIIIe siècle*, 2 tomes, Grenoble, Impr. Allios, 1942.
FORREST, Alan, *la Révolution française et les pauvres*, Paris, Perrin, 1986.
FUNCK-BRENTANO, Frantz, *Scènes et tableaux de la Révolution*, Paris, Gautier-Languereau, 1934.
FURET, François, *Penser la Révolution française*, Paris, Gallimard, 1978.
FURET, François, RICHET, Denis, *la Révolution française*, Paris, Hachette, 1965.
GERARD, Alice, *la Révolution française, mythes et interprétations, 1789-1970*, Paris, Flammarion, 1970.

GODECHOT, Jacques, *la Contre-Révolution, doctrine et action (1789-1804)*, Paris, PUF, 1961.
GODECHOT, Jacques, *la Pensée révolutionnaire en France et en Europe (1789-1799)*, Paris, A. Colin, 1964.
GODECHOT, Jacques, *les Institutions de la France sous la Révolution et l'Empire*, Paris, PUF, 1951.
GODECHOT, Jacques, *la Prise de la Bastille*, Paris, Gallimard, 1965.
GOUBERT, Pierre, *l'Ancien Régime*, Paris, A. Colin, 1973.
GOUBERT, Pierre, *les Français ont la parole*, Paris, Julliard, 1964.
GROETHUYSEN, Bernard, *Philosophie de la Révolution française*, Paris, Gallimard, 1956.
HAMICHE, Daniel, *le Théâtre et la Révolution, la lutte de classes en 1789 et en 1793*, Paris, Union générale d'éditions, 1973.
HARRIS, Robert D., *Necker and the French Revolution*, Princeton, 1986.
HINCKER, François, *les Français devant l'impôt sous l'Ancien Régime*, Paris, Flammarion, 1971.
HIRSCH, Jean-Pierre, *la Nuit du 4 août*, Paris, Archives, Gallimard, 1978.
L'*histoire*, « Deux cents ans de Révolution », nº spécial, juillet-août 1988.
HUFTON, Olwen, *Europe : Privilege and Protest, 1730-1789*, Fontana, 1980.
LABROUSSE, Ernest, *la Crise de l'économie française à la fin de l'Ancien Régime et au début de la Révolution*, Paris, PUF, 1943.
LABROUSSE, Ernest et *al.*, *Histoire économique et sociale de la France*, 1660-1789, t. 2, Paris, PUF, 1970.
LATREILLE, André, *l'Église catholique et la Révolution française*, Paris, Hachette, 1971.
LEFEBVRE, Georges, *Études sur la Révolution française*, Paris, PUF, 1963.
LEFEBVRE, Georges, *la Révolution française*, Paris, PUF, 1963.
LEFEBVRE Georges, *Études orléanaises*, Paris, Imprimerie nationale, 1963.
LEFEBVRE, Georges, *1789*, Paris, Éditions sociales, 1970.
LEFEBVRE, Georges, *la Grande Peur*, Paris, Éditions sociales, 1953.
LEMAY, Edna Mindie, *la Vie quotidienne aux États généraux 1789*, Paris, Hachette, 1987.
LIGOU, Daniel, *Montauban à la fin de l'Ancien Régime et au début de la Révolution (1787-1794)*, Paris, Rivière, 1958.
MANDROU, Robert, *De la culture populaire en France aux XVIIe et XVIIIe siècles*, Paris, Seghers, 1964.
MATHIEZ, Albert, *la Révolution française*, Paris, A. Colin, 1959.
MORNET, Daniel, *les Origines intellectuelles de la Révolution*, Paris, A. Colin, 1933.
MOUSNIER, Roland, LABROUSSE, Ernest, BOULOISEAU, Marc, *Le XVIIIe siècle, Révolution intellectuelle, technique et politique (1715-1815)* Paris, PUF, 1953.
OZOUF, Mona, *la Fête révolutionnaire, 1789-1799*, Paris, Gallimard, 1976.
OZOUF, Mona, *l'École de la France, Essais sur la Révolution, l'utopie et l'enseignement*, Paris, Gallimard, 1984.
PALMER, Robert R, *The Age of Democratic Revolution. A Political History of Europe and American, 1760-1800*, t. 1, Princeton, 1959.

PLONGERON, Bernard, *Conscience religieuse en Révolution, Regards sur l'historiographie religieuse de la Révolution française*, Paris, Picard, 1969.

REINHARD, Marcel, *la Chute de la royauté*, Paris, Gallimard, 1969.

REINARD, Marcel, *Paris pendant la Révolution*, Paris, SEDES, 1964-1965.

RÉMOND, René, *Introduction à l'histoire de notre temps*, t. 1, *l'Ancien Régime et la Révolution (1750-1815)*, Paris, Points-Histoire, Seuil, 1974.

RÉMOND, René, *la Vie politique en France 1789-1848*, t. 1, Paris, A. Colin, 1965.

RICHET Denis, *La France moderne: l'esprit des institutions*, Paris, Flammarion, 1980.

ROBIN, Régine, *la Société française en 1789, Semur-en-Auxois*, Paris, Plon, 1970.

ROBIQUET, Jacques, *la Vie quotidienne au temps de la Révolution*, Paris, Hachette, 1938.

RUDÉ, George, *la Foule dans la Révolution française*, Paris, Maspero, 1982.

SCHELER, Lucien, *Lavoisier et la Révolution française*, Paris, Hermann, 1956.

SENTOU, Jean, *Fortunes et groupes sociaux à Toulouse sous la Révolution, essai d'histoire statistique*, Toulouse, Privat, 1969.

SOBOUL, Albert, *Précis d'histoire de la Révolution française*, Paris, Éditions sociales, 1962.

SOBOUL, Albert, *la France à la veille de la Révolution française*, Paris, SEDES, 1966.

SOBOUL, Albert, *la Civilisation et la Révolution française*, Paris, Arthaud, 1971.

SOLÉ, Jacques, *la Révolution en questions*, Paris, Points-Histoire, Seuil, 1988.

STAROBINSKI, Jean, *1789, les Emblèmes de la raison*, Paris, Flammarion, 1973.

SURATTEAU, Jean-René, *la Révolution française, certitudes et controverses*, Paris, Dossiers Clio, PUF, 1973.

SUTHERLAND, Donald, M. G., France 1789-1815 : *Revolution and Counterrevolution*, Fontana, 1985.

TACKETT,, Thimoty, *la Révolution, l'Église et la France*, Paris, Éd. du Cerf, 1986.

TILLY, Charles, *La France conteste, de 1600 à nos jours*, Paris, Fayard, 1986.

TULARD, Jean, *les Révolutions (de 1789 à 1851)*, dans *Histoire de France*, sous la direction de Jean Favier, t. , Paris, Fayard, 1987.

VIDALENC, Jean, *les Émigrés français, 1789-1825*, université de Caen, 1963.

VOVELLE, Michel, *la Chute de la monarchie 1787-1792*, Paris, Points-Histoire, Seuil, 1972.

WALTER, Gérard, *la Révolution française vue par ses journaux*, Paris, Tardy, 1948.

INDEX

TABLE

DANS LA MÊME COLLECTION

La chair de l'autre, Joëlle Guillais.
Histoire de la pudeur, Jean-Claude Bologne.
Gestionnaires et profiteurs de la Révolution, Michel Bruguière.
La mémoire des pieds-noirs, Joëlle Hureau.
Le pain au Moyen Age, Françoise Desportes.
Le bourgeois dans tous ses états, Denis Bertholet.

Cet ouvrage a été composé et réalisé sur système Cameron
par la SOCIÉTÉ NOUVELLE FIRMIN-DIDOT (Mesnil-sur-l'Estrée)
pour le compte des Éditions Olivier Orban,
14, rue Duphot, 75001 Paris

Achevé d'imprimer le 21 novembre 1988

Imprimé en France
Dépôt légal : novembre 1988
N° d'édition : 518 – N° d'impression : 10835